U0128603

Customs of the Eastern Capital City

东京风俗
历史晃动中的东汉人物

黄坚 著

中国社会科学出版社

图书在版编目（CIP）数据

东京风俗：历史晃动中的东汉人物／黄坚著 . —北京：中国社会科学
出版社，2023.9

ISBN 978 - 7 - 5227 - 2481 - 2

Ⅰ.①东…　Ⅱ.①黄…　Ⅲ.①历史人物—人物研究—中国—
东汉时代　Ⅳ.①K820.342

中国国家版本馆 CIP 数据核字（2023）第 155161 号

出 版 人	赵剑英
责任编辑	李凯凯
责任校对	芦　苇
责任印制	王　超

出　　版	中国社会科学出版社
社　　址	北京鼓楼西大街甲 158 号
邮　　编	100720
网　　址	http://www.csspw.cn
发 行 部	010 - 84083685
门 市 部	010 - 84029450
经　　销	新华书店及其他书店

印　　刷	北京君升印刷有限公司
装　　订	廊坊市广阳区广增装订厂
版　　次	2023 年 9 月第 1 版
印　　次	2023 年 9 月第 1 次印刷

开　　本	710×1000　1/16
印　　张	23.75
插　　页	2
字　　数	318 千字
定　　价	98.00 元

风雨如晦，鸡鸣不已，三代以下风俗之美，无尚于东京者。

——顾炎武《日知录》

历史就像一座摇摆桥，它会发出各种方向和幅度的晃动。古往今来的人们，都在这座桥上。

——作者题记

目录

CONTENTS

1 / 自序 尽量以人物和叙事的形式

1 / 一 爱说笑的刘秀

20 / 二 "云台二十八将"从何而来

40 / 三 彭宠之死

62 / 四 绛帐礼乐：马融的人生

91 / 五 梁冀为何怕孙寿

117 / 六 李膺和郭泰的相逢与殊途

151 / 七 "党锢之祸"中的三位边将

167 / 八 皇甫嵩为何输给了董卓

217 / 九 东汉皇帝和他们的生母

242 / 十 东汉宦官的分化与生死内斗

286 / 十一 卷地风来忽吹散
　　　　 ——东汉官场的自杀潮

304 / 十二 "黄巾"之后的五年

332 / 附一 黄宪生卒年略考及其他

345 / 附二 他们说的"国家"是什么意思？
　　　　 ——《后汉书》中"国家"一词的词义分析

366 / 参考文献

自序　尽量以人物和叙事的形式

如书名所示，这是一本以人物——东汉人物——书写为主的书。主要写了两种人：文人和官员（最广义的）。这两种人又往往有高度的重叠性，既是文人，又是官员。

为什么要写这些呢？我跟一位朋友说起此事，这位朋友就曾这样问我。（他知道我之前写过先秦诸子和鲁迅，现在忽然又写出这么一堆东汉人物，觉得太跳跃了。）我跟他说，其实源头还在先秦诸子。因为对先秦诸子感兴趣，阅读和关注的视线，自然会向两头延伸；向前，会溯至西周和更早时，往后，至少对秦汉的基本情况，也会有了解更多一点的想法，这样我就把目光"降落"在了东汉。选择东汉，一则因为离先秦较近，再则能比较方便地了解秦与西汉和魏晋的一些情况。

有人说，了解历史最好的方法，莫过于去写写它。于是，断断续续地，日积月累（前后也有十年），我的电脑里，就有了这些文字。

所以，老实说，我写东汉这些人物，起初并非因为我对东汉有多大的特殊兴趣，不像某些其他朝代（如魏晋唐宋明清）的"铁杆粉丝"和"热心穿越者"，也是一枚"东汉粉"。我只不过是想更深入细致地了解，先秦以后的中国，它的历史发展和演变——尤其是社会、政治和思想文化方面——在东汉前后，经历过什么，怎么经历的。因此，这样一种兴趣，在我看来，有点像是少年爱迪生对于家里钟表的兴趣，想把它们拆开来看一看，并非对于钟表本身有多么迷恋。

不过随着越写越多，原先没有的一些感触，也确实如春草萌发，日渐丰富起来。

至于用什么方式来写，对我来说，倒不是个问题。

在此之前，我写过一些话题芜杂不一的文字，其中有关先秦诸子和鲁迅的文章，还结集出版了。这些文章有个共同点，基本以人物为书写角度和题材，于是不知不觉地，我好像养成了一种习惯以人物为视角的写作方式。写东汉这些文字，我也依然是习惯成自然地，走在自己比较熟悉的老路上。

这条我熟悉的老路，其实也是自古以来中国人特别习惯的老路。众所周知，自司马迁《史记》以后，所谓"二十四史"，就全都是依照《史记》开创的纪传体形式来撰写的。纪传体，就是以人物为中心和主体的书写方式。这种书写方式，一直作为官方钦定和民间喜闻乐见的样式（其本质就是讲故事），持续贯穿了两千多年。实际上，我写东汉这些文字，基本是以范晔《后汉书》为"底本"的（所以书中文章，凡引自范晔《后汉书》的，除个别特例外，都直写《后汉书》或篇名），我自己一直把它们看作范书的读后感，或者说是读书笔记。因此，以人物为主要视角和内容，也就有点顺理成章了。

因为纪传体以人物为中心和主体，所以自然而然地，叙事也成为自古以来历史书写的基本方式。记得胡宝国先生在《〈史记〉的命运》（《读书》2006年第2期）一文中说到过，"古代史学以叙述为主，以解释为辅。现代史学以解释为主，以叙述为辅"。我想了一下，好像大体确实是这样的。胡文结尾还引用了刘知几《史通·叙事》篇里的一句话："夫史之称美者，以叙事为先。"

我想，这应该也是我写东汉这些文字，会不期然地选择了以人物为主要视角和以叙事为基本方式的主要原因——所谓"随物赋形"。当然，除此之外，也还有些其他原因，纯粹与我个人有关的。（藏拙的那一面就

不说了；坏笑表情包一枚奉上）

我小时候是在听故事中度过自己的童年和少年的。讲故事的主角，是我的母亲。记得有段时间，盛夏或夏末秋初时节，晚饭后的休闲时光，在屋前或屋旁路灯电线杆下的一小块空地上，几个或一堆孩子，围坐在一起，仰首谛听年长者讲述各种各样、生动有趣的故事。母亲讲的，很多是历史小故事。隆冬时节（七十年代的中国，经历过几年堪称极寒的天气，这有气象记录可查），在自己家的小屋里，在温暖的被窝里，睡前的夜晚，或礼拜天（那时候星期六不休息）的早上，外面是呼啸的寒风，有时到处已铺满厚厚的积雪，母亲也会兴致勃勃地讲她的那些故事。我记得她经常会说到一个名字：蔡伯喈，喈，母亲一直读"该"，这是她一生不变的淮阴口音的读法。母亲讲的最多的故事，是穷书生进京赶考（一个类型，不同故事版本），讲到最后就是永恒不变的一句：一考就考中了个头名状元！每次当故事讲到这句话快要"呼之欲出"时，我和妹妹就会抢先大声说出来：一考就考中了个头名状元！然后三人一起欢快地大笑。我从母亲的讲述中，知道了朱洪武小和尚，还有汉高祖和汉光武。这些名字，最早都是我从母亲讲的故事里知道的，这是我最初的历史启蒙课。

1984 年夏末的一个中午，正是吃午饭的时候，也正是每天中午雷打不动，一边吃饭，一边收听广播小说或评书的时间。现在记不得当时收听的是《牛虻》，还是袁阔成或单田芳的《说唐》或《说岳》，也可能是《李自成》或《红旗谱》。总之，正在一边吃饭，一边听收音机呢，邮递员送来了我的大学录取通知书。我一看通知书写的中文系，当时就叫了起来！因为我心里想报的是历史系啊！怎么会是中文系呢？后来想起来了，填报志愿时，北师大的招生栏里，按顺序写着中文系和历史系，我当时应该是一时恍惚"走神"，就按"顺序"先后填了中文系。这里要说明一下，高考那年成绩，历史 100 分满分，我考了 95 分，放在全国，也肯定属于绝对高分；而语文满分 120 分，我考了 80 分出

3

头，刚刚勉强及格。我一直认为，我很可能是北师大中文系有史以来，正常录取的考生中，语文成绩分数最低的那位。记得我刚到北京不久，有次在五叔家里，碰到几位学者来访，其中一位北大历史系女教授，听说了我的成绩后，说：进北大历史系可以，中文系不行。

进大学后，我一直说要转系，但并未有什么实际行动。一直到第二个学年，一位同宿舍的哥们听见我还在那说要转系，就对我说，转什么系啊？师大中文系比历史系强！从此，我那转系的念头，方才烟消云散。

多年以前，往复论坛上一位网友（北大历史系一位颇为知名的学者和教授，网络人气超高），在我的帖子《韩非，他被谁抛弃》下留言说，"这样的文字虽非史学文字"（见《思想门》附录二《网评选摘》，中国长安出版社2007年版）。实际上，我迄今所写的跟历史话题有关的文字，都不是"史学文字"，这是一眼可辨的。其原因在于，我既非史学科班出身，也未曾从事于史学专业或职业，未曾有过一天厕身史林。

这就说到了我为何会选择以人物和叙事的方式，来写东汉历史的另一层原因，一层更深同时也更现实的原因。

十多年前，在给三联书店（香港）版《思想门》写的《后记》里，我曾引张旭东为本雅明《发达资本主义时代的抒情诗人》一书所写的《中译本序·本雅明的意义》的开头第一句话：

瓦尔特·本雅明的奇特风格也许是他奇特的社会位置和生活方式的再现。（生活·读书·新知三联书店1989年版，第1页）

我说过，当第一眼看到这句话时，我被震住了，有一种醍醐灌顶的感觉！从此以后，这句话就会经常"跳"出来，浮现于我的脑海。特别是在我开始了多年来一直持续不断的写作中，它更是时常不召自至，似乎总是在提醒我，让我反观自省，看清自己所处的境况。简单说，虽然我一直在写一些看似跟历史文化和思想学术有关的文字，但我一天也没在大专院校和科研院所之类的地方待过，甚至我的身边也从未有过哪怕是一名学界中人，来跟我闲聊这些文字世界里的事，最多只是在我写的这些文字偶有机会结集出版时，会应景地小小热闹一下，然后一切复归沉寂。当我第一次读到八大的《题芋》诗时，我瞬间就体会到了诗中"是谁敲破雪中门，愿举蹲鸱以奉客"的那份诗情。

正如张旭东说本雅明的，这样一种长期不变的处境，不可能不影响甚至决定我写作的表达方式。当然，我能获得一种自由自在的写作状态，这是不言而喻的，写什么，怎么写，全都是一件充分自主的事。孟子说："我无官守，我无言责也，则吾进退，岂不绰绰然有余裕哉？"（《公孙丑下》）这自然也是一种自我认知和行事风格的选择。在我来说，最起码的，这样我就完全不必把我想写的东西，写成那种范式的学术体文章，一种在我看来，很像是儒行禹步的固定体式。

除了我自己可以自由舒畅地书写外，我考虑得更多的，是我的那些读者。塔奇曼说，对于写作，要有一种分享的使命感，"和谁分享呢？当然是读者，我一直将之装在心里的人"。塔奇曼举凯瑟琳·德林克·鲍恩的例子说，"她写作的书桌上用别针别着一张便签笺，写着：'你的读者会看下去吗？'"（《历史的技艺：塔奇曼论历史》，中信出版社2016年版，第8页）

这句话也始终萦绕在我的脑海。每当我一想到读者在阅读这些文字，我就愿意他们能获得一种更好、更愉快的阅读感。这种意愿，正是通过我笔下的人物和叙事来表达的。我相信，在阅读像《梁冀为何会怕孙寿》和《皇甫嵩为何输给了董卓》这些文章时，他们会感受到我的这种努力。

也许有眼尖的读者会说，这些文章，也不能说就是人物故事啊。是的，跟人们常见的历史故事和叙事相比，的确有些不太一样，明显掺兑了不少的分析和解释在内，很像是以前中学里说的夹叙夹议体，连题目也往往是个问句。不过，假如多点耐心和细心，你会发现，那种故事性和叙事感，还是很明显的，起码文章的语调，始终是那种娓娓道来的说故事的语调。

真心诚意地说，我始终把文章的阅读感，放在一个相当重要的位置上。我认为，没有阅读感的文章，不能叫文章，只能认作家用电器或汽车或药品说明书的"同宗兄弟"。记得上中学时，学过一篇桐城派（姚鼐）的文章，讲文章的义理、考据和辞章，其中的辞章，我现在直接把它"翻译"（想象）为阅读感。

这种阅读感的意义，绝不仅仅在于所谓悦读，这里有一种时代的精神潮流的东西在涌动。当在无意间看到清华大学彭刚教授（何兆武先生的高足）那些翻译和阐述文字时，我确曾会心一笑。彭刚这些文字告诉我们，在最近几十年里，欧美曾出现过叙事史学的复兴。实事求是地说，我并非是先看到了彭刚教授的这些文字，或甚至是海登·怀特的著作以后，才这样写作的（事实俱在）。在这件事上，如果用"不约而同"来形容，我想，应该也并不是一个会让人感到赧然的词。

但它们的出现和存在，确实加强了我的信心。

2022 年 7 月 19 日

一 爱说笑的刘秀

王莽新朝末年，刘秀跟他大哥刘縯、姐夫邓晨一起，到了大城市南阳的宛城区——南阳郡的市中心，一个繁华热闹、人来人往的地方。一天他们跟一位叫蔡少公的人坐在一起闲聊，蔡少公精通预言术，说，"刘秀会当天子"，有人问了一句，"是说国师公刘秀吧？"国师公刘秀，就是著名学者刘向之子刘歆，当时政坛和学术界的顶尖红人。汉哀帝建平元年（前6年），年逾不惑的刘歆改名刘秀（《汉书·楚元王传》）；而后来的汉光武帝刘秀（此刻正坐在一旁听人闲聊呢），是建平二年降临人世的，可见两位刘秀是"接踵而至"。此时的刘秀还是一名乡下青年，一天到晚惦记的是地里的农活，有时也赶着牛车进城去卖点粮食。当他听到人们正在议论刘秀要当天子（好像没人在意到他也叫刘秀），这位南阳春陵乡的刘秀随口来了句，"怎么知道说的就不是区区在下呢？"（"何用知非仆耶？"见《邓晨传》）一句话逗得大家哄堂大笑。

那年刘秀26岁。

这不是刘秀第一次展现他的说笑天性和逗乐才华。

王莽天凤年间，21岁的刘秀到长安求学，朱祐也在长安游学。朱祐是南阳宛人，父亲早逝（刘秀也9岁丧父），少时住在复阳（今河南桐柏县境内）外公家。朱祐外公也姓刘，复阳离春陵很近，朱祐经常

刘秀

往来两地，跟刘秀哥俩关系很是亲密。朱祐和刘秀同时游学长安，人们虽然习惯说刘秀和朱祐是同学，但其实他俩并不是同校生，同学只是个宽泛说法。[1]据史书记载，刘秀有时会跑去找朱祐玩，朱祐看到刘秀来找他，也不怎么招呼（《朱祐传》说，"帝往候之，祐不时相劳苦"，估计两"校"隔得还有点远，否则就谈不上需要什么"时相劳苦"），每次都是先照常去听课，听完了课，再来"会见"刘秀。后来刘秀成了汉光武，有次大驾光临朱祐家，还特意提起往日旧事，笑着问朱祐，你不会又把我扔在一边，先去听课吧？一股亲密无间的感觉，油然而生。

有一回（应该是在长安游学期间），刘秀和朱祐二人为着同样的事情（讼逋租），碰巧一起去找大司马严尤。结果严尤只跟刘秀一人说事，看都没看朱祐一眼。刘秀说完事后回到车上，还不忘故意逗朱祐一句："严公宁视卿邪?"（严公有没有正眼瞧你一下？）我们瞬间能脑补出刘秀当时说话的俏皮神情和语气。

刘秀和朱祐之间的玩笑话，像泉水一样，随时会冒出来。当然，都是刘秀开朱祐的玩笑。

长安游学时，刘秀和朱祐曾凑钱合买了一盒蜜来制药。刘秀成为汉光武以后，特地赐予朱祐一大桶上等蜂蜜，还不忘追问朱祐一句，跟长安时咱俩买的蜜相比，怎么样？

朱祐是刘秀最喜欢说玩笑话的那个人。[2]

同学（还加上发小）之间总是容易说说笑笑的。

刘秀跟邓禹，也是这样的同学。

邓禹也是南阳人（新野县），13岁就在长安游学，那时刘秀也在长安游学，两人就认识了。邓禹一眼就看出刘秀不是个平常人，一有空就跟在刘秀后面。刘秀奉命渡河北上，邓禹听说后，立马"杖策"追赶，追啊追，终于在河北邺城追上了。刘秀一看是邓禹追上来，非常高兴，说，老同学，我现在可是独当一面的人了，你远道而来，是不是也想弄个一官半职？邓禹说，不是，我想帮你打天下。刘秀听后笑了。邓禹后来名列"云台二十八将"之首。

刘秀跟另一位同学的故事，在其后两千年的时光里，要更加有名，这就是历史上著名的刘秀和严光（严子陵）的故事，其中同样充满了同学间的戏语和欢笑。[3]

这里要顺便再说一句，刘秀跟朱祐、邓禹和严光，都不是我们现在说的校友或同班同学的关系，但却经常被人们误以为是校友或同班同学。真正跟刘秀是校友且同班同学的，史书记载中提到过两个人，一个是在刘秀称帝前夕，从关中带着《赤伏符》来见刘秀的强华，他的名字前有个修饰语，"光武先在长安时同舍生"（《光武帝纪》），另一人出现在《东观汉记》中，说刘秀长安游学时，"资用乏，与同舍生韩子合钱买驴"，这两位"同舍生"才是刘秀真正意义上的同班同学。当然从一种宽泛意义上说，刘秀和朱祐、邓禹、严光是同学关系，也并非就绝对不可以，同时游学长安且互有往来，当然也可以称得上同学了。

刘秀跟自己的同学言笑无忌，跟自己的家人和亲戚，同样随时会表现出随意说笑、轻松调侃的天性。《光武帝纪》里有个故事，经常被人（特别是众多史家学者）所津津乐道。

（建武十七年十月）甲申，幸章陵。修园庙，祠旧宅，观田

3

庐，置酒作乐，赏赐。时宗室诸母因酺悦，相与语曰："文叔少时谨信，与人不款曲，唯直柔耳。今乃能如此！"帝闻之，大笑曰："吾理天下，亦欲以柔道行之。"

多么具有真实感的画面！尽管类似场景，此前的刘邦也曾有过[4]（不过画风迥异），以后的历史岁月里，历朝历代的最高统治者中，也曾有人置身于类似场景，但《后汉书》中的这段描写，还是给人以特别自然而强烈的印象。宗室诸母的口气酷肖其人，刘秀的回应，也十分随意自然，轻松亲切，笑声爽然，一种亲密无间且风趣动人的感觉氛围，荡漾在平白家常话的欢声笑语间，使人身临其境一般，如闻其声。

刘良是刘秀的叔父，刘秀9岁丧父，刘良对刘秀兄弟"抚循甚笃"。刘秀哥俩起兵，刘良拍着手大呼小叫地说，"我要去向严将军（就是之前说到过的大司马严尤）告发！"并且气得让刘秀滚出去！然后自己一个人坐在那里，一个劲地猛吃猪肉干。发现刘秀让人来窥视他，刘良又大呼小叫起来，刘秀赶紧说："别再大声喊啦，叫人听见！"然后一宿无事。第二天一早，刘秀又跑到他叔父跟前，说："您到底什么时候去严将军那里（告发）啊？"刘良这时已经想通（决心跟着两位侄子一起造反），对刘秀说，"我跟你说着玩的，你干嘛还要苦苦相逼地来逗我？"（《东观汉记·赵孝王良》）

刘秀共有兄弟姐妹六人，两个哥哥、两个姐姐、一个妹妹，二哥二姐在刘秀起兵后不久，即遇难于战乱，大哥刘縯为更始帝所杀，小妹据说也早逝[5]，这样，到天下平定，刘秀的至亲家人（父母兄弟姐妹）就只剩下大姐刘黄（湖阳公主）一人，由此可以想见，刘秀和他大姐的感情。《董宣传》里有个广为人知的故事，董宣任洛阳令，湖阳公主的奴仆杀了人，躲在公主家，执法官吏无法逮捕他。一次公主出门，这个奴仆随行，董宣在路上拦下车队，挥动手里的刀在地上比画，大声宣布公主的过失，然后把这个奴仆叫下车，当场格杀。公主回到宫中向刘秀告状，刘秀大怒，准备棰杀董宣，结果上演了一出著名的"强项令"，"帝令小黄门持之，使宣叩头谢主，宣不从，强使顿之，宣两手据地，终不肯俯"。这时公主说了一句话：我弟当老百姓时，隐藏逃犯和死刑囚犯，执法官吏不敢上门，现在做了皇上，一个小小的洛阳令都使唤不动吗？刘秀笑着说："天子不与白衣同。"（《酷吏列传》）

这一笑，是弟弟讨好姐姐的笑，也是维护原则的笑。

据说刘黄比刘秀大 13 岁[6]，这是半代人的年龄差。

刘秀跟家人、族人之间，笑语戏谑，习以为常，不过有个现象，也许有人会注意到，刘秀跟他自己的家庭成员之间，比如和他的两任妻子（皇后），以及他众多的子女（刘秀生育了 16 个子女）之间，史籍中就完全没有同样欢快说笑的记载，连蛛丝马迹也没有。这是纯属史籍记载方面的原因呢，还是事实本就如此？假如事实就是如此，那原因又何在？这恐怕就会各说各话了。比如，刘秀身上儒的倾向和表现是人所共知，且显而易见的，它会不会影响到刘秀和他自己的家庭成员之间日常生活中的表现？细说起来，刘秀跟他的首任皇后郭圣通的婚姻，可谓是桩不折不扣的政治婚姻，不过这并非注定了，这桩婚姻必然是无趣乏味的，《皇后纪》里说，"因纳后，有宠"，"有宠"二字，颇有消息（当年郭圣通年方十八[7]），随后接连出生的子女，似乎也在证明，这"有宠"二字，并非虚言。然而建武十七年（41 年）那道废后立后的诏书，说郭圣通"怀执怨怼，数违教令，不能抚循它子，训长异室。宫闱之内，若见鹰鹯。既无《关雎》之德，而有吕、霍之风"，如此严厉得令人惊讶错愕的谴责用语，固然有欲加之罪、何患无辞的性质，非此不足以显示改立阴丽华为后的必然性，但千百年来，旁观者还是难免从中闻出一丝可能是刘秀心底潜藏日久的真实的宿怨之气，特别是当人们想起刘秀和阴丽华之间的爱情佳话，这种感觉恐怕就会更加明显。因此，假如说刘秀和郭圣通的日常生活中，确实少有一种戏谑调侃、欢快轻松的场景和细节，似乎也就不难理解。那阴丽华呢？阴丽华和刘秀之间，理应有最真实美好、欢无不至的爱情场景和细节啊，为何史籍记载中刘秀那频频出现的调侃天性，说笑爱好，也不见了踪影，付之阙如了呢？对此我只能想到《皇后纪》里说阴丽华的那几个字，"少嗜玩，不喜笑谑"。可见，至少在某种天性和性格表现上，刘秀和阴丽华这对恩爱情侣，似乎也属于差异互补型的。既然阴丽华"不喜笑谑"，那在她和刘秀的日常生活中，刘秀那说笑天性和逗乐才华，恐怕就得多少有所"收敛"吧？至于刘秀和他众多子女之间，作为皇帝的严父（刘秀的性格，有时候确实够严的，让人猝不及防、望而生畏），不苟言笑，大概才是"最正确的打开方式"？

——当然，这一切都是我的猜想。

说起来，同学、家人和族人，都是属于私人性质的关系，那跟社会上的其他人，作为东汉王朝开国皇帝的刘秀，是否也会同样容易表现出喜欢说笑的天性呢？

——答案是肯定的。

宋弘在西汉哀平年间，就是宫廷中的侍中，王莽新朝时又当上了九卿之一的共工（少府）。刘秀即位后，征拜宋弘为太中大夫。建武二年（26 年），宋弘代王梁为大司空。

宋弘身上有两个突出特点：一是品性严正，下面的例子，是个证明：

> 弘当宴见，御坐新屏风，图画列女，帝数顾视之。弘正容言曰："未见好德如好色者。"帝即为彻之。笑谓弘曰："闻义则服，可乎？"对曰："陛下进德，臣不胜其喜。"（《宋弘传》）

宋弘有次参加国宴，刘秀坐位旁边有一排新屏风，上面画的全是美女，刘秀目不转睛地盯着看了又看。这时宋弘一脸严肃地说，"未见好德如好色者"（《论语》里孔子的话），刘秀赶紧让人把屏风给撤掉了，还笑着说了一句："听见说得对的就立即照做，这样总行了吧？"宋弘答了一句："皇上懂事，我很高兴。"

刘秀这里的笑，跟对他姐姐湖阳公主的笑一样，都有一种讨好的味道。宋弘的年纪，比刘秀要大十几二十岁，也算是刘秀的长辈。

宋弘身上的第二个特点，是相貌堂堂。这个特点一度让刘秀的大姐湖阳公主为之动心（湖阳丧偶）。结果经过刘秀的亲自试探，刘秀对他姐姐说，"事不谐矣"（没希望，办不成）。这就是《后汉书》里那个著名的故事，"糟糠之妻不下堂"。

刘秀对于年长者，似乎总是比较容易露出笑容，除以上几例（宗室诸母、刘良、湖阳和宋弘，还有严子陵）外，刘秀对待桓荣和张湛，也给人以这种印象。[8]

不过你要因此认为，刘秀但凡对年长者，都这么恭敬、这么亲切、这么从善如流，那就错了。桓谭比刘秀年长18岁，还是宋弘专门向刘秀推荐的高级人才，就因为跟刘秀一言不合（触犯了刘秀最为敏感而看重的谶纬话题），七十多岁的桓谭差点被刘秀当场斩首！桓谭"叩头流血，良久乃得解"，算是捡回一条老命，最终还是由于惊恐过度，郁郁而终，死在了贬官的路上。

刘秀这种突然龙颜大怒的脾气，不是偶发的，史书中有众多事例表明，喜欢跟人说笑的刘秀，同时也是个容易勃然大怒、声色俱厉、易下狠手、冷酷无情的刘秀，至少对官场中人来说，"光武承王莽之余，颇以严猛为政"（《第五伦传》）。《申屠刚传》里告诉我们：

> 时内外群官，多帝自选举，加以法理严察，职事过苦，尚书近臣，乃至捶扑牵曳于前，群臣莫敢正言。

可见，皇上就是再好说笑，那也是皇帝。

像这种暴力殴打、拖拽廷臣的做法，后来成为东汉宫廷的惯例（明帝有过"郎出"的趣例，见《第五钟离宋寒列传》）。有人说，这正是由刘秀首开先河的。要到顺帝时，左雄上书，才被修改和中止。

不过丁邯的故事，又别有风趣。

> 故事尚书郎以令史久缺补之，世祖始改用孝廉为郎，以孝廉丁邯补焉。邯称病不就。诏问："实病？羞为郎乎？"对曰："臣实不病，耻以孝廉为令史职耳！"世祖怒曰："虎贲灭头杖之数十。"诏曰："欲为郎不？"邯曰："能杀臣者陛下，不能为郎者臣。"中诏遣出，竟不为郎。邯字叔春，京兆阳陵人也。有高节，正直不挠，后拜汾阴令，治有名迹，迁汉中太守。妻弟为公孙述将，收妻送南郑狱，免冠徒跣自陈。诏曰："汉中太守妻乃系南郑狱，谁当搔其背垢者？悬牛头，卖马脯，盗跖行，孔子语。以邯服罪，且邯一妻，冠履勿谢。"治有异，卒于官。（《后汉书·百官志三》注引《决录注》）

这故事里有两个故事。前一个故事，证明了《申屠刚传》所言不虚；后一个故事展现的，则是刘秀上身上那种似乎是与生俱来、根深蒂固的诙谐和幽默天性。——当然还有理性务实的为人处世行为，以及风趣绝妙的语言天赋。

樊晔是刘秀年轻时的朋友。那时候刘秀还是个普通人（湖阳公主说的"白衣"），有一回不知因为什么事，在新野县被行政拘留了，"尝以事拘于新野"。那些历史学家，总喜欢说刘秀出身豪强，是皇族和宗室后裔，现在进了局子，这些都不管用了，估计在里面还饿得够呛！樊晔当时是名市场管理员，给刘秀送了一篮子饼，"帝德之不忘"（《酷吏列传》）。一筐饼就能让刘秀"德之不忘"，可以想见刘秀当时的窘样。后来刘秀做了皇帝，提拔樊晔当了河东都尉，还不忘对樊晔来一句：

"一筐饼换了个都尉当，你觉得怎么样？""进局子"可不是什么光彩照人的事迹，但依然挡不住刘秀好调侃说笑的天性。

第五伦是东汉建国初期官场楷模式的人物，时至今日，还能看到专家学者，在报纸上撰文介绍他的事迹。第五伦早年很长一段时间，始终辗转于官场底层，"久宦不达"，后来做了长安的市场管理员。不过第五伦人微志高，每次刘秀颁布诏书，他都会认真阅读，读完后发出感叹说："这皇帝不错，我要是能跟他见上一面，好多事情都可以拍板。"同事听了都哈哈大笑，第五伦却始终充满自信。后来第五伦成了淮阳王的官员，终于真的有机会跟皇上刘秀见面，刘秀对第五伦非常欣赏，两人从早一直谈到晚。谈着谈着，皇上那好戏谑的调皮天性又"跑"出来了，他问第五伦：听说你以前经常打你老丈人，还不给你堂哥吃饭，有这回事吗？第五伦回皇上的话："我结过三次婚，每次结婚时，老婆的父亲都已不在了。我年轻时挨过饥荒，实在不敢随便留人吃饭。"刘秀听了哈哈大笑。（《第五伦传》）

然而刘秀意犹未尽，他还问过第五伦另一个问题：

"闻卿为市掾，人有遗卿母一笥饼，卿从外来见之，夺母饲，探口中饼出之，有之乎？"伦对曰："实无此，众人以臣愚蔽，故为出此言耳。"（《东观汉记·第五伦传》）

看来这位皇上的"八卦"好奇心，相当于围棋九段。

以上是刘秀跟他的几个官场官员的说笑故事。

我们知道，从王莽地皇三年（22年）起兵反莽，到东汉建武十二年（37年）天下基本平定，其间有15年时光。在这段戎马生涯里，刘秀从南阳郡春陵乡的一名青年，从一名曾在长安游学的书生，一名骑牛初上战阵的起义军将领，从一位类似"光杆司令"的天王北方特使，一位在异地他乡流离失所、仓皇茫然的逃亡者，最终华丽转身为身边将星云集的东汉开国皇帝，这一光辉历程是刘秀和他的众多将领们出生入死、冲锋陷阵、浴血奋战，加以纵横捭阖开创出来的。"云台二十八将"，就是这些将领的杰出代表。那么，刘秀和他这些功臣将帅之间，在战争风云的前前后后，是否也会像和平年代里，和上面所说的那些人一样谈笑风生、调侃戏谑呢？

——让我们还是用实例来说话。

建武十三年后，天下已基本归于平定。

> 帝后与功臣诸侯宴语，从容言曰："诸卿不遭际会，自度爵禄何所至乎？"高密侯邓禹先对曰："臣少尝学问，可郡文学博士。"帝曰："何言之谦乎，卿邓氏子，志行修整，何为不掾功曹？"余各以次对，至武，曰："臣以武勇，可守尉督盗贼。"帝笑曰："且勿为盗贼，自致亭长，斯可矣。"武为人嗜酒，阔达敢言，时醉在御前面折同列，言其短长，无所避忌，帝故纵之，以为笑乐。（《朱景王杜马刘傅坚马列传》）

故事里的"武"，是马武，"云台二十八将"之一。

很显然，刘秀对待邓禹和马武的态度，微有不同。如果说刘秀对于邓禹，始终是说笑中见尊重，尊重不妨说笑，对马武就要简单明了多了，看起来，马武就像是刘秀的"开心果"。

马武是刘秀部将之中，极少的有过"绿林"经历的人。这样在马武身上，就多少具有原始农民起义军的性质和特色，那种更纯粹的"草莽本色"（而在其他"云台"众将身上，人们看到的，更多是赵翼所说的"东汉功臣多近儒"）。刘秀显然也深明这一点，因此他故意纵容马武的性情展现，"以为笑乐"。

"云台二十八将"中，铫期是南方系（南阳和颍川）将领里唯一出身高官家庭的人（他父亲曾任桂阳太守）。铫期另一个突出特点，是他身高近一米九[9]，且相貌威猛异常！铫期随同刘秀过河北上，当这支纯粹由外乡人组成的"特遣队"，来到最北的蓟城时，王郎的"追杀令"也尾随而至。蓟城闻风而动，刘秀他们匆忙准备转身南下，此时城内围观百姓堵塞了道路，一个个大呼小叫。刘秀他们欲进不能，欲退不得，情急之际，只见铫期跃马舞戟，怒目圆睁，大叫一声："跸！"人群惊慌四散，刘秀他们得以突围而去。

跸，是指帝王出行时开路清道，禁止他人通行。刘秀当时充其量只是更始政权的"破虏将军行大司马"，然后持了个"节"，算是钦差，跟帝王之间，差着可不止一星半点，况且当时正被通缉追杀，正想要突围逃命，铫期"跸"的哪门子"跸"啊！所以当刘秀消灭王郎以后，铫期见机对刘秀说了一番劝刘秀考虑称帝的说辞，刘秀笑着说："你是不是又想来'跸'一回？"

　　　　光武笑曰："卿欲遂前跸邪？"（《铫期列传》）

想想确实让人忍俊不禁。

臧宫跟铫期是颍川同乡（还都是郏县人），称得上是刘秀身边的一位常胜将军，在他的传记里，充满了诸如"悉降之""皆下之""皆平之""大破之""连屠大城""降之"等用语。天下基本平定后，适逢匈奴内乱，且遭遇饥荒和时疫，刘秀问臧宫，对匈奴的事情，你看应当怎么办？臧宫说，"皇上给我五千兵马，我就能马踏匈奴！"刘秀一听笑了。

　　　　帝笑曰："常胜之家，难与虑敌，吾方自思之。"（《臧宫传》）

刘秀这里的笑，有那么点苦笑和无奈的味道。

把刘秀的话翻译一下，大意是：跟一位常胜将军，真是没法说事（没遇到过挫折，只知道打！打！打！杀！杀！杀！），还是我自己来想想辙吧。

东汉初年，如何处理匈奴问题，是一件大事（王莽政权的崩溃，始于匈奴问题）。陈序经著《匈奴史稿》中，对此有详细叙述。跟刘秀这次对话后，臧宫又和马武联合上书，强烈要求趁匈奴"病弱"，应当及时痛击匈奴，一举解除匈奴问题。刘秀则以一封诏书回复、否绝了他俩的建议。这封诏书，事实上成为东汉建国初期关于如何处理匈奴问题（也是处理其他所有边境民族问题）的一份重要政治和历史文献。

王常是刘秀部将中另一位有着"绿林"经历的高级将领，而且他的身份、资历，比马武要高得多。王常是"绿林"最早的起事者和主要首领之一，还亲自促成"下江兵"与刘縯领导的宗室武装的联合，尽管未能如愿立刘縯为首，但王常始终倾向于刘縯兄弟，还跟刘秀一道参加了昆阳大战。王常后来被更始任命为廷尉和大将军，又为南阳太守，并封侯（后封为邓王）。由于某种历史机缘，直到建武二年（26年），王常才归顺刘秀。

> 建武二年夏，常将妻子诣洛阳，肉袒自归。光武见常甚欢，劳之曰："王廷尉良苦。每念往时共更艰厄，何日忘之。莫往莫来，岂违平生之言乎？"常顿首谢曰："臣蒙大命，得以鞭策托身陛下。始遇宜秋，后会昆阳，幸赖灵武，辄成断金。更始不量愚臣，任以南州。赤眉之难，丧心失望，以为天下复失纲纪。闻陛下即位河北，心开目明，今得见阙庭，死于遗恨。"帝笑曰："吾与廷尉戏耳。吾见廷尉，不忧南方矣。"（《王常传》）

帝笑曰："吾与廷尉戏耳。"我相信这是刘秀的心里话。

刘秀对王常，应该是有感情的，而且是真情实感。

戎马生涯，金戈铁马，必有危急时刻。

所谓"沧海横流，方显英雄本色"。

对于刘秀来说，危急时刻，更显刘秀说笑天性。

曾经有好几回，当刘秀身边人都陷于惊恐不安时，刘秀却依然轻松说笑如常。如昆阳之战前，"诸将皆惶怖，忧念妻孥，欲散归诸城"，刘秀一番分析和劝说后，"诸将怒曰：'刘将军何敢如是！'光武笑而起。"（《光武帝纪》）在河北逃避王郎追杀，南下途中，行至滹沱河边，河水阻挡，传闻追兵在后，"从者皆恐""官属大惧"，也不妨"光武笑曰：'候吏果妄语也'"（《铫期王霸祭遵列传》）。当刘秀领军与王郎大将李育在广阿激战、对峙，耿弇和吴汉合上谷、渔阳兵马前来投奔，远处尘土飞扬，刘秀身边人以为是王郎援军，"众皆恐"，"甚忧之"，得知是耿弇等人后，世祖"笑曰：'邯郸将帅数言我发渔阳、上谷兵，吾聊应言然，何意二郡良为吾来！方与士大夫共此功名耳'"（《景丹传》）。

这就是史书记载中的刘秀。

所谓：众人惊惶不定时，更显世祖谈笑自若。

刘秀的谈笑习性，即使在一些十分特殊的时候，也是依然不改常态，人们印象最深的，当属《光武帝纪》里的这段话：

> 会伯升为更始所害，光武自父城驰诣宛谢。司徒官属迎吊光武，光武难交私语，深引过而已。未尝自伐昆阳之功，又不敢为伯升服丧，饮食言笑如平常。

刘秀从小跟他的大哥感情很好（跟他二哥的关系，史书里就言之甚少，甚至是付之阙如），共同起事反莽，可以说是兄弟俩生死与共并肩作战。然而刘縯为更始所杀，刘秀的反应是从颍川迅速回到宛城，不过不是来向更始兴师问罪，而是主动谢罪。刘縯原先的部下向刘秀表示慰问，刘秀也不说心里话，只表示自责而已，也不敢替死去的大哥服丧，"饮食言笑如平常"。

好一句"饮食言笑如平常"！

刘秀这种状态持续了好一段时间。冯异从颍川父城跟随刘秀来到洛阳，他通过刘秀"每独居，辄不御酒肉，枕席有涕泣处"等生活细节，看出刘秀内心深藏的痛楚，趁身旁无人时宽慰劝解刘秀，却被刘秀当即制止，"卿勿妄言"（《冯异传》）。

依然是"饮食言笑如平常"。

刘秀就这样以"饮食言笑如平常"，然而同时却背人饮泣的方式，度过了最痛苦和危机当前的一段非常时光。

至于战场上的危险关头，相对来说，反倒要显得轻松些。例如建武元年（25 年），刘秀与尤来、大枪等地方武装激战于顺水北，先胜后败，敌兵穷追不舍，短兵相接之中，刘秀"自投高岸"（从高处"奋不顾身"地纵身往下跳），万分危急时刻，恰好骑兵王丰前来搭救，把自己的马给了刘秀，刘秀扶着王丰的肩膀上马，一边回头对不远处的耿弇笑着说："几为虏嗤"（差点被这帮贼人笑话）。——自己喜欢笑话人，就以为别人也会笑话自己。好在耿弇连发几箭，这才击退追击刘秀的敌兵。

耿弇是上谷太守耿况的儿子，起初，耿弇本想去长安觐见更始帝，途中逢王郎称帝，情势陡变，耿弇听说刘秀正在河北，灵机一动，不去长安，改而投奔刘秀，刘秀任命耿弇为门下吏。耿弇向朱祐表示（门下吏可能隶属朱祐），自己可以回上谷请求其父发兵攻打王郎，平定邯郸，刘秀一听又笑了。

光武笑曰："小儿曹乃有大意哉！"（《耿弇列传》）

意思是，小家伙挺有雄心壮志的啊！

14

刘秀这时还没看出耿弇身上过人的军事天赋，毕竟两人只是初相识，而且耿弇当时年仅 21 岁。

王郎消灭后，更始封刘秀为萧王，要刘秀交出兵权，与众将回归长安。一天刘秀正在邯郸的温明殿昼寝，耿弇独自来到刘秀床边说，士兵伤亡过多，应该继续增发上谷兵马。刘秀说，王郎都消灭了，河北也基本平定，还要增兵干什么？耿弇说：王郎虽已消灭，天下的军事才刚开始，更始必败无疑。刘秀"腾"地从床上坐起，说：你信口雌黄，我要处置你！耿弇说，您待我如父子，我才敢对您披肝沥胆。刘秀说：我跟你开玩笑的。你为什么这么说？（"我戏卿耳。何以言之？"）耿弇于是将自己的想法和盘托出。刘秀大悦，拜耿弇为大将军，"始贰于更始"（《资治通鉴》卷三九）。

这真是再大的事，何妨"我戏卿耳"。

景丹是随同耿弇等人一道，在广阿归于刘秀麾下的。景丹原是耿况的副手（上谷副太守），后被任命为上谷长史。加入刘秀阵营后，景丹领军作战，表现卓异，深得刘秀欣赏，被任命为骠骑大将军，封栎阳侯。建武二年（26 年），弘农郡被流寇攻破，太守被擒。当时景丹正得疟疾，在洛阳养病。刘秀要求景丹带病前往处置，景丹不敢推辞，结果刚到弘农十天，就病逝了。

景丹的死，跟刘秀之前的一句玩笑话有关。据《东观汉记》记载：

> 丹从上至怀，病疟，见上在前，疟发寒栗。上笑曰："闻壮士不病疟，今汉大将军反病疟邪？"使小黄门扶起，赐医药。还归雒阳，病遂加。（卷十一《景丹》）

《后汉书》的记载是：

> 丹时病，帝以其旧将，欲令强起领郡事，乃夜召入，谓曰：

"贼迫近京师，但得将军威重，卧以镇之足矣。"丹不敢辞，乃力疾拜命，将营到郡，十余日薨。（《景丹传》）

刘秀强使景丹扶病成行，显然应该是刘秀对景丹所得疟疾的严重性估计不足，最后竟使景丹一命呜呼。[10]

所以皇帝的玩笑不能随便开。

马援命运的结局，跟耿弇和景丹都不相同。

跟"云台二十八将"相比，马援显然是个后来者。

马援跟刘秀初次见面，已是建武四年（28年）冬。虽然是冬天，但他俩的见面，是在刘秀笑如春风的友好气氛中进行的。

世祖笑谓援曰："卿遨游二帝间，今见卿，使人大惭。"（《马援列传》）

马援是以隗嚣特使的身份，来晋见刘秀的。刘秀说的"二帝"，其一自然是指刘秀自己，另一位却不是指隗嚣，而是说公孙述。公孙述于建武元年四月在四川称帝（比刘秀称帝还早两个月），马援跟公孙述是同乡旧交，隗嚣先派他去探看公孙述的情况，然后再来见刘秀的。所以刘秀跟马援一见面，就有了上面那句话。

马援当即回复道：

"当今之世，非独君择臣也，臣亦择君矣。臣与公孙述同县，少相善。臣前至蜀，述陛戟而后进臣。臣今远来，陛下何知非刺客奸人，而简易若是？"

帝复笑曰："卿非刺客，顾说客耳。"

跟刘秀的初次见面，给马援留下了极为深刻且良好的印象，换言之，刘秀的两句说笑话，为他赢得了一位顶级名将的心。第二年，趁送隗嚣长子入侍洛阳的机会，马援就此留在了刘秀的身边，成为东汉王朝开国众将中的一员。

马援一投身刘秀阵营，就显示出卓越杰出的军事才华，无论是运筹帷幄，还是带兵杀敌，深得刘秀赞赏，说"伏波论兵，与我意合"。从转投刘秀麾下，到最后战死沙场，前后刚好整整二十年，马援共有六次出征，平隗嚣，平羌，击斩李广，征交址征侧、征贰，驱散匈奴和乌桓，最后是征武陵五溪蛮夷。

> （建武）二十四年，武陵五溪蛮夷叛乱，马援请行，时年六十二，帝愍其老，未许之。援自请曰："臣尚能披甲上马。"帝令试之。援据鞍顾眄，以示可用。帝笑曰："矍铄哉是翁也！"

这是马援和刘秀的最后见面，也是马援最后一次看到刘秀对他"笑曰"。之后马援死于这次征战，实践了他的名言：马革裹尸。

然而马援恐怕想不到，在他死后，皇上刘秀的表现，让后人如雾里看花，迷惑不已。仅仅因为进军路线的分歧（而且事先刘秀还同意了马援的选择），刘秀在接到前线奏报后，立即派驸马梁松前往前线问责马援，并代理监军，恰逢马援病死。梁松原本跟马援就有过节，便趁机上书诬陷马援，刘秀接到梁松上书，不问青红皂白，"大怒，追收援新息侯印绶"。

事还没完。之后因为"薏米变明珠"（简直莫名其妙）的事件，加上马武等人的掺和（之前耿弇和耿舒也已置身其中），"帝益怒"——怎么这么容易"怒"啊？还是怒上加怒，究竟什么事情和缘由，让皇帝刘秀这么容易发怒？总之，结果就是：

> 援妻孥惶惧，不敢以丧还旧茔，裁买城西数亩地槁葬而已。宾

17

客故人莫敢吊会。严与援妻子草索相连，诣阙请罪。帝乃出松书以示之，方知所坐，上书诉冤，前后六上，辞甚哀切，然后得葬。

马援这是近于死无葬身之地了。

有位叫朱勃的，时任云阳令，是马援的同乡熟人，特地为马援之事上书刘秀，诚诚恳恳说了一大通，结果：

书奏，报，归田里。

等于白说了。

这就是刘秀和马援故事的最终结局。

一言以蔽之，就是不了了之。

刘秀死后，明帝继位。

永平初，援女立为皇后，显宗图画建武中名臣列将于云台，以椒房故，独不及援。东平王苍观图，言于帝曰："何故不画伏波将军像？"帝笑而不言。（《马援列传》）

显宗（汉明帝）的"笑而不言"，似大有乃父遗风。

注释：

[1] 关于刘秀游学长安，我们经常会看到有人说，刘秀在长安就读太学，比如《刘秀传》（黄留珠著，人民出版社2014年版）里有个小标题，直接就写着"太学生活"，内文中更有诸如"到京师长安的太学去继续深造学习"，以及"当时与刘秀一块来京城太学学习的还有族兄刘嘉"，又说"南阳宛人朱祐，字仲先，当时也在太学学习"（第10—14页）。事实上，迄今所见史籍史料中，并无刘秀以及刘嘉和朱祐在太学就读的记载，刘秀是"受《尚书》于中大夫庐江许子威"（《东观汉记》），朱祐就读的具体地方不详。

[2] 见《东观汉记校注·朱祐》，中华书局2008年版，第402—403页。

［3］见《严光传》。

［4］见《史记·高祖本纪》。顺便一说，类似场景，秦始皇和王莽好像未曾有过。

［5］刘秀小妹刘伯姬，建武二年封为宁平公主，其卒年不见史籍记载，只在网上见到说，时在建武六年，未知所据为何。

［6］刘黄生年，同样见于网络，说是公元前18年，不知何据。

［7］郭圣通成婚时的年龄（18岁），也只是见于网络。

［8］分别见《桓荣传》和《张湛传》。

［9］铫期"长八尺二寸"，按《剑桥中国秦汉史》书中的《汉代的度量衡》折算，为189.4公分。

［10］《世说新语·言语》刘孝标注曰："俗传行疟鬼小，多不病巨人。故光武尝谓景丹曰：'尝闻壮士不病疟，大将军反病疟耶？'"

二 "云台二十八将"从何而来

永平中，显宗追感前世功臣，乃图画二十八将于南宫云台。
（《朱景王杜马刘傅坚马列传》）

这是"云台二十八将"一词的由来。

"云台二十八将"跟随刘秀打天下，同心勠力，最终建立起东汉王朝。没有"云台二十八将"的股肱之力，任凭刘秀再如何的超凡入圣、天纵多才，也不可能以单枪匹马，鼎定天下。

那么刘秀和"云台二十八将"最初是怎么认识的？又是怎么走到一起的？

纵观刘秀一生，有两个时间节点，具有无可比拟、至关重要的性质。这两个时间节点相隔只一年，并且都在十月。一是王莽地皇三年（22 年）十月，刘秀"与李通从弟轶等起于宛"（《光武帝纪》），标志着刘秀投身反莽起义的历史洪流；二是更始元年（23 年）"十月，持节北度河，镇慰州郡"，这是刘秀帝王事业的真正起点。

"云台二十八将"跟刘秀相识并走到一起，基本是以这两个时间节点为轴心发生的。其中在刘秀投身反莽起义之前，就已经跟刘秀相识的，有两个人：邓禹和朱祐。

云台二十八将

　　邓禹 13 岁时，就是个小书生模样了，"能诵诗"。那时他已在长安求学，刘秀同时也在长安游学，两人是南阳同乡，邓禹是新野的，刘秀是蔡阳的。邓禹一眼就看出，这位比自己大 8 岁的大哥，不是平常人，于是一有空，就黏在刘秀身边，"遂相亲附"。几年后，两人结束游学，各自回家。

　　之后几年，邓禹是在家乡安静无事中度过的。那时天下已经大乱，风起云涌，豪杰四起，王莽的新王朝已是土崩瓦解。有人劝邓禹也出来一试身手，说可以考虑投靠刘玄的队伍，邓禹不为所动。当他一听说刘秀已"持节过河"，立即拔腿就追，"即杖策北渡"，追啊追，终于在河南安阳与河北临漳之间追上了刘秀的小队伍。刘秀一看是邓禹，大喜过望，开口就说，我现在可是独当一面的人了，老同学前来，莫非也想弄个师长旅长的干干？邓禹用一种《诗经》《尚书》式的典雅语句，委婉而明确地告诉刘秀，我不想当什么师长、旅长，我想帮你打天下！名垂青史！

　　从此，这对在长安游学时形影相随的老同学和小伙伴，就走到了一起。刘秀立即让身边的人称呼邓禹为邓将军！那年邓禹刚好 20 岁。

　　邓禹成了刘秀打天下过程中张良式的人物（至少刘秀是这么看

的），后来成为东汉王朝首任大司徒，"云台二十八将"中位列第一，他的孙女邓绥，是日后深刻影响了东汉王朝政治命运的邓太后，子孙一度繁盛，荣耀无比。

作为"云台二十八将"之一，邓禹身具几项突出特点：

1. 邓禹早先跟刘秀有私人关系（同学）；

2. 邓禹是闻风主动追赶刘秀队伍的其中一人；

3. 邓禹以独自一人的形式追随刘秀；

4. 邓禹以非公职人员身份投奔刘秀；

5. 邓禹是书生功臣之一员；

6. 邓禹是南阳人。

这些特点，我们下面会一一说到。

朱祐是"云台二十八将"之中，在刘秀投身反莽起义前，早已跟刘秀认识的另一人。

朱祐也是南阳宛人。宛在当时，不仅是南阳最繁华的市中心，也是全国最富庶的大都市之一，王莽时期，实行所谓"六莞"制度，"六莞"即六座超大中心都市，宛即其一，刘秀以前经常去那儿卖粮食。朱祐虽是宛人，但自幼丧父，很小就回到了复阳的外公家。复阳离春陵（刘秀的家乡）很近，朱祐经常往来两地，跟刘秀、刘缤兄弟十分亲近。另外朱祐的外公也姓刘，有人猜测朱祐跟刘秀家可能有点沾亲带故。这样，朱祐在"云台二十八将"之中，跟刘秀认识的时间最早，而且关系近于发小。刘秀游学长安时，朱祐也在长安游学，两人游学及早年交往故事，可参看上文。刘秀兄弟毅然投身反莽起义，朱祐很可能也同时参加了。刘缤被更始任命为大司徒，朱祐成了刘缤的护军，就是警卫连长。刘缤被杀，刘秀"持节过河"，朱祐又以刘秀护军（贴身侍卫长）的身份，随同一起出发。可见朱祐和刘秀之间非同一般的私人关系，这一点，在所有"云台二十八将"中，包括邓禹在内，都难以有人相比。明了这一点，有助于我们理解史传中朱祐的生平际遇和表现。

从投身反莽起义，到前往河北之时，整整一年间，刘秀陆续又结识了"云台二十八将"中的其余部分诸将，计有：冯异、祭遵、铫期、马成、傅俊、王霸、任光、臧宫、马武，共九人，加上邓禹和朱祐，就有了十一人。此外，"云台二十八将"中的杜茂、坚镡、刘隆、岑彭、陈俊，他们和刘秀相识的具体时间，史书交代不详，模模糊糊，一时难以确切判定，故在此暂且先提及一笔。

刘秀和冯异等九人相识，其中首先最值得一说的，自然是冯异。

冯异是以一名俘虏的身份被带到刘秀面前的，这是两人的第一次见面。当时刘秀是颍川郡的郡掾（相当于今天地级市高级政务人员），受命监督郡下五县，在父城（冯异的老家）和苗萌共同防守，来对付反莽的起义部队，"为王莽拒汉兵"。刘秀率兵攻打父城，没有攻下，屯兵在附近。冯异悄悄出城巡视，结果被刘秀的部下给抓住了。当时冯异的堂兄和几个老乡已在刘秀手下效命，听说冯异被抓，就向刘秀推荐冯异，于是把冯异带到刘秀面前。冯异说，"我一个人没什么用，我老母还在城中，我愿意回去把我监管的五座县城，一起带过来报效您"。刘秀说，"那太好了"，就放冯异回去了。冯异回去跟苗萌商议，苗萌言听计从。就在此时，刘縯被杀，刘秀返回宛城。刘秀走后，汉兵先后有十几人次轮番攻打父城，冯异坚守不降，一直等到刘秀被任命为司隶校尉，途经父城前往洛阳，冯异才打开城门，迎接刘秀，从此成为刘秀的部下。并且同时向刘秀推荐了同乡铫期等多人，一起跟随刘秀，铫期后来也名列"云台二十八将"。

从以上这段叙述可以看出，冯异性格的冷静从容，思维的缜密周全，行事的沉稳妥当，言行兼善，具有良好的谋划和掌控局面的能力，当然还有忠信不二。"云台二十八将"中，若论起某些专项特长和性格，冯异未必样样能独占鳌头，独领风骚，但综合评比，则无论战绩功劳还是个人品行，冯异必当名列前茅。但冯异为人谦虚谨慎，不矜不伐，"大树将军"的美名，至今为人所熟知。

刘秀和冯异等九人相识，其中有个地方，特别值得留意。九人之中，六人都是颍川人，冯异、祭遵、铫期、傅俊、王霸、臧宫都是，坚镡也是颍川人。马成是南阳人，但"世祖徇颍川，以成为安集掾，调守郏令"，郏为颍川郡属县。尤其值得注意的，当刘秀"持节过河"，随他同时一起前往河北、且后来名列"云台二十八将"的其中七人，除朱祐一人是南阳人外，其余六人都是颍川人（傅俊是其后闻风追赶上来的）。实际上，自更始元年三月起，刘秀就以太常偏将军的身份，"徇昆阳、定陵、郾，皆下之"，昆阳之战发生在颍川，定陵和郾是颍川属县，也是刘秀率十三骑突出重围、前去搬救兵的地方。昆阳之战后，刘秀"复徇下颍阳"，又"徇襄城"（颍阳和襄城都是颍川郡属县）。直到刘縯被杀，刘秀才匆忙离开颍川回宛城。之后前往洛阳途中，刘秀再度经过颍川地界（父城和颍阳），冯异、王霸等一众人士，趁机与刘秀重聚。由此可见，颍川在刘秀创业之初的特殊而重要位置，并不逊于南阳。

如果我们进一步细心考察，会发现，刘秀前往河北之前所结识的"云台二十八将"中的十一人，有个基本共同点，就是他们的社会身份，绝大多数属于当时社会的中下层，而且下层甚至底层小吏居多，像颍川诸将，祭遵是县吏，傅俊是县亭长，王霸是狱吏，臧宫少为县亭长、游徼，后率宾客入下江兵中为校尉，坚镡是郡县吏，铫期虽然"父为桂阳太守"，但已过世，铫期本人被刘秀招致麾下时，或为一平民。合南阳和颍川诸将一起，也只有冯异和任光职位略高，冯异是郡掾，任光当过王莽政权的乡啬夫和郡县吏，后来成为更始大司徒刘赐的安集掾，拜偏将军。此外，马成少为县吏，陈俊少为郡吏。邓禹是名书生，朱祐属亲朋好友，两人传记中皆未见有"体制内"身份。颍川和南阳战将的这一特点，将与河北众将形成鲜明对比。

另外一点也需要指出，颍川和南阳诸将，多数是以个人的形式，归附刘秀的。邓禹和朱祐不必说了，祭遵、铫期和马成也是如此，只有冯异、王霸和傅俊的情况稍有不同，王霸投奔刘秀之初，"率宾客上谒"，昆阳之战后，回乡休整。刘秀途经颍阳（王霸是颍阳人）往洛阳，王霸再度跟随刘秀，同往洛阳。当王霸准备跟刘秀前往河北，"宾客从霸者数十人，稍稍引去"。刘秀因此勉励王霸说："颍川从我者皆逝，而子独留。"所谓"颍川从我者"，当指最初随王霸投刘秀的（也包含其他颍川人）。傅俊是"及世祖讨河北，俊与宾客十余人北追"，只有区区十余人。南阳和颍川诸将的这一特点，我们将同样看到，会跟河北众将形成极大反差和鲜明对照。

更始元年十月，刘秀终于等来"持节北度河，镇慰州郡"的人生重要转机。所有"云台二十八将"，无一例外，全都参与了"安集河北"的经过，这应该是日后能名列"云台二十八将"的重要背景和原因。我们若以"河北之行"为视角，可将"云台二十八将"与刘秀结识和相聚的经过情况，分为三类。

1. 同时跟随刘秀出发前往河北者，七人；
2. 刘秀行至途中，闻风尾随而至者，六人；
3. 河北相遇（其中与马武和任光二人属重逢）十五人。

下面我们来逐一说明。

第一种，同时随刘秀出发前往河北者七人。

这七人我们前面已经说过，即朱祐、冯异、祭遵、铫期、王霸、臧宫和坚镡，朱祐以外，六位都是颍川人。六位颍川战将，冯异前已有所介绍，这里我们再来说说祭遵和王霸。

祭遵是个很有特点的人。首先，他家有钱，所有"云台二十八将"，史传中明确提到"家富给"的，只有祭遵一人。像寇恂的"世为

25

著姓"，就不能直接理解为有钱。其他出身太守或都尉之家的，同样也不好直接理解为家里有钱。其次，他爱读书，"少好经书"；最后，他长得很好，堪称"云台二十八将"中的"颜值担当"，"光武爱其容仪，署为门下史"，可见才财貌三全。同时祭遵还有两个特点："表里不一"和"出人意料"，这两个特点像一对孪生兄弟。祭遵家里有钱，但却不是个炫富子弟，"遵恭俭，恶衣服"。祭遵"少好经书"，也并非"四体不勤"，他很有行动力，"丧母，负土起坟"。祭遵容仪喜人，然而有一次被"部吏所侵"（被某个衙门小吏给欺负了），祭遵就"结客杀之"。这一来，"初，县中以其柔也，既而皆惮焉"。——真是人不可貌相。

这种容易让人"误判"的"反向"性格，被祭遵带到了刘秀的军营。祭遵被刘秀收纳，从征河北，担任"军市令"一职，这显然是个不大的小官，顾名思义，应该就是管理军中买卖，有点类似"军人服务社"负责人的意思。结果刘秀身边有个人（舍中儿，刘秀贴身后勤人员，大概属于家仆之类），不知触犯了什么军市"天条"，竟然被祭遵给格杀了。这下把刘秀给惹恼了！"光武怒，命收遵"。幸好主薄陈副及时说好话，刘秀才放了祭遵，并提拔他为刺奸将军。刘秀还特意叮嘱其他将领说，"对祭遵你们可得小心点，我身边的人他都敢杀，对你们他绝不会手下留情"。

后来祭遵成为一名勇猛顽强、能征惯战的著名战将，战斗中"弩中遵口，洞出流血，众见遵伤，稍引退，遵呼叱止之"。

祭遵身上这种看似表里不一的表现和行为，其实跟儒学——更确切说是经学——有关。如果从儒（经）学的角度看，一切都顺理成章，很好理解，传记里说他"少好经书"，是很精确的表述。众所周知，"云台二十八将"中多好学之人，赵翼《廿二史札记》特列"东汉功臣多近儒"一节，悉数罗列了东汉开国众将中的书生或好儒之人。不过，其他将领称为儒将，应该没太大问题，唯独祭遵，若同样只是泛泛称为儒将，在我看来，就有欠精确，理应称为"经将"（本来儒的根本在于经，无经则无儒）。刘秀有一次到前线的祭遵军营视察和慰劳，"作黄门武乐，良夜乃罢"，明显是针对祭遵的性格特点和喜好有意为之。祭遵本人更是处处体现出两汉之际经学风潮熏陶下的品行与风范，"遵为人廉约小心，克己奉公，赏赐辄尽与士卒，家无私财，身衣韦裤，布被，夫人裳不加缘"。祭遵去世后，刘秀为之大办丧事，堪称备极哀荣，刘秀本人也泪不能止，"愍悼之尤甚"。当时名儒范升特地上一篇奏章，细论应大力表彰祭遵的重要意义，其中几句，可看作祭遵的生平实录：

> 身无奇衣，家无私财。同产兄午以遵无子，娶妾送之，遵乃使人逆而不受，自以身任于国，不敢图生虑继嗣之计。临死遗诫牛车载丧，薄葬洛阳。问以家事，终无所言。

见人无子，就送人以妾，然而祭遵却"逆而不受"。这里体现的，不仅不是反儒行为，恰恰是一种更高级的儒学精神。范升奏章中的另外几句话，给人以更深刻的印象：

> 遵为将军，取士皆用儒术，对酒设乐，必雅歌投壶。又建为孔子立后，奏置《五经》大夫。虽在军旅，不忘俎豆，可谓好礼悦乐，守死善道者也。

作为戎马一生的一员战将，祭遵的行为表现，堪称达到了儒学风范的至高至纯境界。"云台二十八将"中的其他战将，可以说是望尘莫及、难以比肩，只有寇恂和李忠约略相近，但在规模和气象上，也不可同日而语。

刘秀看了范升的奏章，"乃下升章以示公卿"，相当于作了重要批示。现在来看，刘秀最终看中祭遵的，可不只有他那悦人的容仪，也不

27

只是他的勇猛善战，更有他身上始终不渝、高自标持的儒学气象。

王霸和祭遵之间，有明显不同。

王霸祖孙三代都属于司法系统干部（文法吏），王霸自己就是一名狱吏，相当于《水浒》里说的牢头。不过王霸并不喜欢这份职业，于是他父亲就送他去长安游学。这里就涉及秦汉（尤其是两汉）时期一个重要现象和话题：吏与儒的关系。王霸长安求学，正是他由一名标准的俗吏（执法之吏，刀笔吏）向儒生靠拢和转化的标志，显示出两汉之际文吏与儒生的融合，这是王霸身上最值得注意的地方。如果我们梳理一下"云台众将"中那些好学近儒之人，会发现绝大多数都属于先学后吏或后将（学而优则仕）者，如邓禹、朱祐、冯异、祭遵、贾复、耿纯、耿弇、刘隆、景丹，莫不如此，像王霸这种先吏而后学者，就有点特别，众将之中，仍然只有李忠和寇恂，似乎是吏学同步。

刘秀自洛阳出发，北上途中，随后追随者有六人：邓禹、马成、傅俊、刘隆、陈俊和贾复，其中五人都是南阳人，只有傅俊是颍川的。

六人当中，邓禹、马成、傅俊以前已跟刘秀认识，刘隆有可能认识，陈俊也很可能认识，只有贾复是之前唯一跟刘秀不认识的。

贾复在"云台二十八将"中，身份、性格和经历，相对来说都要算复杂的，而且十分强悍。贾复似乎天生具有政治家的胸襟抱负和机敏天赋，同时又有睚眦必报、争强好胜的激烈个性。贾复刚到刘秀军中，被安排为"破虏将军督盗贼"（破虏将军是刘秀本人，督盗贼相当于保卫科长），"官属以复后来而好陵折等辈，调补郿尉"（《贾复传》），随即被刘秀拦阻，说："贾督有折冲千里之威，方任以职，勿得擅除。"这时刘秀已看出，贾复可不是庸常之辈。

贾复也是南阳人，"少好学，习《尚书》"，从这里约略隐隐能看出，贾复身上潜藏的未来政治家的胸襟气质。然而天赋再高，也得从脚下做起，"王莽末，为县掾"。不过贾复对自己的职责，十分尽忠职守，因此获得同事的称赞。但不知出于什么缘故，当下江、新市兵起时，贾复也聚集了数百人，自己立了个山头，自号为将军。这是从县衙官吏，摇身一变直接成匪了！更始政权建立后，贾复带领自己这支小小的"二龙山"队伍，汇入了革命的大部队，成为汉中王刘嘉的部下，头衔则由自封的将军降为都尉（军长变师长）。贾复随后很快发现，更始政权混乱难成大事，就对刘嘉说了一番大气磅礴的道理，刘嘉听后说："您这话太大，不是我能干的，大司马刘秀现在河北，我写封信，你去投奔他吧。"于是贾复怀揣着刘嘉的推荐介绍信，一路打听着追赶刘秀，终于在柏人县（今河北邢台隆尧县西）追上了。《后汉书》上说，"因邓禹得召见。光武奇之"，可见贾复和刘秀两人以前是不认识的。

贾复在刘秀军中，以奋不顾身的"拼命三郎"战场风格，给人留下深刻印象。"诸将咸服其勇"，身上经常伤痕累累，有回伤势严重，刘秀听闻大惊说："我所以不令贾复别将者，为其轻敌也。果然，失吾名将。闻其妇有孕，生女邪，我子娶之，生男邪，我女嫁之，不令其忧妻子也。"（这番指腹为婚的话语，后来并未兑现）贾复不仅阵前勇字当先，跟自己人之间，也是丝毫不让。《寇恂传》里有个故事，贾复有位部将，因杀人被颍川太守寇恂给正法了，贾复认为这是寇恂故意让自己难堪，塌自己的台，说："吾与寇恂并列将帅，而今为其所陷，大丈夫岂有怀侵怨而不决之者乎？今见恂，必手剑之！"后来在刘秀的亲自调解下，两人最终以"将相和"的方式，"结友而去"。

贾复阵前勇猛，"未尝丧败"，但也正是过于勇猛，刘秀担心他的安危，于是"希令远征"，这样一来，贾复就很少有像冯异、寇恂、吴汉、耿弇和岑彭那样有独当一面的领军机会，所以"诸将每论功自伐，复未尝有言"。这时候，贾复身上那种属于政治家的性格和气质，就浮现出来了。范晔在评论里，将贾复和"大树将军"冯异并列，称赞说，"若冯、贾之不伐，乃足以感三军而怀敌人"。天下基本平定后，贾复看出光武偃武修文的心思，"乃与高密侯邓禹并剽甲兵，敦儒学"（同上），此举深得光武赞赏，"是时，列侯惟高密、固始、胶东三侯与公卿参议国家大事，恩遇甚厚"。高密、固始、胶东三侯，分别指邓禹、李通和贾复。

如果说在祭遵、李忠和寇恂身上，儒学兴趣主要体现在礼乐教化方面，在冯异、王霸、耿纯、耿弇、景丹等人身上，融合性的广义经书学习，主要是用来指导自身在实践中的行为，那么在邓禹、贾复和朱祐那里，我们就更多地看到了政治儒学（制度儒学）学识的实际效用。"云台二十八将"，邓禹排名第一，贾复排名第三，朱祐排第八，政治优先的原则，隐然可见，是不难察觉到的。

最后我们来说说与刘秀在河北相逢的"云台二十八将"中的其余十五人。这十五人可分为三种情况。

1. 来自南方的外地人五人（全是南阳人），其中任光和马武与刘秀属于重逢，岑彭与刘秀之前是否相识难以确定，吴汉和杜茂与刘秀是在河北新相识的；

2. 来自陕西和山东的四人，景丹（冯翊栎阳人）、耿弇（扶风茂陵人）、李忠（东莱黄人）、万修（扶风茂陵人）；

3. 河北本地人六人，寇恂（上谷昌平人）、盖延（渔阳要阳人）、王梁（渔阳要阳人）、耿纯（巨鹿宋子人）、刘植（巨鹿昌城人）、邳肜（信都人）。

我们先从任光说起。

为什么要先从任光说起？任光在"云台二十八将"中，是个不起眼的人物，论起战功赫赫和威名远扬，完全无法与冯异、寇恂、吴汉、耿弇和岑彭等人相提并论，二十八将之中，排名二十二，还早早就去世了。他跟刘秀在一起的时间，总共也不过五六年。但我们必须要从任光说起，因为对刘秀来说，任光太重要了，可以说是个决定刘秀命运的人物。

刘秀和他的"特遣小分队"，更始元年十月从洛阳出发，经停邯郸。刘秀离开邯郸后，十二月，王郎在邯郸称帝。更始二年正月，刘秀等人抵达行程最北端的蓟县。此时王郎的势力，已然是"赵国以北，辽东以西，皆从风而靡"（《王刘张李彭卢列传》）。同时，"王郎移檄购光武十万户"（《光武帝纪》），等于下达了追杀令。"于是光武趣驾南辕"（同上），一路百般狼狈，饥寒交迫，"遑惑不知所之"（同上），"狼狈不知所向"（《任光传》），"对灶燎衣"成为经典一幕。最后在路旁一位白衣老者的指示下，知道信都城就在前方八十里，太守任光"独为汉拒邯郸"（同上），光武"即驰赴之"。"即驰赴之"四字，在《后汉书》中一字不差地出现过两次，一次在《光武帝纪》，另一次在《任光传》。

对于刘秀他们来说，信都已成为汪洋中的一座孤岛。

一个像井冈山和陕北延安一样的根据地。

刘秀来到信都，终于止住了惊惶逃亡的脚步。

刘秀和任光，重逢在了信都。他俩以前认识。任光也是南阳宛人，当过乡啬夫和郡县吏。汉兵攻打宛城，义军士兵见任光衣裳光鲜整齐，就叫他把衣服脱了，准备劫杀之。刚好更始的光禄勋刘赐（刘秀族兄，跟从刘縯、刘秀起兵反莽。刘縯被杀后，替代刘縯，当了更始的大司徒。刘秀北行，他力排众议，起了关键作用）经过，看出任光不是庸常之辈，赶紧把任光给救了。此后任光就带着自己人跟了刘赐。后来又和刘秀一道，参加了昆阳大战。

更始帝迁都洛阳，任命任光为信都太守。

这才有了刘秀与任光在信都的重逢。

刘秀初到信都，暂时站稳了脚跟，但惊魂甫定，脑子还是乱的。他和任光刚见面，两人有过以下一番对话：

"伯卿，今势力虚弱，欲俱入城头子路、力子都兵中，何如

31

邪?"光曰："不可。"世祖曰："卿兵少，如何?"光曰："可募发奔命，出攻傍县，若不降者，恣听掠之。人贪财物，则兵可招而致也。"世祖从之。（《任光传》）

城头子路和力子都是当时山东境内的两股地方武装，一度人多势众，后被更始收编，实际纯属草寇，内部混乱不堪，刘秀情急之下，居然会想到去投靠他们，可见当时有多么惊魂不定、慌不择路！好在任光及时提出对策，"世祖从之"。

从此，刘秀策略明确，转"逃"为攻，形势开始好转，"旬日之间，兵众大盛，因攻城邑，遂屠邯郸。"（《任光传》）

这就是为什么我们必须要从任光说起。

如果没有任光和信都，刘秀"河北行"的结局会怎样，没人敢断定。没有任光和信都（应该还要加上邳彤和和成郡），刘秀最终会落脚哪里? 去往何方? 没人知道。这是任光和李忠、万修能同时名列"云台二十八将"的根本原因。很显然，如果论战功和威名，他们三人是难以与其他"云台"众将相提并论的，但他们以正确的方式，在正确的时间，出现在正确的地方，打开了自己崭新的人生。

另外，通过（借助）任光（视角），我们还能聚焦和透视几个与本文密切相关的现象和问题。

1. 河北众将的身份

前面说过，"云台二十八将"中南阳和颍川籍诸将，跟刘秀相识、相遇和相聚之前，绝大多数都是王莽政权的下层官吏，官职最高的属冯异，也只是个郡掾。相比之下，我们来看看河北众将归顺刘秀时的身份：

任光，信都太守；

李忠，信都都尉；

万修，信都令；

邳彤，和成卒正（太守）；

景丹，上谷长史；

耿纯，骑都尉；

吴汉，安乐令；

王梁，守狐如令；

盖延，渔阳太守彭宠的护军和营尉；

寇恂，上谷郡功曹（太守甚重之）；

耿弇，未有头衔和职位，但他实际是其父上谷太守耿况的代理人，地位、作用和能量不在众将之下；

马武，更始的振威将军；

刘植，没有身份，但他和族人"据昌城"，成为昌城的实际控制者；

岑彭，更始政权赴任途中的颍川太守。

只有杜茂一人来历不明，暂且忽略不计。

显而易见，很容易想到的是，在河北相遇（包括重逢）的众将，不仅在身份、地位上比南方相遇诸将要明显高出一头，而且身份和地位的不同，自然也就意味着其所掌握的资源和拥有的能量（兵马粮草及声势）的迥然不同。可以说，随着任光和信都的及时出现，一个蔚为大观、如波浪涌动的群体归附的现象，其大幕被猛然拉开了。

2. 河北众将的群体归附

同样是前面说过的，刘秀在南方相遇的诸将，基本都是以个体方式，聚拢到刘秀身边的，极少数有宾客族人相从的，人数也是区区可数。对此，我们再来看河北众将，所有在河北与刘秀相遇的诸将（杜茂暂且忽略），没有一人是以单枪匹马、只身投靠的形式，归附于刘秀的，其中更有兵强马壮、锐不可当、能征惯战、数以万计甚至十万计的精兵强将，这是真正的带枪投靠！他们构成了刘秀真正属于自己的最初的军事力量的主体。

他们以类似波次的形式，紧密会聚到刘秀的大旗之下。

第一波：信都加邳彤（任光、李忠、万修和邳彤）。

"光遂与都尉李忠、令万修、功曹阮况、五官掾郭唐等同心固守。……发精兵四千人城守。"（《任光传》）这是刘秀在河北实实在在攒下的"第一桶金"。

几乎与此同时，邻近信都的和成太守邳彤，也来到了刘秀身边。说起来，邳彤结识刘秀，还在刘秀与任光重逢之前。刘秀北上途中，经过下曲阳，邳彤就已归降刘秀。刘秀继续北上，到达蓟县后仓皇南返，消息被邳彤得知，邳彤"先使五官掾张万、督邮尹绥，选精骑二千余匹，缘路迎世祖军"（《邳彤传》）。随后自己也赶到信都，与刘秀重逢相聚。

信都的四千精兵，加上和成的两千精骑，且不论两城（郡级市）的其他民众和力量，这成为刘秀反攻王郎的最初本钱。

第二波：刘植和耿纯。

刘植是昌城（属信都）人，王郎称帝后，刘植"与弟喜、从兄歆率宗族宾客，聚兵数千人据昌城"。控制了这座县城。等到刘秀开始反击王郎，刘植率领宗族宾客（当然还有昌城）归顺了刘秀。刘植归顺刘秀后，帮刘秀干成了一件大事，当时真定王刘扬手下有"众十余万"，并且已经归附王郎。刘植成功游说刘扬转投了刘秀！这事对于壮大刘秀势力的作用，不言而喻。

耿纯的父亲当过王莽的济平尹，后来归顺更始。更始的舞阴王李轶拜耿纯为骑都尉。刘秀路过邯郸，耿纯拜见刘秀。刘秀继续北上，耿纯留在邯郸，王郎在邯郸称帝，耿纯逃出邯郸，在育（今衡水境内）与刘秀重逢。耿纯与刘秀相遇，最大的特点，是他始终带着他那数量庞大的族人随军移动，为了防止宗族人士有二心，耿纯甚至命人把这些族人的老家房屋全都烧毁。刘秀问何故？耿纯回答说，是为了"绝其反顾之望"，并说自己是"举族归命"（于刘秀）。这里必须明了一点，耿纯携带的这些族人，并非尽是老弱病残幼，其中有数目可观的、能冲锋陷阵的士卒，且多次参与刘秀的军事行动，如与"王郎将李恽战，大破斩之。从平邯郸，又破铜马"。参与刘秀在射犬的战事，"选敢死二千人"，经过激战，获得胜利。之后刘秀专门安排耿氏族人亲属，在蒲吾定居下来，不再随军移动。

第三波：上谷、渔阳联军，六将并至，即耿弇（上谷）、寇恂（上谷）、吴汉（渔阳）、盖延（渔阳）、王梁（渔阳）、景丹（上谷），古希腊有"七雄攻忒拜"，这或可称为"六将归刘秀"。

由此奏响了刘秀河北"群体归附"的最强音！"（耿弇）因说况使寇恂东约彭宠，各发突骑二千匹，步兵千人。耿弇与景丹、寇恂及渔阳兵合军而南，所过击斩王郎大将、九卿、校尉以下四百余级，得印绶百二十五，节二，斩首三万级，定涿郡、中山、巨鹿、清河、河间凡二十二县，遂及光武于广阿。"（《耿弇列传》）"会上谷太守耿况亦使功曹寇恂诣宠，结谋共归光武。宠乃发步骑三千人，以吴汉行长史，及都尉严宣、护军盖延、狐奴令王梁，与上谷军合而南，及光武于广阿。"（《彭宠传》）吕思勉说："案光武为客军，而王郎为河北豪杰，其势实不相敌。光武所以终克郎者，得渔阳、上谷之力实多。"[1]广阿成为大会师的标志地。

至于后来刘秀派吴汉继续去幽州十郡发兵，已是后话。

第四，余波：马武和岑彭。

马武很早就跟刘秀认识，还一起参加了昆阳之战。当刘秀在河北围攻王郎于邯郸时，马武以更始振威将军的身份，和尚书令谢躬一起受命参与围攻王郎。之后邯郸被攻下，王郎被杀，而曾经的友军谢躬被刘秀除掉，马武不得已投奔刘秀。此时马武的身边，不可能没有他自己的兵卒。实际上，马武归顺刘秀后，刘秀"复使将其部曲至邺，武叩头辞以不愿，世祖愈美其意，因从击群贼"。可见是有马武自己部下的。

岑彭和刘秀在河内郡相遇时，岑彭的身份是颍川太守。《岑彭传》里说得很清楚，在赴任途中，"会春陵刘茂起兵，略下颍川，彭不得之官，乃与麾下数百人从河内太守邑人韩歆"。虽然只有数百人，但显然不是单枪匹马。

这里我们必须要特别说明一下，所谓群体归附，在当时对于刘秀的特殊意义，《邓晨传》里有段文字：

> 更始北都洛阳，以晨为常山太守。会王郎反，光武自蓟走信都，晨亦间行会于巨鹿下，自请从击邯郸。光武曰："伟卿以一身从我，不如以一郡为我北道主人。"乃遣晨归郡。

刘秀这里对邓晨所说的，正是群体归附的重要意义，它要远胜于单枪匹马的投奔。如果我们还记得《史记·萧相国世家》里刘邦的一段话，其中有：

> "且诸君独以身随我，多者两三人。今萧何举宗数十人皆随我，功不可忘也。"群臣皆莫敢言。

说的正是这个话题。

刘秀在河北与众将相遇，除了众将各人的身份、地位和群体归附两大突出特点外，还有一个看点，似乎一向为人所忽视和罕言，这就是更始政权在河北的存在、介入和影响，其与刘秀和"云台二十八将"的关系。

3. 刘玄的更始政权在河北的存在及与刘秀的关系

刘秀"持节北度河，镇慰州郡"，更始政权给刘秀的，只是一个头衔和身份证明（持节）。刘秀"平河北"，似乎是凭刘秀自己（和他的众将）一手一脚踢打出来的，跟更始政权好像没什么太大的实际关系，然而事实并非如此。实际上，在刘秀"安集河北"的整个过程中，我们不时可以见到更始政权的实际存在和关键作用。

这事也得从任光和信都说起。

首先，任光的信都太守，就是更始任命的，都尉李忠和信都令万修，同样也是更始任命的。当刘秀带人围攻巨鹿时，信都城被王郎的人给占领了。当时李忠的母亲和妻子都被扣住，危在旦夕，刘秀派任光带兵回救信都，结果"光兵于道散降王郎，无功而还"。最终还是"更始遣将攻破信都，忠家属得全"。不仅是李忠，当时邳彤（邳彤是信都人）的父亲、兄弟和妻子，也被王郎的人给扣了，还以书信形式，威胁邳彤说："降者封爵，不降族灭。"最后同样是靠"更始所遣将攻拔信都，郎兵败走，彤家属得免"（《邳彤传》）。

上谷和渔阳的例子，更清楚地显示了，更始政权对于河北事物的介入和影响。

刘秀到达河北时，上谷太守是耿况。耿况是在王莽时，被任命为朔调连率（上谷太守）的。王莽、更始政权交替，刘玄派使者巡行各地。使者来到上谷，不知出于什么缘故，没有当即承认耿况的上谷太守身份，还是耿况的郡功曹寇恂，以兵戎相见和据理力争的方式，才使得使者默认了耿况的太守身份。随后更始政权的使者也宣布承认了景丹的上谷长史的身份：

> 更始立，遣使者徇上谷，景丹与连率耿况降，复为上谷长史。（《景丹传》）

然而耿况并不因此心安。耿况儿子耿弇，年方二十一，自告奋勇带着奏章和礼物，前往长安，准备去拜见更始帝，想以此来稳固其父耿况的上谷太守的地位。结果王郎称帝，耿弇去长安的计划半途而废。当耿弇听说刘秀（更始特使）正在河北，便改弦更张，决定追随刘秀。

更始帝见刘秀在河北声名大振，君臣上下深感疑虑，于是派使者立刘秀为萧王，让刘秀罢兵回长安，又任命、派遣苗曾为幽州牧，韦顺为上谷太守，蔡充为渔阳太守，一起来到北方。耿弇对刘秀说：

　　今更始失政，君臣淫乱，诸将擅命于畿内，贵戚纵横于都内。天子之命，不出城门，所在牧守，辄自迁易，百姓不知所从，士人莫敢自安。虏掠财物，劫掠妇女，怀金玉者，至不生归。元元叩心，更思莽朝。又铜马、赤眉之属数十辈，辈数十百万，圣公不能办也。其败不久，公首事南阳，破百万之军；今定河北，据天府之地。以义征伐，发号响应，天下可传檄而定。天下至重，不可令它姓得之。闻使者从西方来，欲罢兵，不可从也。今吏士死亡者多，弇愿归幽州，益发精兵，以集大计。（《耿弇列传》）

　　刘秀听后非常高兴，拜耿弇为大将军，与吴汉北发幽州十郡兵。耿弇到上谷，收韦顺、蔡充斩之；吴汉也把苗曾给杀了。

　　吴汉后来成为刘秀最为重要的军事将领之一，"云台二十八将"中列名仅次于邓禹，排名第二。吴汉的安乐令，也是更始任命的：

　　更始立，使使者韩鸿徇河北。或谓鸿曰："吴子颜，奇士也，可与计事。"鸿召见汉，其悦之，遂承制拜为安乐令。（《吴汉传》）

　　而耿纯由更始帝的舞阴王李轶"拜为骑都尉，授以节，令安集赵、魏"（《耿纯传》）。

　　至于岑彭，在归顺刘秀之前，有过一番让人眼花缭乱的更始政权的经历。先被更始帝封为归德侯，归属刘縯。刘縯死后，岑彭又成了更始大司马朱鲔的校尉，还担任过淮阳都尉。最后被任命为迁颍川太守，上任途中受阻，"乃与麾下数百人从河内太守邑人韩歆"。韩歆投降刘秀，岑彭也一同归顺。之后开始参与从平河北。（《岑彭传》）

　　还有马武，一位老资格的革命家。马武可算是"云台二十八将"中唯一的"农民起义军"的代表，但马武本人的出身，未必就是贫苦农民。马武和岑彭一样，也是在一种带有偶然和被迫性的情况下，从更始的"旧队伍"中，"跳槽"到刘秀旗下的。马武和刘秀此前认识，他也参加过昆阳之战。当时马武的身份，也许比刘秀还高，是侍郎。当刘秀围攻邯郸时，更始帝派马武"与尚书令谢躬共攻王郎"。攻下邯郸后，刘秀有一次单独私下跟马武聊天，劝诱马武入自己的伙，马武有所动心，但未立即答应归顺，直到谢躬被杀，马武才"驰至射犬降"。

事实上，在刘秀称帝前（至少在"始贰于更始"前），刘秀对于河北相遇诸将的所有封侯拜将，可以说都是以更始循行使者的身份来进行的。这一点，似乎一直被人们忽略了。

综上所述，所以，对于杀害自己大哥的更始帝，刘秀在建武元年九月颁发诏书说：

> 更始破败，弃城逃走，妻子裸袒，流冗道路。朕甚愍之。今封更始为淮阳王。吏人敢有贼害者，罪同大逆。（《光武帝纪》）

之后，听说更始遇害后，"光武闻而伤焉。诏大司徒邓禹葬之于霸陵"。最后，据《刘玄刘盆子列传》记载：

> （更始）有三子：求，歆，鲤。明年夏，求兄弟与母东诣洛阳，帝封求为襄邑侯，奉更始祀；歆为谷孰侯，鲤为寿光侯。求后徙封成阳侯。求卒，子巡嗣，复徙封濩泽侯。巡卒，子姚嗣。

以上种种，不宜简单看作一种表面的宽宏大度和恻隐仁慈，看作一种惯例式的政治作秀。没有更始，刘秀成事的道路，可能就要更加曲折和漫长。这一点，可以通过众多"云台二十八将"的经历，清楚地显现出来。他们中有好多人，最终归顺刘秀，都是中经更始政权，脱胎而来的。

注释：

[1] 吕思勉：《秦汉史》，江苏人民出版社 2014 年版，第 185 页。

三　彭宠之死

彭宠最后死于自己的家奴之手。

刘秀好像早就料到有这一天。

彭宠的故事说起来很简单。

他是南阳宛人，父亲在西汉末年做过渔阳太守，后来被王莽看作异己者而死于非命。不过父亲的枉死，看来并没有影响到彭宠的仕途，年轻时彭宠就做了郡吏。地皇年间，彭宠又成为大司空士。所谓"大司空士"，据《后汉书》李贤注：王莽时九卿分属三公，每一卿置元士三人。推想起来，大概相当于如今的国务秘书或部长秘书之类吧。彼时反莽起义，已是风起云涌。身为大司空士的彭宠，跟随大司空王邑前往东部镇压反莽义军，结果听说自己亲弟弟在汉兵中，彭宠害怕受到牵连而丢了性命，就和同乡吴汉一起，逃到了他父亲当年任职太守的渔阳，投奔了他父亲以前的一名部下，暂时栖身。

动荡年代，容易碰上意想不到的时来运转。王莽覆灭，更始政权建立，随即派使者巡视各地。派往河北的使者叫韩鸿，也是南阳人。韩鸿很重乡情，他在蓟县遇见彭宠和吴汉，"以宠、汉并乡闾故人，相见欢甚"（《彭宠传》）。于是凭借自己使者的权限（承制），拜彭宠为偏将军，行渔阳太守事，又任命吴汉为安乐令。

这样彭宠就摇身一变,从一名寄人篱下的流亡者,成了坐镇一方的(代理)渔阳太守。

其后不久,刘秀以破虏将军行大司马身份,持节渡河,巡视河北。刘秀也来到蓟县,他给彭宠写了封信,邀他前来见面。彭宠正想去见刘秀,刚好碰上王郎称帝,并迅速在渔阳等地发兵,情势陡变,加上刘秀他们随即转身南下,于是彭宠和刘秀的第一次见面机会,就这样错失了。

不过,随后彭宠在上谷太守耿况和吴汉的劝说下,很快还是选择了支持和投靠刘秀。彭宠手下的吴汉、严宣、盖延和王梁率领三千兵马,和上谷兵马一道,在广阿与刘秀会合。刘秀同样凭借自己使节的权限,封彭宠为建忠侯,赐号大将军。此后彭宠为刘秀围攻邯郸,消灭王郎,"转粮食,前后不绝",立下汗马功劳。

王郎消灭后,刘秀开始与河北当地武装展开激战。一次追击铜马军,刘秀又来到蓟城。这次彭宠和刘秀终于见上了面。当时彭宠很有点兴冲冲的,满怀期待,结果刘秀的态度却让彭宠觉得不满意,很有些失望。刘秀看出彭宠的不满和失望,就问他新任命的幽州牧(渔阳郡属幽州)朱浮。朱浮说:彭宠对您的期望过高,结果未能如意,所以不满和失望。没等刘秀说话,朱浮接着又说,甄丰以前跟王莽关系很好,后来也是感到不满和失望,结果被王莽处死了。刘秀听了哈哈大笑,说不至于。

刘秀称帝后,王梁和吴汉都先后位居"三公",彭宠的爵位和官职却止步不前,这让彭宠更加感到怏怏不得志,叹气说,以我的功劳,理当封王,就弄了这么个名堂,皇上是忘了我吗?

这时候,彭宠和朱浮的关系也越来越坏,朱浮几次三番说彭宠的坏话。建武二年(26年)春,刘秀召彭宠进京。彭宠认为是朱浮在背后出卖了自己,要求和朱浮一同上京(对质)。刘秀不同意。最后彭宠在身边人的怂恿、鼓动下,举兵反叛,攻打朱浮。朱浮不敌彭宠。刘秀派将军邓隆援救朱浮,结果兵败。建武三年,彭宠乘势攻占蓟城(幽州治所），自立为燕王。彭宠的事业，至此达到顶峰。

建武四年，在耿况父子和朱祐、祭遵、刘喜等人的合兵攻击下，彭宠与匈奴联军兵败，势力受到重创。

建武五年春，彭宠被自己的家奴给谋杀了。

彭宠的故事，到此结束。

彭宠的故事结束了。

但关于彭宠的话题，还值得唠唠。

从以上叙述可以看出，彭宠的命运故事，牵扯到不少人，有不少人物先后现身和出场，就像一出莎士比亚历史剧，人物角色颇为纷繁。而且这些人物，跟彭宠的命运走向、起伏和最终结局之间，有着千丝万缕、推波助澜和致命一击的关系，足以耐人寻味。

下面是这份人物表（不完全按出场先后次序）。

1. 彭宠之父彭宏

彭宏和彭宠的父子关系，为彭宠的人生命运，提供了最初的地基式的前提条件。——这话当然不是强调他俩的血缘关系（这点自然也并非不重要，没有彭宏，何来彭宠?），而是说他俩在社会政治身份（面貌）上的继承性（如果你愿意，也可以叫它精神纽带）。彭宏在哀帝时，曾任渔阳太守（按《东观汉记》的说法，彭宏还当过云中太守和河南太守）。据说他相貌堂堂，有酒量也有饭量，在边地颇有威名，可见是个有形象也有一定社会影响力的人物。王莽摄政，诛杀异己，彭宏和何武、鲍宣一道死于非命。何武和鲍宣是当时的重臣名士，彭宏的名字能和他俩并列，也从侧面证明，彭宏曾经具有的某种政治与社会形象和影响力的存在。

很显然，彭宏的这种形象感和影响力，必然会多少"投射"到彭宠身上。别的不说，试想：如果没有彭宏曾任渔阳太守，当彭宠因"惧诛"而逃亡时，他会出现在渔阳吗？即便彭宠出现在渔阳（南阳和渔阳相距近两千里），他能遇上使者韩鸿吗？即使彭宠"偶遇"了韩鸿，韩鸿能仅仅因为"以宠乡闾故人，相见欢甚，即拜宠偏将军，行渔阳太守事"吗？不用说，这些可能性都很小，简直可以说没有。何况从现有记载来看，彭宠实在不像一位才智特别出众（必须委以太守重任）的人物，更何况他当时只是孑然一身的逃亡者。

所以说，彭宏是彭宠人生命运——尤其是最后这段渔阳高光时期——的"天然凭证"和基本前提。

我们还可以稍微来了解一下两汉时期的官场文化。

西汉时期有过所谓"任子令"，据《汉书·哀帝纪》中应劭注："任子令者，吏二千石以上视事满三年，得任同产若子一人为郎。"尽管这一制度，从表面上，只是任子为郎，而且在哀帝即位之初，即为"有司条奏"（大概是明令废止了），然而事实上，从西汉到东汉，一个极为引人注目的官场现象，就是父子（包括祖父子孙或叔侄等等）相袭为官。有人留意到，《后汉书》里有诸如邓晨"世吏二千石"，卓茂"父祖皆至郡守"，鲁恭"世吏二千石"，法雄"世为二千石"，李章"五世二千石"，窦融"累世二千石"等记载，尽管说的主要是西汉时期，但东汉情形同样或者说更为普遍和盛行。东汉时期盛极一时、对后世影响深远的世家大族，就肇源于此，其例不胜枚举。可见父官子袭，乃是两汉人眼中天经地义的习俗风气。彭宠之所以能以看似偶然幸运的方式，被拜为偏将军，行渔阳太守事，背后显然立着其父彭宏的身影，受惠于其父曾任渔阳太守（还有云中太守和河南太守），至于所谓"乡闾故人，相见欢甚"云云，不能说是完全虚无缥缈的空话，但更多应该是烘托气氛的说辞。不过彭宠自己曾为郡吏和大司空士，想来倒有可能是"加分"因素之一，但也应该是次要因素。

一言以蔽之，假如没有一位曾为渔阳太守的父亲，至少彭宠到渔阳之后的经历和命运，恐怕就肯定要改写了，因为他很可能根本就没有机会当上渔阳太守，甚至很有可能，他的名字，不会出现在史书中。

2. 使者韩鸿

彭宏为彭宠的人生，提供了爬升的阶梯。

让彭宠站到人生最后阶段冲刺位置上的，是使者韩鸿。

韩鸿是更始帝派出的循行使者。

循行使者是两汉时期的一种特别制度和现象，这种现象最早见于文帝时，武帝时成熟为定制。西汉后期和末年，包括王莽在位期间，循行使者频繁出现，其主要职能是：赈灾安民，慰问贫苦鳏寡，平理冤狱，监察吏治，选拔贤良和了解政情民俗。更始建政后，沿袭和仿效汉新，也一再派出循行使者。由于更始政权的特殊性（兴勃亡忽于战乱之间），其所派出的循行使者，与西汉新莽（包括之后的东汉）有明显不同，其中最突出一点，是更始循行使者，肩负了各地方郡县长官的重新任命，而此前的循行使者，虽有选拔贤良的职责内容，但在现有史籍中，我们极少能见到这方面的实例。相反，史书中记载的更始循行使者，几乎每一个都有与官员任命相关的记述，如韩鸿就直接说道，"更始立，使谒者韩鸿持节徇北州，承制得专拜二千石已下"。其他具体事例还有：

> 更始立，使使者行郡国，即拜忠都尉官。（《李忠传》）

这是更始循行使者对信都都尉李忠的任命。

> 更始立，遣使者徇上谷，丹与连率耿况降，复为上谷长史。（《景丹传》）

这是更始循行使者对上谷长史景丹的任命。更始循行使者对于上谷太守耿况的（重新）任命，在《寇恂传》里，以一个具体翔实生动的故事，表现出来，充分显示了更始循行使者在任命郡守一事的特殊使命和权威。如果不是寇恂的"见义勇为"，耿况上谷太守的重新任命，就有可能节外生枝。最后在寇恂的据理力争和当机立断下，依然还是由这位更始使者"承制诏之"，正式宣布了对耿况的（重新）任命。

刘秀受更始派遣，前往河北，也可以说是以循行特使的身份出行的，"持节北度河，镇慰州郡。所到部县，辄见二千石、长吏、三老、官属，下至佐史，考察黜陟，如州牧行部事"（《光武帝纪》）。其中的"考察黜陟"，说的正是对于官员的任免。如刘秀初见邳彤，邳彤原本是王莽任命的和成卒正（太守），"彤举城降"，刘秀以特使身份，重新对邳彤进行了任命，"复以为太守"，这样，邳彤就由原先王莽新朝的和成卒正，转身为更始政权的和成太守。实际上，刘秀在河北循行至称帝以前所做的高级任命（封侯拜将），都是以更始循行使者的身份来宣布的。

由此可见，更始循行使者在任命地方官员（二千石以下，包括二千石）一事的特别权限（承制），他们拥有一种可以随时便宜行事的任命权（这让我想起在电影里看过的民国时期的特派员）。

从这个角度说，彭宠和吴汉遇上韩鸿，算是遇上贵人了。他俩从一对逃亡异地的难兄难弟，转眼间，华丽升格为将军郡守和县令，好像是不费吹灰之力，就得到了他们的"第一桶金"。

一般说来，两汉循行使者的派出，都有比较明显的负面背景和动机，但对于彭宠和吴汉来说，韩鸿却像是福音使者。《寇恂传》中，循行使者自称"天王使者"，简称就是，"天使"。

3. 上谷太守耿况

彭宏给了彭宠一张人生舞台的"入场券"。

韩鸿把彭宠送到了一个"特供"位置上。

而相约彭宠，结伴同行的，是上谷太守耿况。

上谷位于今天北京昌平与河北怀来之间，渔阳在北京密云，一在京西，一在京东北，两郡紧相比邻，同属幽州，从军事上看，可谓成犄角之势。而且两郡的军事实力都十分强劲，吴汉说："渔阳、上谷突骑，天下所闻也。"耿弇说："发此两郡（上谷、渔阳）控弦强弩万骑，所向无前，邯郸不足平也。"寇恂也说："今上谷完实，控弦万骑。"他们都不约而同特别强调了上谷和渔阳的"突骑"和"万骑"。雄厚精锐的骑兵，在当时是一种具有战略性的军事资源和进攻性力量。

这是耿况和彭宠最为倚重的看家资本。

据《耿弇列传》，耿况早年以"明经为郎"，还和王莽的堂弟一起跟人学过《老子》。这些学习经历，日后显示了它们的效用，耿况身上那种过人的大局观和老谋善断，当与此有关。耿况后来被王莽任命为朔调连率（上谷太守）。不久王莽垮台，更始建政，耿况是个很有危机意识的人，"况自以莽之所置，怀不自安"，于是耿况之子耿弇，带着人和礼物，前往长安，准备觐见更始，"以求自固之宜"。不料途中遇上王郎称帝，耿弇灵机一动，不去长安，改投刘秀，并跟随刘秀一起到蓟城。当刘秀听说王郎兵马将到，仓促准备掉头南下时，耿弇对刘秀说：

> 渔阳太守彭宠，公之邑人；上谷太守，即弇父也。发此两郡，控弦万骑，邯郸不足虑也。（《耿弇列传》）

几乎与此同时，耿况器重的郡功曹寇恂，也对耿况说，刘秀值得"攀附"。

> 况曰："邯郸方盛，力不能独拒，如何？"恂对曰："今上谷完实，控弦万骑，举大郡之资，可以详择去就。恂请东约渔阳，齐心

合众，邯郸不足图也。"（《寇恂传》）

可见，在耿弇和寇恂看来，上谷、渔阳两强联合，是立于不败之地的最佳选择。

于是耿况派寇恂前往渔阳，联络彭宠。双方一拍即合，寇恂和吴汉等众将各率三千精兵，与刘秀会合于广阿。

在耿况的相约下，彭宠和刘秀终于走到一起。

耿况和彭宠携手并肩，站在了刘秀的大旗下。

但当彭宠举兵反叛时，耿况却没有和彭宠携手并肩，站在一起。相反，耿氏父子成为彭宠命运的终结力量。

彭宠反叛，攻打朱浮，同时派兵巡行广阳、上谷和右北平一带。彭宠认为自己和耿况同归刘秀，立下大功，但所得封赏，却并不相称，于是几次派使者前去联络耿况，结果，"况不受，辄斩其使"。

以为自己曾经爽快答应过别人，别人就一定也会爽快回报自己，这种想法是不对的。

不仅如此，彭宠攻打朱浮，"浮城中粮尽，人相食"，危急时刻，耿况派出精锐骑兵前去搭救，朱浮得以脱身逃走。彭宠攻占蓟城，自称燕王，势力达到顶峰。耿弇主动向刘秀请缨，要求平定彭宠。建武四年，刘秀命耿弇领兵进攻彭宠，耿弇却犹豫起来，"弇以父据上谷，本与彭宠同功"（《耿弇列传》），生怕刘秀为此猜忌自己，请求重回洛阳，留在刘秀身边。刘秀对耿弇说，"将军何嫌何疑，而欲求征？"耿况听后，也感到不安，就派自己另一个儿子耿国到洛阳，留在刘秀身边（作为人质）。刘秀对此很满意，"帝善之"（如果上谷、渔阳再度联手，对刘秀将是致命一击），命令耿弇和朱祐、王常一道进兵河北。同时祭遵和刘喜与彭宠在阳乡对峙。最后，在耿氏父子和众将领兵进攻下，彭宠与匈奴联军遭受重创，彭宠兵败退走，"况复与舒（耿舒，耿弇弟）攻宠，取军都"（同上）。

几年前曾携手并肩的盟友，转眼成为两军对阵的敌手。

最后，"宠死，天子嘉况功"，厚赏终于到来！《后汉书》里总结说："耿氏自中兴已后迄建安之末，大将军二人，将军九人，卿十三人，尚公主三人，列侯十九人，中郎将、护羌校尉及刺史、二千石数百人，遂与汉兴衰云。"

这份荣耀，岂是最后身首异处的彭宠，所能梦到的。

该联手时联手，该分手时分手，该断（对方）手时断手！这就是耿况和彭宠的故事。怎么可能为了别人，误了自己的前程。

4. 吴汉、盖延和王梁

耿况派寇恂来联络彭宠时，吴汉也正陷入沉思。

他在沉思怎样才能说服彭宠投靠刘秀。

吴汉和彭宠是南阳老乡，还都是宛人。按《彭宠传》里的说法，他俩是一起从南阳逃亡到渔阳的。

在渔阳，他俩遇到了使者韩鸿。韩鸿拜彭宠为渔阳太守，拜吴汉为安乐县令。这样，吴汉就从彭宠的逃亡伙伴，成了彭宠的下属官员（安乐县属渔阳郡）。

从以后的情况来看，吴汉的才干魄力，要远在彭宠之上。然而韩鸿拜彭宠为太守，拜吴汉为县令，这倒未必是韩鸿的眼光不行，看人不准，而是我们前面说过的，因为彭宠有个"李刚式"的爹地，吴汉没有。

不管怎么说，两人毕竟有过一起"逃北"的经历，彭宠对于吴汉，还是亲近和器重的（同在异乡为异客），《吴汉传》里的那句，"或谓鸿曰：'吴子颜，奇士也，可与计事'"。我怀疑这个"或"，有可能就是彭宠。

但两人对于寄身渔阳的心态，我觉得能看出不同。除了彭宠派人千里迢迢地把妻子接到渔阳外（他弟弟和堂弟也来了），最能看出这一点的，是当刘秀的身影出现在河北，吴汉想投刘秀的心思，要远比彭宠热切得多。

> 汉素闻光武长者，独欲归心。乃说太守彭宠曰："渔阳、上谷突骑，天下所闻也。君何不合二郡精锐，附刘公击邯郸，此一时之功也。"宠以为然，而官属皆欲附王郎，宠不能夺。汉乃辞出，止外亭，念所以谲众，未知所出。（《吴汉传》）

跟耿弇和寇恂一样，吴汉也不约而同想到了渔阳和上谷的联合。彭宠认同吴汉的想法，但却被自己下属想投王郎的想法所左右（下属当多为河北本地人，王郎对于他们来说，乃是河北人自己的皇上。其实彭宠"不能夺"的，恐怕主要还是他自己内心的犹豫）。最后吴汉巧施一计（"诈为光武书"，可见吴汉想投刘秀的心，有多迫切！），加上盖延、王梁也极力劝说，寇恂正好前来联络，于是彭宠最终"一锤定音"。

> 宠乃发步骑三千人，以吴汉行长史，及都尉严宣、护军盖延、狐奴令王梁，与上谷军合而南，及光武于广阿。（《彭宠传》）

本是安乐令的吴汉，被彭宠临时"提拔"为代理长史，这里我们能再次看出彭宠对吴汉的特殊亲信与器重。吴汉、盖延和王梁后来都名列"云台二十八将"，他们本来都是彭宠最宝贵的精英人才资源。都尉严宣也被刘秀任命为偏将军，封建信侯。

后来刘秀召彭宠赴京，彭宠认为是朱浮出卖了自己，要求和朱浮同时上京对质，刘秀不同意，于是彭宠把目光投向自己的两位老部下——如今早已声名赫赫、成为刘秀最重要战将的吴汉和盖延。

建武二年春，诏征宠，宠意浮卖己，上疏愿与浮俱征。又与吴汉、盖延等书，盛言浮枉状，固求同征。（《彭宠传》）

但彭宠好像没等到吴汉和盖延的回音。

吴汉和盖延像是选择了中立和沉默。

飞出去的风筝，线断了。

这不能不让人有所遐想。

吴汉、盖延和王梁（还有严宣），为何全都对彭宠做出了这种"无言的结局"的选择？

众所周知，东汉郡守与属吏之间，有所谓故吏的说法，其性质关系类似或等同于君臣，有史家名之为"二重君主"现象。当然，彭宠和吴汉所处时代，还在两汉之际，这种府主与属吏的关系，尚未发育到东汉中后期那种程度，不过我们还是能看出，在彭宠与吴汉、盖延和王梁之间，明显存在某种有意为之的私人化倾向。[1]因此，吴汉、盖延和王梁跟彭宠之间，这种"黄鹤一去不复返""从此萧郎是路人"的现象，就难免惹人联想，想到彭宠的为人，最起码的，这是明显拢不住人心啊。

说到彭宠的为人，《东观汉记》里有个故事：

彭宠故旧渤海赵宽妻子家属依讬宠居，宽仇家赵伯有好奴，以赇宠。宠贪之，为尽杀宽家属。宠之败德不仁贪狼如此。（《彭宠传》）

因为是孤证，事情真伪，一时难以断定，但朱浮给刘秀的密奏里，说彭宠"又受货贿，杀害友人"，所指莫非就是此事？当然，即便如此，这也未必就是吴汉他们"壮士一去不回头"的全部原因。

吴汉他们一去不回的原因，不言而喻，也跟刘秀有关。建武四年

冬，马援初见刘秀，就十分激动地说，"当今之世，非独君择臣也，臣亦择君矣。"（《马援列传》）

显然，吴汉他们，选择了刘秀，放弃了彭宠。

吴汉（盖延和王梁）和耿况，本是彭宠通往刘秀的一座最好引桥，但当彭宠走上去的时候，桥断了。

5. 朱浮

好了，现在终于轮到故事的另一核心人物，一手引爆"彭宠之雷"的关键角色——朱浮出场了。

说起朱浮，我们首先要注意的，是他跟刘秀的关系。

《朱浮传》开头第一句，看起来跟其他人的写法，没什么不同：

> 朱浮字叔元，沛国萧人也。

但"萧"这个字，值得我们留意。

刘秀跟萧这个地名，缘分不浅。刘秀"年九岁而南顿君（秀父刘钦）卒"，随其叔父在萧，入小学（《东观汉记·世祖光武皇帝》）。那时刘良正任职萧令，"赵孝王良字次伯，光武之叔父也。平帝时举孝廉，为萧令。光武兄弟少孤，良抚循甚笃"。（《宗室四王三侯列传》）所以萧这个地名，肯定留在了刘秀的童年记忆里。有意思的是，刘秀击败王郎，声名大振，"更始遣侍御史持节立光武为萧王"，更始帝这完全是"有的放矢"啊。此后至刘秀称帝一段时间，刘秀一直以萧王之名立于江湖，所以在《后汉书》里会看到好多以萧王代指刘秀的地方。

——而朱浮正是萧人。

《朱浮传》里紧接着第二句是：

> 初从光武为大司马主簿，迁偏将军，从破邯郸。

这句话提示我们，朱浮跟随刘秀的时间比较早，大概在刘秀随更始到达洛阳，被任命为破虏将军行大司马事前后，而主簿无疑是相当亲近的职务，曾先后担任过刘秀主簿的，还有冯异和坚镡。同时这句话也意味着，朱浮很有可能是随同刘秀一道"持节北度河"的"特遣小分队"中的一员，并"从破邯郸"，这自然是极其重要的政治履历和资本。朱浮日后之所以能多次被人参劾而安然无恙，并且还被提拔到九卿和"三公"的高位，显然跟朱浮的早年经历有关。我们应当还记得，朱浮曾以甄丰和王莽为例说彭宠，刘秀听了只是哈哈大笑，说不至于。试想，如果不是朱浮和刘秀有比较亲近的关系，这种对话场景（私聊）恐怕就不容易出现。由此也能看出，朱浮和刘秀关系的轻松随意。

帝制时代，亲信，从来就是一种特权政治资本和关系。

朱浮和刘秀的这层关系，彭宠知道吗？

更始二年夏，吴汉杀了更始任命的幽州牧苗曾，刘秀随即把朱浮放在了幽州牧的位置上。要知道，在当时，幽州差不多算是刘秀手上仅有的根据地。

除了跟刘秀的关系外，朱浮的性格特点和为人处世风格，是我们必须了解的另一方面，因为这是引发朱、彭矛盾和冲突的直接原因，《朱浮传》说：

> 浮年少有才能，颇欲厉风迹，收士心，辟召州中名宿涿郡王岑之属，以为从事，及王莽时故吏二千石，皆引置幕府，乃多发诸郡仓谷，禀赡其妻子。渔阳太守彭宠以为天下未定，师旅方起，不宜多置官属，以损军实，不从其令。浮性矜急自多，颇有不平，因以峻文诋之，宠亦很强，兼负其功，嫌怨转积。浮密奏宠遣吏迎妻而不迎其母，又受货赂，杀害友人，多聚兵谷，意计难量。宠既积怨，闻之，遂大怒，而举兵攻浮。

这段文字相当传神地刻画出朱浮的为人性格和行事风格，也很好地复原了彭、朱之间龃龉、冲突的起因和最初过程。朱浮上任未久，就大肆张扬铺排，网罗人士，其费用则由幽州各郡来承担，所谓"乃多发诸郡仓谷"，以"禀赡其妻子"。这自然引起彭宠的不满，彭宠说"天下未定，师旅方起，不宜多置官属，以损军实"，固然有维护其自身地方利益的用意，但也确实是堂堂正正合理的话，故而"不从其令"，用今天的话说，就是不惯着朱浮。朱浮年轻气盛，性格急躁，且自以为是，彭宠的反应和做法，自然又引起朱浮的愤愤不平，于是立即发挥自己的特长强项，"以峻文诋之"。一来二往，两人之间的怨气和矛盾，就越积越高，越来越尖锐。朱浮干脆一封密奏写给刘秀，说彭宠私德差劲，品行恶劣，且"多聚兵谷，意计难量"，这下把彭宠彻底给激怒了，"举兵攻浮"，扯起了反叛的大旗。

从表面上看，朱浮和彭宠两人的矛盾、冲突，是由具体事情引起的，加上两人各自性格心理上的"风助火势"，遂成"烈火燎原"。但实际上，朱、彭矛盾和冲突，显然另有深层原因。首先，我们必须把眼光放到两人的官场身份上：郡守和州牧，据《汉书·百官公卿表》：

> 武帝元封五年初置部刺史，掌奉诏条察州，秩六百石，员十三人。成帝绥和元年更名牧，秩二千石。哀帝建平二年复为刺史，元寿二年复为牧。

由此可知，（1）州牧由刺史更名而来，属监察官，监察对象是各州郡县官员；（2）刺史最初官秩六百石，后升至二千石，跟太守相同。这就意味着，州牧（刺史）和太守之间，天然具有某种对立矛盾性。因此彭宠对于朱浮的"不从其令"，也就格外值得耐人寻味。

彭宠反叛之初，朱浮那封著名的《与彭宠书》，更是往星火乍燃的干柴上，浇了一大桶油！

彭宠举旗反叛，随即攻打朱浮。朱浮向刘秀紧急呼救。半年后刘秀派出将军邓隆救援，因用兵不当，兵败。"蓟城粮尽，人相食。"依靠耿况派出的骑兵搭救，朱浮这才得以出城逃走。途中士兵哗变，朱浮害怕难以脱身，下马刺杀其妻，仅自己个人侥幸活命。随后彭宠占据蓟城，自称燕王。

建武三年，涿郡（同属幽州）太守张丰反。

眼看着幽州的核心地带"乱成了一锅粥"，于是

> 尚书令侯霸奏浮败乱幽州，构成宠罪，徒劳军师，不能死节，罪当伏诛。（《朱浮传》）

然而出人意料的是：

> 帝不忍，以浮代贾复为执金吾，徙封父城侯。（同上）

这真是圣意难测也好测（毕竟是亲信旧将）。

后来朱浮一直在京城当官，再也没有任职地方，从执金吾做到太仆，又升至司空。在这些显赫高位上，朱浮充分发挥了他的天赋和特长，几次上书，都提出了鞭辟入里、言人所不敢言不能言的良好建议，比如针对光武对于二千石官员"小违理实，辄见斥罢"的做法，朱浮提出应施行厚待和宽容的政策，其中"有司或因睚眦以骋私怨，苟求长短，求媚上意"之句，让人惊讶！这很像是朱浮的经验之谈，有感而发。之后不久，还是围绕二千石官员的话题，朱浮再次向光武"发难式"建言：

> 即位以来，不用旧典，信刺举之官，黜鼎辅之任，至于有所劾奏，便加免退，复案不关三府，罪谴不蒙澄察。陛下以使者为腹心，

而使者以从事为耳目，是为尚书之平，决于百石之吏，故群下苛刻，各自为能。兼以私情容长，憎爱在职，皆竞张空虚，以要时利，故有罪者心不厌服，无咎者坐被空文，不可经盛衰，贻后王也。

这怎么这么像"夫子自道"啊！简直是朱浮在书写自己生平回忆中的一篇"忏悔录"，难道彭宠的亡魂幽影，一直徘徊在朱浮的心头不散？致使他不吐不快？就像《麦克白》里的那些画面镜头？

从之后朱浮很快被升为太仆来看，刘秀应该是默认了朱浮这番建言的合理性。

后来朱浮又针对选拔人才问题，提出了自己的建议，"帝然之"，刘秀再次认同了朱浮的提议。若干年后，朱浮"代窦融为大司空"。

朱浮在光武朝官运亨通，步步高升，这并不表明，在刘秀眼里，朱浮就是个完美无缺的人，事实上，"帝以浮陵轹同列，每衔之，惜其功能，不忍加罪"。（朱浮和彭宠，也是同列）刘秀有一回甚至对人说，"朱浮上不忠于君，下陵轹同列，竟以中伤至今，死生吉凶未可知，岂不惜哉！"（《冯勤传》）

爱恨交织，溢于言表。看来，刘秀是深知朱浮其人的。以刘秀的精明洞察，这种深知，恐怕早已了然于心。

朱浮就这样以充满个性色彩和风格的方式，一直走在自己官场悬崖的边上，最终在明帝时掉下去了。

永平中，有人单辞告浮事者，显宗大怒，赐浮死。

死于非命。在这一点上，朱浮和彭宠，倒也算是殊途同归。

6. 刘秀

曹操说，"彭宠倾乱，起自朱浮"（《孔融传》）。

这是人所共知的事实。

但不管朱浮如何一手引爆了"彭宠之雷",彭宠叛乱的真正对手,不是朱浮,而是刘秀。

换言之,彭宠和朱浮的冲突,是一场代理人冲突——朱浮是刘秀的代理人。刘秀是站在朱浮背后的那个人。

说起彭宠和刘秀的关系,看似简单,又似乎一言难尽。

彭宠为刘秀的开基立业,立下汗马功劳,载记俱在,有目共睹。说起来,刘秀"围邯郸,宠转粮食,前后不绝"。这可不是件随口一说、轻而易举的事(邯郸属冀州,渔阳距邯郸,有近千里)。而且彭宠对于刘秀的支持,并不仅限于此,除了吴汉、盖延、王梁、严宣以及三千精兵(两千突骑,一千步兵)外(可谓精锐尽出),之后刘秀派遣吴汉北发幽州十郡兵,彭宠继续一如既往地给予大力支持,为此刘秀"遗宠以所服剑,又倚以为北道主人"。可见彭宠一旦拿定主意,出手还是相当大方的,也可知彭、刘二人,也曾有过一段"蜜月期",这样彭宠才会在初见刘秀时,满怀期待和希望,"意望甚高"。

但彭宠最终还是反了。为什么?

朱浮之外,我们再来看看刘秀方面的原因。

彭宠和刘秀生平可能就见过那一次面,但他俩之间,却有过三次不愉快(彭宠单方面的不愉快,刘秀始终是不动声色的)。

第一次,蓟城见面,所谓"宠上谒,自负其功,意望甚高,光武接之不能满,以此怀不平"。原因看来是礼节性的,也是心理和情绪上的。我们不清楚刘秀是否有意为之。但刘秀看上去好像很无辜,有点莫名其妙,似乎纯属是彭宠"想多了"。

第二次,刘秀称帝后半年,建武二年春正月,"封功臣皆为列侯,大国四县,余各有差"。为此还颁布了一道诏书,谆谆教诲,循循善诱,说:"人情得足,苦于放纵,快须臾之欲,忘慎罚之义。惟诸将业远功大,诚欲传于无穷,宜如临深渊,如履薄冰,战战栗栗,日慎一日。"又说："其显效未酬，名籍未立者，大鸿胪趣上，朕将差而录之。"当博士丁恭认为诸侯封四县，不合古制时，刘秀说，"古之亡国，皆以无道，未尝闻功臣地多而灭亡者"。之后派谒者给新诸侯送去印绶，又再三叮嘱，"在上不骄，高而不危；制节谨度，满而不溢。敬之戒之。传尔子孙，长为汉藩"。所有这些话语，站在彭宠的位置看，弦外之音很重，可谓句句扎心"刺耳"。在此之前，吴汉已被拜为大司马，王梁被拜为大司空，而彭宠经此分封，官爵却依然原封不动。彭宠既诧异又生气，唉声叹气地说："我功当为王；但尔者，陛下忘我邪？"我们同样不很清楚，刘秀是否有意为之。

其实，这两次不愉快，就彭宠来说，本质是一样的，就是期望未能满足。有期望，说明彭宠还是心向刘秀，希望和愿意自己成为刘秀新系统里的一个"软件"或"硬件"。

但第三次不愉快，情形就不同了。刘秀"诏征宠，宠意浮卖己，上疏愿与浮俱征。又与吴汉、盖延等书，盛言浮枉状，固求同征。帝不许，益以自疑"。很显然，这里浮现和凸显的，已经不是什么期待和期望，而是彭宠和刘秀之间的互信问题。

这是一个根本问题。也许它早就存在，但此时被引爆了。

说起来，这不是刘秀和彭宠两人之间的问题。事实上，刘秀和几乎所有在河北相遇的诸将（尤其是地方豪强）之间，都曾存在过程度不同、表现不一的互信问题，比如真定王刘扬，上谷太守耿况，还有耿纯，甚至是任光，等等。

建武二年春，就在首次大分封刚刚结束，发生了一件事，我认为这件事情跟彭宠的反叛之间，恐怕存在某种关联性，这就是真定王刘扬兄弟的被杀。

因此，本来就并不真正融洽和牢固的彭、刘关系，加上朱浮的从中作梗，煽风点火，早就嫌隙暗生，危机重重。《后汉纪》里说，"浮数奏之，上辄漏泄，令宠闻，以胁恐之"。这种事情刘秀以前干过。[2] 它充分表明，刘秀和彭宠之间的互信，已接近危险的边缘，随时可能"溃坝"。

刘秀对彭宠的不信任，除了上面所说的刘秀对于河北地方豪强普遍性的缺乏信任感外，自然也跟彭宠的个人性格有关。刘秀在河北所遇众将，尤其是后来名列"云台二十八将"者，对于刘秀，一旦认定，基本都是义无反顾、至死不渝，吴汉是其中佼佼者。相比之下，彭宠则始终给人一种左右观望、首鼠两端的感觉，加上容易斤斤计较，自恃功高，所有这些，在帝制时代的君王眼里，都是最容易引起反感甚至是敌意的表现，很难让刘秀这样的人对他欣赏，或者说信任（把彭宠和耿氏父子放在一起比较，就更加一目了然）。

所以，"彭宠之雷"最终引爆，就人际关系这一面来说，里面的"黑火药"，其主要成分不是别的，正是彭、刘的互信。

彭宠反叛，朱浮求援，刘秀简短回应说：

> 往年赤眉跋扈长安，吾策其无谷必东，果来归降。今度此反虏，势无久全，其中必有内相斩者。（《朱浮传》）

说的虽然是彭宠和张丰两人，但都说对了。

7. 彭宠身边的人

彭宠反叛，其妻显然也是个关键角色。

朱浮密奏刘秀，打彭宠的"小报告"，第一条就是，"宠遣吏迎妻而不迎其母"，可见这是个惹人注目的女人。刘秀召彭宠进京，彭宠犹豫不决，关键时候，其妻的身影又出现了，"其妻素刚，不堪抑屈，固劝无受召"（《彭宠传》）。

俗话说，妻贤夫祸少。当彭宠手握方向盘，还在犹豫要往哪开时，其妻已经一脚油门猛踩下去了！

最后夫妻俩同赴黄泉。

"谋及妇人，宜其死也。"这是《左传》里的一句话。当然如果彭宠成功了，"谋及妇人"，就是佳话。

吴汉和盖延劝彭宠归附刘秀，"而官属皆欲附王郎，宠不能夺"。这些不知名的官属，对彭宠的影响，看来也不能小觑。当彭宠为难于是否要去洛阳时，其妻说不要去，"宠又与常所亲信吏计议，皆怀怨于浮，莫有劝行者"。这回彭宠听从了其妻和这些"常所亲信吏"的意见，决定铤而走险，举旗反叛。

最终彭宠的性命，断送在同样是身边人的家奴手上。

整个谋杀过程，很像一篇小说的情节。

> 五年春，宠斋，独在便室。苍头子密等三人因宠卧寐，共缚着床，告外吏云："大王斋禁，皆使吏休。"伪称宠命教，收缚奴婢，各置一处。又以宠命呼其妻。妻入，大惊。宠急呼曰："趣为诸将军办装。"于是两奴将妻入取宝物，留一奴守宠。宠谓守奴曰："若小儿，我素爱也，今为子密所迫劫耳。解我缚，当以女珠妻汝，家中财物皆与若。"小奴意欲解之，视户外，见子密听其语，遂不敢解。于是收金玉衣物，至宠所装之，被马六匹，使妻缝两缣囊。昏夜后，解宠手，令作记告城门将军云："今遣子密等至子后兰卿所，速开门出，勿稽留之。"书成，即斩宠及妻头，置囊中，便持记驰出城，因以诣阙。封为不义侯。

彭宠死后，"其尚书韩立等共立宠子午为王，以子后兰卿为将军。国师韩利斩午首，诣征虏将军祭遵降"。

这些都是彭宠身边的人，和他们干的事。

假如说彭宏、韩鸿、耿况、吴汉、朱浮和刘秀，在彭宠的命运故事里（最后五六年），扮演的是某种重要角色，好比汽车的引擎和四轮，那彭宠身边的这些人，其角色形象就像汽车的某些"零部件"，同样影响了彭宠"命运之车"的行驶方向和运行轨迹，并发出了最后最尖利的那一声刹车声。

8. 匈奴及其他

孙子曰："上兵伐谋，其次伐交。"（《孙子兵法·谋攻》）

一个人想要成事，除了最大地凝聚属于自身的力量外，外交同盟，是题中必有之义，而且重要无比。

彭宠反叛，对于"交"，十分重视。

建武初，彭宠反畔于渔阳，单于与共连兵。（《南匈奴列传》）

据《彭宠传》，刚刚取得对渔阳周边地区（右北平、上谷数县）的控制后，彭宠很快向自己的邻居匈奴，伸出了"橄榄枝"。

遣使以美女缯彩赂遗匈奴，要结和亲。单于使左南将军七八千骑，往来为游兵以助宠。（《彭宠传》）

当时的匈奴，是呼都而尸单于在位。呼都而尸单于颇有雄心壮志，在位期间，趁中原大乱，频频取主动攻击姿势，对于彭宠的伸手，单于积极响应。（详见陈序经《匈奴史稿》）

彭宠跟匈奴的联合，取得了一定成效。然而好景不长，建武四年，"宠遣弟纯将匈奴二千余骑，宠自引兵数万，分为两道以击遵、喜。胡骑经军都，舒袭破其众，斩匈奴两王，宠乃退走"（《耿弇列传》）。

之后不久，彭宠死于家奴谋杀。

同时，彭宠还"南结张步及富平、获索诸豪杰，皆与交质连衡"。又与随后反叛的涿郡太守张丰"合兵"。然而所有这些结盟联手，都像是蜻蜓点水，姿态大于实质，虚有其名，未见多大实效。让人觉得，虽然有想法，但是没办法。而此时的刘秀，旗下将星云集，拥兵百万，所向披靡[3]，早已不是当年那个被人穷追不舍、仓皇逃窜、"遑惑不知所之"的更始使者，在极度的焦虑不安中，久旱逢甘霖一般，喜出望外地盼来了意想不到的援兵和帮助。

注释：

[1] 彭宠和吴汉的私人关系不言而喻，此外，彭宠派吴汉等领兵援助刘秀前，又特地任命吴汉为代理长史。盖延原本在州郡任普通官员，彭宠当上太守，召盖延担任营尉，行护军，其私人性质显而易见。王梁起初也是渔阳郡普通官吏，彭宠给了他守狐奴令的身份。但彭宠的这些良苦用心，最后都失效落空了。

[2] 据《冯异传》，更始将李轶与冯异书信往来，冯异"具以奏闻。光武故宣露轶书，令朱鲔知之。鲔怒，遂使人刺杀轶"。

[3] 建武元年夏四月，刘秀登基前，诸将上奏劝进，语有"参分天下而有其二，跨州据土，带甲百万。言武力则莫之敢抗，论文德则无所与辞"（《光武帝纪》），不当尽作虚张声势观。

四 绛帐礼乐：马融的人生

范晔《后汉书·列女传》里有个故事。

汝南袁隗的妻子，是马融的女儿，名叫马伦。两人在新婚之夜，有过一番妙趣横生的对话。新郎问了新娘几个问题，最后一问是，"南郡君学穷道奥，文为辞宗，而所在之职，辄以货财为损，何邪？"南郡君就是指马融，马融当过南郡太守。这话的意思是，您父亲学问高深，是学界楷模，但听说任职地方时，名声不太好，有经济问题，这是怎么回事？（这问题够辛辣，直呛人肺管）

马伦的回应是：

> 孔子大圣，不免武叔之毁；子路至贤，犹有伯寮之诉。家君获
> 此，固其宜耳。

马伦以孔子和子路为盾牌，机巧地为自己父亲做了辩护。潜台词就是，传说纯属无中生有，诬陷和毁谤，就像有人说孔子和子路一样。

然而赵岐《三辅决录》里，有这么一段话：

> 马融为南郡太守，二府以融在郡贪浊，受主计掾岐肃钱四
> 十万。融子强又受吏白向钱六十万，布三百匹。以肃为孝廉，

向为主薄。

这可是说得有鼻子有眼，清清楚楚、明明白白，有名有姓有数据，言之凿凿，而且还是父子"四手联弹"！

赵岐也是东汉著名学者，著有《孟子章句》和《三辅决录》传世。赵岐和马融还是亲戚，是马融的堂妹夫。[1]不过两人关系并不好，《赵岐传》上说，"融外戚豪家，岐常

马融

鄙之，不与融相见"。《后汉书》李贤注引《三辅决录注》说得更具体生动：

> 岐娶马敦女宗姜为妻。敦兄子融尝至岐家，多从宾与从妹宴饮作乐，日夕乃出。过问赵处士所在。岐亦厉节，不以妹婿之故屈志于融也。与其友书曰："马季长虽有名当世，而不持士节，三辅高士未曾以衣裾撇其门也。"岐曾读周官二义不通，一往造之，贱融如此也。

关系差到这种程度，那《三辅决录》说马融"在郡贪浊"的话，可信度又如何呢？但《马融列传》里也说，"先是融有事忤大将军梁冀旨，冀讽有司奏融在郡贪浊，免官，髡徙朔方"。"在郡贪浊"四字，跟《三辅决录》的说法一模一样，一字不差，这两条史料之间，是怎样一种关系？是范晔袭取了赵岐的说法？还是它们共有一个史源？此外，《梁冀传》里也有一句，"南郡太守马融、江夏太守田明，初除，过谒不疑（梁冀弟弟），冀讽州郡以它事陷之，皆髡笞徙朔方"。显然，

句中"它事"，就是《马融列传》里说的"在郡贪浊"，这也跟《三辅决录》的说法，吻合印证起来了。

那马融"在郡贪浊"的说法，算是就此坐实了？

证据好像还是略感不足。起码，《梁冀传》里"冀讽州郡以它事陷之"的"陷之"，是什么意思？构陷？诬陷？是说梁冀挖了个坑，把无辜的马融给推下去了？另外，《马融列传》和《梁冀传》里都有的"讽"字，也让人觉得有点弦外之音。

除了上面说的"在郡贪浊"外，马融身上还有一件事，也成为人们一向指指点点的话题，而且分量更重，这就是"飞章诬李固"。

李固是顺帝时的重要政治人物。顺帝死后，冲帝即位，李固为太尉，参录尚书事，成为事实上的托孤重臣。此前李固跟重权在握的大将军梁冀有过数次龃龉和矛盾，之后双方的分歧、对立和冲突，日趋激烈和白热化，李固最终死于梁冀之手。

就在梁、李冲突的关键时刻，一篇"飞章"（报告急变的奏章）的出现，把马融的名字卷入了这场重大政治旋涡中。据《李固传》记载：

> 初，顺帝时诸所除官，多不以次，及固在事，奏免百余人。此等既怨，又希望冀旨，遂共作飞章虚诬固罪。

按这个说法，作飞章的人，出自顺帝时因李固上奏而被免职的一群官员（有百余人之多！），后来他们迎合梁冀心意，就有了这篇飞章的出现。这里没有出现马融的名字（现存史料中，也没有马融因李固上奏而被免的记载），而且显而易见，这篇飞章出自集体之手，句中的"共"字，清楚不过地说明了这一点。

那为何会有马融作飞章诬李固的说法？

说法来源之一，是《吴祐传》：

祐在胶东九年，迁齐相，大将军梁冀表为长史。及冀诬奏太尉李固，祐闻而请见，与冀争之，不听。时扶风马融在坐，为冀章草，祐因谓融曰："李公之罪，成于卿手。李公即诛，卿何面目见天下之人乎？"

吴祐对马融说："李公之罪，成于卿手。李公即诛，卿何面目见天下之人乎？"很容易让人理解为，"为冀章草"，就是指马融为梁冀作飞章诬李固。而《马融列传》里的一句话，更是直接点明，马融曾经为梁冀"草奏李固"：

初，融惩于邓氏，不敢复违忤势家，遂为梁冀草奏李固，又作大将军《西第颂》，以此颇为正直所羞。

"遂为梁冀草奏李固"一句，明白无误地表明，在李、梁对立和冲突中，马融曾置身其中，并有所作为，也许其所"草奏"的，就是传说中的那篇飞章？

很显然，"在郡贪浊"是经济问题，"飞章诬固"则是政治品行，它涉及一位士人（还是位"文为辞宗"的著名士人）的政治节操和人品，这通常被看作一位士人的立身之本。

但是，跟"在郡贪浊"一样，说马融"飞章诬固"，也不免有些疑窦丛生、扑朔迷离。首先，马融"草奏李固"，与此前所说百余人"共作飞章虚诬固罪"，这之间是什么关系？当然，对于坚信马融"草奏李固"就是"飞章诬固"的人来说，这两者完全可以合而为一（马融作为其中起草人），并不存在只能二择其一的矛盾；其次，就算是将其看作两次各自独立的事件，同样不能排除马融"飞章诬固"的可能。但不管怎么说，这之间的确存在某种含混不清的地方。另外还有一点，史料中似乎从未见有人提及马融和梁冀的关系。《吴祐传》里说，吴祐与梁冀见面，争执，"时扶风马融在坐"，此时"在坐"的马融，跟梁冀是什么关系？他是梁冀的什么人？什么身份？现存史料中，竟然也是含混不清、有所缺笔的。

这一点难道不重要吗？

马融在南郡太守任上，有没有"贪浊"？梁、李冲突，马融有没有为梁冀"草奏李固"？这两件事，以往史书记述，始终缺乏充分明确、可以一锤定音的铁证。所以时至今日，一直有人在为马融鸣冤，认为现有史料相互抵牾，多有不实之词。但也始终有人确信，马融"通经而无节概"，史迹斑斑，昭昭俱在，难以洗脱。[2]争论不休，谁也说服不了谁，因为谁也没打算被人说服。

围棋上有个说法，处理不好的棋暂时脱先，我觉得有些历史疑难的处理，也可以借鉴参照。一名好的历史研究者，不应轻易跻身于对于历史人物争做道德评判结论的争论中。历史研究固然含有道德评判，但不应仅仅基于和目标于道德评判。历史研究更应有的动机和目标，在于追求尽可能客观如实、严谨准确、详尽丰富地叙述原委，条分缕析，并将作者的评判隐含于叙事之中，并且更愿意将结论评判权交给读者，而非由作者本人大声说出。

这一点尤其适用于历史上那些有争议性的人物。

马融无疑要算是个有争议性的人物。

因此，对于马融，我认为更好的做法，是尽可能地将其放回到他当初所在的历史情境中，抓住其突出特征，尽可能地给予情境复原，从而显示出马融当时的生存境况，及其行为表现之何以如此的原因所在，以及这种行为表现的影响所及。

也许，这才是我们今天谈论马融的一点意义所在吧。

袁隗在新婚之夜问马伦的那句话，"南郡君学穷道奥，文为辞宗，而所在之职，辄以货财为损，何邪？”其中刚好包含了与马融有关的三个重要概念，或者说是三个方面。

1. 南郡君，马融曾任南郡太守，这可以代表马融的政治人生（官场生涯，仕途履历）；

2. 学究道奥，文为辞宗，显示了马融的文人身份和成就；

3. 货财，代表金钱和经济生活。

我认为，政治生活、文化生活和经济生活，是马融身上最值得注意和重视的三个方面，或者说是三个最突出的特征，也是我们考察和认识马融的三个最佳视角和和途径。把握和认识到这三个方面，我们就有可能比较全面立体、清楚完整地了解马融其人；反之，如果对这三个方面缺乏认识，或者认识模糊，我们就难以或者说不可能清楚认识马融其人。当然，这三方面不可能是绝对截然分开的，事实上它们紧密相连，互为表里，我们只是出于观察和叙述的需要，才把它们暂时各自分开。

此外还有一面也不应忽略和遗漏：军事。

我们先来简述一下马融的官场仕途。

前引《马融列传》：“初，融惩于邓氏，不敢复违忤势家，遂为梁冀草奏李固，又作大将军《西第颂》，以此颇为正直所羞。”提醒我们，史书中所说马融为梁冀草奏李固，看来不是一次偶然的临时起意的突发行为，而是其来有自。那么句中所谓“初，融惩于邓氏，不敢复违忤势家”，是什么意思呢？马融当初跟邓氏有过怎样的纠葛？以致他“不敢复违忤势家”？并且后来“遂为梁冀草奏李固”，还给梁冀写过一篇《大将军西第颂》。

这就需要我们把目光转回到马融初出茅庐时。

马融初出茅庐，就是因应邓氏之征召。

邓氏，自然是指以邓绥皇（太）后为首的邓氏家族。

元兴元年（105年），和帝驾崩，百日太子刘隆即位，和帝皇后邓绥成为皇太后，临朝，从此掌权十六年，直到去世。

延平元年（106 年），太后长兄邓骘拜为车骑将军。

永初二年（108 年），邓骘为大将军。

当时的大将军，职权已渐由领兵对外征战，转向在朝掌权辅政。

辅政需要人才。永初二年十一月受命为大将军的邓骘，立即广召各路人才，其中就有年届而立的马融。于是当年，马融就成为大将军邓骘幕府中的一名舍人。

一年多后，永初四年（110 年），马融以郎中身份，派往东观（国家图书档案馆）典校秘书。其后五年时光，很快在寂静中流逝。一直埋首于故纸堆的马融，大概有些寂寞。元初二年（115 年），马融写了一篇《广成颂》，以奏章的形式，呈献给太后和皇帝。"颂奏，忤邓氏"，后面紧接着一句，"滞于东观，十年不得调"。

看来是碰壁了。

不过，《广成颂》给马融带来的，也只是"忤太后"，继续"滞于东观"，并没有其他什么影响，直到马融的一位侄子在他家中过世，马融以送侄返乡安葬为由，自动离职，离开了工作十年的东观，这才把邓太后给惹怒了。太后认为，马融这是"羞薄诏除"，就是不把朝廷的任命和工作安排当回事，是对朝廷（当然更是直接对邓太后本人）的轻视和鄙薄，是"欲仕州郡"，想到地方上去弄个一官半职，"遂令禁锢之"，下令不许任命马融以任何官职。

这就是"融惩于邓氏"一语的由来。

马融被邓太后下令禁锢达六年之久。

> 时左将奏融遭兄子丧，自劾而归，离署当免官。制曰："融典校秘书，不推忠尽节，而羞薄诏除，希望仕州郡，免官勿罪。"禁锢六年矣。（《马融列传》李贤注）

推算起来，这事就发生在马融上《广成赋》的当年。

建光元年（121 年），邓太后驾崩，安帝亲政，马融旋即被"召还郎署，复在讲部"（禁锢就此解除）。之后外派任河间王厩长史。延光三年（124 年），安帝东巡泰山，马融上《东巡颂》，"安帝奇其文，召拜郎中"，马融又回到了朝廷。次年安帝驾崩，北乡侯即位，马融再次离开朝廷，任职地方，"为郡功曹"。这之后一段岁月，史书记叙不详。

> 阳嘉二年，诏举敦朴，城门校尉岑起举融，征诣公车，对策，拜议郎。（《马融列传》）

从延光四年（125 年）到阳嘉二年（133 年），有八年时间，这期间我们除了知道马融曾在延光四年三月起任许令——任职多久不详——其余一无所知。[3]

绕了一大圈，马融又回到了朝廷。

马融重回朝廷，"拜议郎"。之后，他被"大将军梁商表为从事中郎"。再之后，马融被任命为武都太守。

马融在武都待了七年[4]，然后再回到朝廷。

这次回来，马融卷入了李固事件（"飞章诬固"）。

此后马融出任南郡太守。

这时的马融，已是古稀老人。[5]

马融的晚年，在范晔的笔下是这样记述的：

> 三迁，桓帝时为南郡太守。先是融有事忤大将军梁冀旨，冀讽有司奏融在郡贪浊，免官，髡徙朔方。自刺不殊，得赦还，复拜议郎，重在东观著述，以病去官。（《马融列传》）

初，融惩于邓氏，不敢复违忤势家，遂为梁冀草奏李固，又作大将军《西第颂》，以此颇为正直所羞。年八十八，延熹九年卒于

家。（同上）

范晔《后汉书》叙述马融生平，多有含混不清之处，上述马融任南郡太守前后事尤甚。[6]

总之，马融最后又回到朝廷，并再次任职东观，直到"以病去官"，终老于家。

马融如幻影闪烁移形换位般，究竟有过多少次进出京城、重回朝廷，我怕他自己都有可能记不清了。假如他能听到崔健的这句歌词：

> 谁知进进出出才明白是无边的空虚
>
> 就像这儿的空间里
>
> （《这儿的空间》）

我猜想他会不会立刻激动地竖起大拇指！

马融一生当过最大的官，是太守，武都太守和南郡太守。

现在我们来探讨一下，跟马融有关的两个问题。

1. 马融撰写并上奏《广成颂》，为何会"忤邓氏"？

2. 对于"融惩于邓氏，不敢复违忤势家"这句话，应该怎么看？

按范晔的说法，这两个问题对马融的人生，影响不小。

先说"忤邓氏"。

《广成颂》的撰写背景（动机）和主旨，涉及两个方面。一方面是文武关系，"是时邓太后监朝，骘兄弟辅政。而俗儒世士，以为文德可兴，武功宜废，遂寝搜狩之礼，息战陈之法，故猾贼从横，乘此无备。融乃感激，以为文武之道，圣贤不坠，五才之用，无或可废"。（《马融列传》）

这是《广成颂》显性层面的主旨。

70

另一个方面，即《广成颂》开宗明义的点题。

　　臣闻孔子曰："奢则不逊，俭则固。"奢俭之中，以礼为界。

奢与俭的问题，是《广成颂》触及的另一个更敏感紧要的问题。

东汉自开国起，就是以俭立国。张衡《西京赋》，借凭虚公子之口说，"光武处东而约"，一个"约"字，颇为传神。建武十二年（36年）底，平定成都公孙述，次年四月，"益州传送公孙述瞽师、郊庙乐器、葆车、舆辇，于是法物始备"（《光武帝纪》）。明、章两朝，几位皇后（太后）在勤俭朴素方面，以身作则到了极致（尤其是明帝马皇后，堪称典范楷模）。和、安时期，特别是邓太后当政期间，天灾人祸频仍，边境骚乱不止，十几年内，朝廷不得不持续不断地大做"减"字文章，只要翻开《后汉书》的和、安帝纪，触目皆是无以计数的减、禁、无、止、彻、节、免、勿、罢、俭、省、除、损、约、收、去、杜绝、禁绝等字眼。《皇后纪》上说："自太后临朝，水旱十载，四夷外侵，盗贼内起。"元初五年，刘毅上书，称颂邓太后"允恭节约，杜绝奢盈之源，防抑逸欲之兆"。这都是实情实景，非谀词虚语。

其间，朝廷曾有两次诏命提及广成苑：

　　（永元）五年二月戊戌，诏有司省减内外厩及凉州诸苑马。自京师离官果园上林广成围悉以假贫民，恣得采捕，不收其税。（《孝和孝殇帝纪》）

　　永初元年二月丙午，以广成游猎地及被灾郡国公田假与贫民。（《孝安帝纪》）

如果你愿意，可以在史书中看到足够多的有关记述，都是关于邓太后当政期间（特别是前期中期）如何过紧日子的记载，这里就不详尽赘述了。

在这种形势背景下，身为东观校书中郎的马融，却"逆风飞扬"地撰写并呈献了一篇《广成颂》，说："圣主贤君，以增盛美，岂徒为奢淫而已哉！"提议：

> 宜幸广成，览原隰，观宿麦，劝收藏，因讲武校猎，使寮庶百姓，复睹羽旄之美，闻钟鼓之音，欢嬉喜乐，鼓舞疆畔，以迎和气，招致休庆。

这就不是一般的"哪壶不开提哪壶"（马融当然清楚自己是有的放矢）！要知道，在中国传统文化语境中，田猎一向被看作骄奢淫佚最典型的象征，《道德经》里说，"驰骋畋猎令人心发狂；难得之货令人行妨"。

如此硬唱反调的行为！当邓太后看到马融呈献眼前的这篇《广成颂》时，心里会作何感想？"颂奏，忤邓氏"，不亦宜乎！

至于《颂》文结尾处，"方今大汉收功于道德之林，致获于仁义之渊，忽搜狩之礼，阙盘虞之佃。暗昧不睹日月之光，聋昏不闻雷霆之震，于今十二年，为日久矣"。又"暗昧"又"聋昏"的，确确实实给人以冒失，甚至狂悖之感。

现在再来说说，对"融惩于邓氏，不敢复违忤势家"这句话该怎么看？

"惩"，指受打压、处罚和压制，从而接受教训、以此为戒的意思。那么邓氏对马融究竟做过些什么？又是持一种什么样的态度？马融在邓太后当政时，真的受了很大委屈和压制吗？以至事过多年，还"不敢复违忤势家"，"遂为梁冀草奏李固，又作大将军《西第颂》，以此颇为正直所羞。"照此说来，此事给马融心灵"投影"如此巨大，影响如此深远，因此不能不有所辩证和厘清。

要了解邓太后对马融的态度，得从她对整个马家说起。

——这要从马援说起。

> 永初七年（113 年），邓太后诏诸马子孙还京师，随四时见会如故事，复绍封光子郎为合乡侯。（《马援列传》）

这里的"诸马子孙"，说的就是马援的子孙。

马援以"伏波将军"美名享誉当时和后世，其命运结局却颇为凄凉。马援死后，马家"益失势，又数为权贵所侵侮"。当时马援小女（后来的马皇后）才十岁，在一位堂兄的安排下，马援小女退掉原定婚约，改而送入太子宫中，从此马家才得以峰回路转。此后马援小女成为明帝皇后，又成为章帝养母，母子关系融洽。明帝驾崩，马皇后成为马太后。

马融和马皇（太）后是什么关系？

马融的祖父是马援的亲二哥，马融的父亲（马严）是马援的亲侄子，也就是说，马皇（太）后是马融血缘关系很近的堂姑。

章帝和养母太后关系很好，但自从立了窦皇后，天平就开始倾斜。次年，马太后驾崩，"太后崩后，马氏失势"。

马家再次失势，显然跟窦家的兴起有关；但当窦宪被和帝清除时，马家却受到牵连。永元四年（92 年），大将军窦宪及其兄弟被迫自杀，马光（马援第三子）受牵连也被迫自杀。马防（马援次子）和马遵（马援孙）徙封丹阳（虽是徙封，有发配之意），应当与此有关。在此之前，曾任将作大匠的马融之父马严，"后既为窦氏所忌，遂不复在位"。

马家地位一落千丈，风光不再。

元兴元年（105 年），邓绥作为皇太后临朝，东汉王朝进入邓氏时间。马家重新迎来了春风复苏般的"小阳春"。

永初二年（108 年），马融被大将军邓骘召为舍人。

永初四年（110 年），马融拜为校书郎中，诣东观典校秘书（作为太后钦点的人才）。[7]

永初七年（113 年），邓太后诏诸马子孙还京师，随四时见会如故事，复绍封光子郎为合乡侯。

元初三年（116 年），邓太后诏封马廖（马援长子）孙马度为颍阳侯。

邓太后为何要对马家施行"阳光政策"？

从马融个人角度说，是朝廷对人才的需要和器重。

从宫廷和马家的关系看，则是一种政治惯例。

邓家和马家从无过节（跟马家有过节的是窦家和梁家），对于临朝的邓太后来说，马家是作为历史遗留问题有待处理的，明显带有某种拨乱反正的性质，正好显示邓氏政治的公正宽厚，也是"收买人心"。

可见，邓氏无论对整个马家还是马融个人，都可以说是眷顾有加。最初，新任大将军邓骘召马融为舍人，马融"非其好也，遂不应命"，傲慢地回绝了。随后马融深陷"饥困"，好马也吃回头草地"故往应骘召"。邓骘不计前嫌，二话不说，照旧敞开了欢迎的大门。邓骘的儿子邓凤，给尚书郎张龛信中曾特意嘱咐："郎中马融宜在台阁。"可见邓氏对于马融，不仅识才，也重才。马融"滞于东观十年"，不宜完全看作邓氏对于马融的有意压制，尽管马融本人也许的确不情愿一直待在东观校书。

至于马融擅自离职返乡，惹恼太后，被下令禁锢，也并非是专门针对马融的惩罚，史载：

> 永初元年秋九月丁丑，诏曰："自今长吏被考竟未报，自非父母丧，无故辄去职者，剧县十岁、平县五岁以上，乃得次用。"（《孝安帝纪》）

别忘了，对马融的禁锢令里，还特意附了四个字：免官勿罪。

因此，怎么看，邓氏家族和政权，对于马融和马家，都说不上有什么亏待，更谈不上无端打压或迫害，"惩于邓氏，不敢复违忤势家"云云，从现有史料来看，似乎虚了点。日后马融对于梁冀的趋炎附势或屈从效命，显然需要另找原因。

最后解释一下，马融"滞于东观，十年不得调"，由于这句话紧接在"颂奏，忤邓氏"之后，致使不少人常常误以为，自此以后，马融又被迫在东观待了十年，其实范晔说的是，马融在东观，前前后后，总共待了十年。上奏《广成颂》时，马融已经在东观待了五年。

既然说了马融跟邓氏，那也来说说马融跟梁氏。

据《马融列传》，马融本人跟梁家最早发生关系，是在阳嘉二年以后。[8]

> 阳嘉二年（133 年），诏举敦朴，城门校尉岑起举融，征诣公车，对策，拜议郎。大将军梁商表为从事中郎，转武都太守。

从此，马融和梁家牵扯在了一起，曲曲折折、起起伏伏，直到梁冀垮台。由于现存史料过于简略，甚至有些含混凌乱，我们需要自行"脑补"一番，才能连缀起一幅较为完整的画面。

首先，梁商表马融为（大将军）从事中郎，当时马融已是朝廷议郎，从议郎转为大将军府的从事中郎，这属于工作调动。试想，如果马融本人不同意，梁商能否强行表（向皇帝请示）马融为自己府中的从事中郎？从马融跻身大将军府从事中郎，到转武都太守，这中间"无缝衔接"来看，我怀疑马融入梁商的大将军府为从事中郎，是经马融本人同意或者说选择的结果。须知在此前，马融的仕途一直不太如意和顺利。出道以来，东观十年，应该不是马融的心愿所想。后又被禁锢六年。邓氏以后，好不容易得到安帝赏识，谁知又是昙花一现（安帝驾崩得太快）。之后依然混迹于基层，"为郡功曹"。转眼又是八年过去。阳嘉二年，再度出山，重回朝廷，此时的马融，已是五十五岁的高龄。人生几何，盛壮更能几何?! 要知道，马融其实是个始终充满理想和激情抱负的人，如果他真愿意逍遥自在度此一生，其实大可不必如此长久地沉浮于官场（官小人微如飘蓬）。只是如果说当年上奏《广成颂》，马融还是个激情与理想满怀的"愣头青"，如今时光荏苒，又经历了十几二十个春秋的洗礼，马融早已步入了成熟的中晚年，一种理性务实的东西，理应早已融入他的世界。况且恰在此时，正当梁氏重新兴起[9]，机不可失，时不再来，我觉得马融主动选择投靠梁氏的可能性很大。马融很快获得武都太守一职（这是马融生平第一个二千石官职，也是马融平生所得最高官职），这恐怕是通过大将军幕府获得的快捷升迁通道。然而恰如安帝故事重演，大将军梁商很快又去世，梁冀接替其父为大将军。众所周知，梁商与梁冀父子，在政坛上的表现迥然不同，大相径庭，像是两股道上跑的车，黑白分明。[10]当此时，马融恐怕又曾面临某种人生道路的选择。然而现实是，随着梁冀之妹梁妠在顺帝驾崩后成为太后，梁冀势力与日俱增，直至权倾朝野，一手遮天，和他的太后妹妹一道，成为东汉中期宫廷的绝对核心。梁家父子相继为大将军，前后长达二十六年，其中梁冀在位十九年，形成"专擅威柄，凶恣日积，机事大小，莫不咨决之。宫卫近侍，并所亲树。禁省起居，纤微必知。百官迁召，皆先到冀门笺檄谢恩，然后敢诣尚书" "冀一门前后七封侯，三皇后，六贵人，二大将军，夫人、女食邑称君者七人，尚公主者三人，其余卿、将、尹、校五十七人。在位二十余年，究极满盛，威行内外，百僚侧目，莫敢违命，天子恭己而不得有所亲豫"（《梁冀传》）的盛大局面。在这种形势背景下，马融如果离开梁冀，离开梁家的庇护，他将能去哪里? 只能重回飘零无依的状态，回乡养老。梁商去世时，马融已经63岁，就算身体再好，这把年纪在东汉，在政坛上，也是绝对高龄了。他还有多少时间？还会有多少机会？人老了，有人会选择无所求、无所谓，顺其自然，无欲则刚；有人则相反，越老内心越焦虑，年华飞逝，衰老的现实与死亡的阴影日益促迫，欲望的追求反而更加强烈。想想马融出身外戚豪家，内心始终壮怀激烈，区区一个武都太守，会是他的生平凌云志吗？不管怎么说，既然此前已经攀上梁家这棵"参天大树"，走上了前景看似不错的新仕途，要让马融此时脱离梁家，全身而退，恐怕有点强人所难了（马融早年先是回绝了邓骘，后因饥困又主动投身邓骘，此事一直成为后世话柄，为史家所诟病。不过我倒认为，一个人若是因生存而做出某种选择，首先恐怕多少应该能得到几分同情之理解）。还记得《吴祐传》里的"时扶风马融在坐，为冀章草"，这一幕分明刻画出马融为梁家听命效力的室内场景。马融此后（或之前）为梁冀撰大将军《西第颂》，也就是顺理成章的事了。但是马融和梁冀终非"同路人"（两人的价值观和共同语言相去悬远），从南郡太守任上回到京城，应该是又有履新任命（"初除"），马融去见了一回梁冀的弟弟梁不疑——为什么见梁不疑呢？别的不说，"不疑好经书，善待士"，应该是其中原因之一吧。——不料这就引爆了马融和梁冀之间的"暗雷"，梁冀"讽州郡以它事陷之，髡笞徙朔方。融自刺不殊"。看来命运的曲线，真不是人所能预判掌控的。

马融和当权外戚的"第二次握手"，就此告终。

他的生命，也步入了夕阳暮年。

马融一生，官场时间，占了半个世纪左右，堪称漫长。

但我们今天很少单独谈论马融的官场人生。（乏善可陈）

我们今天说马融，基本都是说马融的文化身份和成就。

主要是经学和文学方面的，《马融列传》里说：

　　　著《三传异同说》。注《孝经》《论语》《诗》《易》《三礼》

《尚书》《列女传》《老子》《淮南子》《离骚》，所著赋、颂、碑、诔、书、记、表、奏、七言、琴歌、对策、遗令，凡二十一篇。

这里集中展示了马融的经学和文学成就，遍注群经的特点显露无遗，充分体现了马融的"才高博洽"，其中经学又是主要方面。

说起马融的经学成就，人们往往会说到他几度入东观校书的岁月，但很少有人想到马融的家族和家庭影响。[11]

另外一点同样重要，马融所处的时代，恰好位于今文经学烂熟至极而古文经学方兴未艾之际，单说古文经学，前有贾逵、郑众父子"为之前驱"，后有郑玄、王肃承接屹立，马融正好鸣鞭其间，与许慎同时。

然而自古以来，马融的经学名声，并未得到足够彰显，与其成就和地位不相称，往往只是列名"贾马许郑"而已。究其原因，固然与马融经学著作基本亡佚有关，完整之作，一本也无，但更具体的原因，著名藏书家韦力先生有两点概括，一则人品招惹物议（"飞章诬固"，"南郡贪浊"）；二则弟子郑玄名声太大，师声掩于弟名。[12]此说不为无见。（参见韦力《觅经记》，上海文艺出版社 2019 年版）

近年来，围绕马融经学的研究和评价，有日益细致深化的趋势。不过经学研究，在当今毕竟是少数人的专业，要让马融的思想文化遗产，能重新得到更客观公允的历史定位和评价，我认为还是要把马融的经学成就，转轨置于历史时代思想文化的研究范畴，正如《中国思想通史》中以下这段话语所揭示的：

> 两汉经学的结束的显明的表现，就是经今古文学的合流。而时代思想的主流，则已经开始向着玄学的方面潜行了。在这一点上，马融恰是这一时代思潮转换的体现者。（第二卷，人民出版社 1957 年版，第 328 页）

相比于经学，马融文学方面的成就和特色，其研究似乎要更少"新动向"。长期以来，说的比较多的，一直是马融的《长笛赋》（选入《昭明文选》），《广成颂》虽然全文录入范晔《后汉书》，但历来好像少有人注意到其文学特色和价值，卞孝萱、王琳著《两汉文学》，说到马融，虽然承认"著名文人马融也是一个比较重要的赋家"，并以数百字着重介绍了《长笛赋》，然而紧跟着一句却是，"马融的其它赋作水平一般"，然后以聊胜于无的三言两语，将《围棋赋》和《广成颂》作了打发。（安徽教育出版社2001年版，第99—100页）

我的感觉与此很不相同。我认为马融的《广成颂》是一篇难得的优秀的文学作品，远胜于众多汉赋。篇幅紧凑适中，结构理性清晰，轻松自然，语言生动形象，极富表现力。整篇赋作（虽曰颂，实为赋）始终给人一种铿锵的音乐美和动静皆宜的生动流畅的画面感。特别是从"至于阳月，阴曀害作"一段起，文笔顿时饱满有力，格调昂扬，激情始终贯穿洋溢于字里行间。全文最精彩处，我认为是"尔乃藐观高蹈，改乘回辕"一段，节奏由方才的激烈热闹，经过一段壮阔升华的文字，逐步转入舒缓安静的境界，然而静中有动，疾徐有度，曲折有致，美妙无比。

这是一篇不应被尘封的名篇佳作，却留下了遗珠之憾。

说到马融的文化事业，我们必须注意到不可忽略的一点，它和马融那别具一格且丰富多彩的娱乐生活的密不可分。

> 融才高博洽，为世通儒，教养诸生，常有千数。涿郡卢植，北海郑玄，皆其徒也。善鼓琴，好吹笛，达生任性，不拘儒者之节。居宇器服，多存侈饰。尝坐高堂，施绛纱帐，前授生徒，后列女乐，弟子以次相传，鲜有入其室者。（《马融列传》）

东汉经学大盛，名儒众多，然而像马融这样的经学大师，可以说是绝无仅有，"居宇器服，多存侈饰"，这条件境界，岂是穷酸儒生所敢想象？过去粤港澳有"前店后厂"的说法，马融"尝坐高堂，施绛纱帐，前授生徒，后列女乐"，这就是"前礼（教）后乐"了，而且还"施绛纱帐"。绛纱这种物事，后来常常成为风月场所的特有标志，《唐阙史》中有"倡楼之上，常有绛纱灯万数，辉罗耀烈空中"之句[12]，而《卢植传》里也说，"融外戚豪家，多列女倡歌舞于前"。如此奇异夺目的排场，绝然是儒学园里最特立独行的艳丽景观了。

在马融丰富多彩的娱乐生活中，音乐显然占据了相当突出的一席之地，这是当时的达官贵人和文人雅士的普遍风尚，从中已多少透露出日后魏晋风度的些许先声。

此外马融还精通围棋，留下了一篇《围棋赋》。这篇《围棋赋》提醒我们，马融和军事世界那层始终念念不忘的关系。

《围棋赋》的首句就是：

> 略观围棋兮，法于用兵。

通篇以棋喻兵，以兵喻棋，这就是马融的《围棋赋》。

说起马融和军事的关系，这就更得从马援说起了。

这里只撷取一角，来专门看看马融和武都的关系。

马融被梁商表为从事中郎后不久，被任命为武都太守。武都位于甘、陕、川三省交界，从先秦起，这一带就一直是汉羌相接杂处和烽火不断的边界最前线，可以说是一个军事核心区域，其名经常见于史籍。我们有理由猜想，马融任武都太守，很有可能是出于他本人的意愿和请求，因为武都是马融十分熟悉的地方，马融祖孙三代的身影，都曾在这里出现。

马援早年曾"亡命北地"，后"转游陇汉间"，武都正处于陇汉之间。王莽末年，马援"复避地凉州"，成为隗嚣部下，武都正是凉州所属郡。建武九年（33 年），马援以太中大夫身份，重新来到凉州，经来歙力荐，建武十一年，马援被任命为陇西太守。在此任上，马援平定羌乱，稳定凉州，做出卓越贡献，"武都氐人背公孙述来降者，援皆上复其侯王君长，赐印绶，帝悉从之"。"十三年，武都参狼羌与塞外诸种为寇，杀长吏。援将四千余人击之……羌遂穷困……诸种万余人悉降，于是陇右清静。"（《马援列传》）

《西羌传》里记载说：

> 建武十一年夏，先零种复寇临洮，陇西太守马援破降之。后悉归服，徙置天水、陇西、扶风三郡。明年，武都参狼羌反，援又破降之。事已具《援传》。

包括武都郡在内的陇西地区，是马援最早显示自己军事和政治才华的地方。马援在陇西太守任上前后六年。可以说，这是马家起家的地方。

马防是马援的次子（马融的堂叔），建初二年（77 年），马防以行车骑将军身份，领兵平羌，地点在陇西和汉阳一带，也就是武都附近。

马融的弟弟马续，曾在武都一带与羌人作战。[13]

马融自己，早年也曾"客于凉州武都、汉阳界中"。范晔评论中所说，"马融辞命邓氏，逡巡陇、汉之间"，正是指此。

所以说，武都是马融十分熟悉的地名和地方。

马融在武都任上，西羌的骚乱再次达到高潮。当时征西将军马贤领兵与西羌作战，马融为此给朝廷上了一篇奏章，断定马贤必败，并毛遂自荐，愿意领兵出征。后来马贤果然全军覆没，马贤本人战死。

马融又判断，"西戎北狄，殆将起乎！"并及时提议，"宜备二方"，后"皆卒如融言"（《马融列传》）。

马融对于军事表现出的热情和判断能力，显然跟马家——跟马援、马防、马严和马续有关。可是人们往往只是注意到马融的经学和文学成就，以及那乏善可陈的官场经历，却忽略了马融身上十分突出的与军事相关的一面。在马融现存作品中，除《广成颂》和《围棋赋》外，涉及军事题材还另有多篇，包括描写赌博游戏的《樗蒲赋》，也有"是以战无常胜，时有逼逐。临敌攘围，事在将帅。见利电发，纷纶滂沸"（《艺文类聚》七十四）的句子。

也许，这就是马融心底始终激昂荡漾的"猛志固常在"，像陶渊明一样。

顺便说一句，马融"施绛纱帐"的绛，原本是一种跟军事密切相关的色彩——跟礼制也密切相关。[14]这不奇怪，"国之大事，在祀与戎"（《左传 成公十三年》）。戎与祀，本来就难分难解。

袁隗和马伦在新婚之夜展开智力对话，话题从马融家的钱财说起，最后也是以马融的钱财话题结束。

钱财，总是个永恒的话题。对一个文人也一样，或者说，更一样。

《三辅决录》和《后汉书》里说马融"在郡贪浊"，对这事我们没有充当判官的资格，但要说起马家经济和金钱上的事，还真有的聊。

这事居然也得从马援说起。

——现在我们可以毫不迟疑地大声说出：没有马援，何来马融！

马援作为功勋战将，在经济和金钱方面，也可以说是天赋异禀的。

马援早年曾因私放囚犯而逃亡北地，遇赦后，就在原地从事畜牧业。后来又"转游陇、汉间，有牛、马、羊数千头，谷数万斛"，发家后的马援说："凡殖货财产，贵其能施赈也，否则守钱虏耳。"（《马援列传》）

马援在经济——货币经济——上最重要的贡献，是提议恢复了五铢钱。

初，援在陇西上书，言宜如旧铸五铢钱。事下三府，三府奏以为未可许，事遂寝。乃援还，从公府求得前奏，难十余条，乃随牒解释，更具表言。帝从之，天下赖其便。（同上）

李剑农著《中国古代经济史稿》援引以上内容后说：

自五铢钱制恢复后，又稳定继续约百八十年。（武汉大学出版社 2006 年版，第 177 页）

如果说马援多次展现出经营和金融方面的天赋，他的两个儿子马防和马光，就展开了擅长花钱的风尚，史书中说："防、光奢侈，好树党与"。

防兄弟贵盛，奴婢各千人已上，资产巨亿，皆买京师膏腴美田。又大起第观，连阁临道，弥亘街路，多聚声乐，曲度比诸郊庙。宾客奔凑，四方毕至，京兆杜笃之徒数百人，常为食客，居门下。刺史、守、令多出其家。岁时赈给乡闾，故人莫不周洽。防又多牧马畜，赋敛羌胡。帝不喜之，数加谴敕，所以禁遏甚备，由是权势稍损，宾客亦衰。八年，因兄子豫怨谤事，有司奏防、光兄弟奢侈逾僭，浊乱圣化，悉免就国。（《马援列传》）

这一风尚在马融身上，得到了比较充分的继承和发扬。

前引《三辅决录注》里说："岐娶马敦女宗姜为妻。敦兄子融尝至岐家，多从宾与从妹宴饮作乐，日夕乃出。"这一看就是阔绰贵公子的豪放做派。到马伦出嫁，已是马融晚年，"融家世丰豪，装遣其盛"，以至于袁隗用"珍丽"一词来加以形容。

花钱如流水，得先有钱。马融的钱从何而来？

马融在官场"摸爬滚打"半个世纪，要说马融的钱财全部来自正当官俸收入，估计没几个人会相信。曾经的外戚豪家，有皇室的丰盛馈赠，自然是一大收入来源（马融跟马皇后家虽然隔了一层，但"与有荣焉"，不当只是虚语）。此外是否真的有来自"自主经营"的部分，比如南郡的"权钱交易"？因证据不足，我们做不了判官。

但我们不妨来了解一下，当时社会的经济环境和消费风气。

> 和安以后，耕地不敷之象既大暴露，商贾亦大兴盛，豪富奢侈之风亦如前汉中期。（李剑农：《中国古代经济史稿》，第 265 页）

看来马融的豪奢生活，不只源于他的外戚身份。

哈尔滨商业大学朱德贵教授有篇题为《长沙五一广场东汉简牍所见商业问题探讨》（《中国社会经济史研究》2016 年第 4 期）的文章，尤其值得我们注意。文中概括总结说：

第一，东汉中期的商品交换异常活跃。具体体现之一是"纺织"类商品的交换。"纺织"类商品，瞬间就会让我们想起，马融高堂之上的那顶"绛纱帐"，想到《三辅决录注》里说的"布三百匹"。

第二，东汉中期货币经济异常发达。显示东汉中期商品交换以铜钱为媒介。主要表现之一，贪赃财物也以货币计算。

这里的铜钱（货币），同样瞬间会让我们想起"受主计掾岐肃钱四十万。融子强又受吏白向钱六十万"的受贿指控。值得留意的是，南郡和长沙郡，当时同属荆州刺史部，后来刘表能将荆州建成建安前期军阀混战中的一块和平与富庶的绿洲，如果缺乏早先已有的经济基础，恐怕也是难以"一蹴而就"的。

由此我又想，马融出任南郡太守，是否也是他主动寻求的结果？跟之前的武都太守一样？如果是，那他和梁冀的关系，就又多了一层值得联想的地方。

84

这里需要特别说明的是，我们今天还在谈论"往事越千年"的马融金钱上的陈年旧事，并非是想探明和证实，马融当年是否真的权钱交易了那三百匹布和合计一百万的铜钱。对于马融在经济和金钱方面的状况，我觉得值得我们关心和留意的，是余英时先生说的这番话：

> 汉晋之际，士大夫之个人经济情况大体皆甚好，故多能宾客满座，高会倡乐，如公业之所为者。而与新思潮之发展极有关系之人物，尤多属此类，此甚可注意者也。

然后首先举《马融列传》"融高才博洽"到"后列女乐"一段文字为例，最后总结说：

> 上举数例中，马融、孔融及何晏三人为汉晋之际思想变迁之关键性人物，而皆富于资产，且又好游谈宴乐，足证彼等思想发展与经济生活殊有不可分割之关系。盖饮宴伎乐既所以遂达生任性之旨，游谈好客亦清言高论之所由来也。（余英时：《士与中国文化》，上海人民出版社 1987 年版，第 336—337 页）

所以，如果没钱，后世看到的马融，就不会是现在的样子。
这才是要点。

最后我们来总结一下马融的人生。
马融这个人，能让人想起贾宝玉。
贾宝玉旧号"绛洞花王"，马融可称"绛纱帐主"。
他俩可以说都是含着"金汤匙"出生的。
但他俩的生平，又都经历过一种大起大落，有一种"江流曲似九回肠"的动荡变幻感，并不是一生幸福、花团锦簇的"honey 公子"。

《红楼梦》里有一面风月宝鉴，很像马融的人生。

看正面：

叔祖是"伏波将军"马援；堂姑是汉明帝的皇后，汉章帝的养母和皇太后。马融的父亲马严是马援的侄子，关系亲近，远在众侄之上。当年安排马援小女退婚入宫、以至于日后荣登皇后和太后之位的那位堂兄，就是马严。马严因此得到明帝宠幸，"时人荣之"。三位堂叔（马皇后的兄长），也官居显赫，马防"贵宠最盛，与九卿绝席"。

这样的家世，对比宁、荣二府，也不遑多让。

再看马融个人。"为人美辞貌，有俊才"，相貌堂堂，口齿伶俐，满腹经纶，东汉最顶级的经学大师，郑玄为入室弟子，八十八岁高龄寿终正寝（可别忘了，这是东汉，平均寿命只有三四十岁）；还特有钱，豪奢一生[15]；还特会玩，兴趣广泛，精通音乐，雅好歌舞，交游广阔[16]，家庭美满，儿女绕膝[17]；出入宫廷官场五十年。我们还应该注意到，作为东汉人，马融生活在一个相对前期来说较为宽松、相对后期来说较为安稳，很适合奢华娱乐享受的年代（至于边地烽火，饿殍遍野，那不碍歌舞升平）。

总之，一个人一生梦想的几样东西，马融都齐备了。

现在我们再把风月宝鉴翻转过来。

马援战功卓著，英名盖世，结局凄凉。

马皇（太）后地位至尊，但她跟明帝和章帝的关系，暗藏玄机。[18]

三位堂叔，一位自杀，两位在遭受打击后，寂寞而终。

马严晚年"为窦氏所忌"，无所事事，居家赋闲以终老。

马融身在宫廷官场五十年，不过是"走马兰台类转蓬"，供人驱遣，俯身听命于同为外戚出身的邓氏和梁氏，晚年更以八十高龄，遭受指控，"免官，髡徙朔方"，重度羞辱之下，"自刺不殊"（自杀未遂）。

这真是宝玉出家，马融自杀。

如果打量得再细致些，我们会看到：

马融出生之年，就是马融生平经历的第一个重要年份。这年马太后驾崩，马氏失势。转折当然并非陡然而至，惯性总要有所顺延表现。太后驾崩次年，其二哥马防拜光禄勋，三哥马光为卫尉。又次年，马防子马巨成年，章帝"亲御章台下殿，陈鼎俎，自临冠之"。然而仅隔一年，马防和马光就以"奢侈逾僭，浊乱圣化"之名，悉免就国。这年马融已有四五岁，能感受到某种世事变幻的光影。永元四年（92年），马光自杀，其子被杀，马廖于同年去世，马防、马遵徙封丹阳。此时马融年已十四。

永元十年是马融人生的第二个重要年份。

马防在这年去世。

至此，马皇后和她的三位兄长，都已先后去世。

马融的父亲马严，也在永元十年去世。

换言之，截至永元十年，马融家族中对他有可能产生重要影响的长辈（尤其是男性长辈），均已谢世，包括马融的祖父马余和叔祖马援（马融另两位叔祖父马况和马员，也早已去世）、父亲马严和堂姑马皇后，以及三位曾贵宠一时的堂叔。唯一可能对马融产生影响的长辈，是马严的弟弟，马融的叔父马敦，但史籍中不见相关材料。至于马融母亲，史书更无一语提及。马融出生时，其父已年逾花甲，我怀疑马融的生母，并非马严原配。

就是说，到马融二十岁时，他的家庭和家族中曾经风光一时的重要人物，基本都已成为过往和回忆。我觉得，马融身上那种自由自在、无拘无束的性格和风格，当与此有关。

总的来看，马家是无可挽回地凋零和衰败了，但并非以那种暴烈冲击、一败涂地、遭受灭顶之灾的方式（这倒是东汉其他外戚每每走向命运末途的方式，如窦、邓、梁、何）。马家是以一种相对和缓的方式，走向衰落的。

就马融的一生来说，马家似乎一直处于一种忽高忽低，忽好忽坏，不好不坏，好中见坏，坏中有好，无人问津和相对宽松的状态。宫廷之中"走马灯"式的变化，也不再与马家有关。

这样一种命运曲线和无声乐章，会对马融的思想和性格，产生什么样的影响呢？别的且不说，我会首先想到《周易》。马融对于《周易》，想必一定非常有心得。马融的《周易》注，是历来马融经学思想研究的热地和高地。（《礼》与《易》是马融经学椭圆轨道上两个最引人注目的焦点）这点让我想起了孔子和苏轼。司马迁说，"孔子晚而喜《易》，序《彖》《系》《象》《说卦》《文言》。读《易》，韦编三绝。曰：'假我数年，若是，我于易则彬彬矣。'"（《史记·孔子世家》）孔子说："加我数年，五十以学《易》，可以无大过矣。"（《论语·述而》）而《毗陵易传》是苏轼哲学思想的主要载体。[19]

造成这样一种不约而同的背景原因，也是基本相似的。

曾经激情满怀的理想，灰暗坎坷的一生仕途，丰富多彩的精神世界。

这不是转轨，但暗含着蜕变。

变则通，通则不拘。

在这里我们看见了马克斯·韦伯说的政治与学术的人生和事业。对于一个（某种）文人知识分子来说，这就像是永恒的亘古不变的宿命。失之东隅，收之桑榆。弗洛伊德所说的，也就是这个意思。

于是我们眼前，仿佛又出现了那顶高堂之上的绛纱帐，红色是温暖和激情的颜色，何况是大红！这是有助于自信和亢奋的颜色。它带来了一种弥补和平衡的感觉，让它的主人，暂时忘却了以往岁月里那些连绵不断的空虚、挫折和失落。这是生活和经书交媾的歌舞，是马融自己的旗帜。

注释：

[1] 据《赵岐传》，"（岐）娶扶风马融兄女"，则岐所娶为马融侄女；而李贤注引《三辅决录注》曰："岐娶马敦女宗姜为妻。"马敦为马融父马严之弟，亦即马融叔父，则宗姜为

马融之堂妹。两相比较，范书恐误。（论证繁复，兹不赘述）

[2] 关于马融人品道德的辩论文章，网上多有，这里就不一一具体罗列篇名了。

[3] 马融《长笛赋》序中有"而为督邮，无留事，独卧郿平阳邬中"句，可见曾做过督邮，但于何地、何时为督邮？史无明文。《商芸小说》中有"马融历二郡两县"句（见注5），则两县者，或有可能一为许县，一为郿县？姑且暂置于此。

[4] 见《商芸小说》，转见于《太平广记》，详见注6。

[5] 马融任南郡太守，自当在李固事件后（见陈邦福撰《后汉马季长先生融年谱》，台湾商务印书馆1980年版，第15—16页），故知其时年已届古稀。

[6]《马融列传》说"三迁，桓帝时为南郡太守。先是融有事忤大将军梁冀旨，冀讽有司奏融在郡贪浊，免官，髡徙朔方"。及《梁冀传》说"南郡太守马融、江夏太守田明，初除，过谒不疑，冀讽州郡以它事陷之，皆髡笞徙朔方"。其中的"先是"和"初除"，容易引人疑惑和误解，像是说马融忤梁冀，在其任南郡太守之前或之初，实际上，马融任南郡太守，前后有四年，《商芸小说》里说："马融历二郡两县，政务无为，事从其约。在武都七年，南郡四年，未尝按论刑杀一人。"（转见于《太平广记》卷二百三，中华书局2020年版，第1298—1299页）马融忤梁冀，想必应当在其南郡太守任职结束前后，将有新的任命之初。

[7] "永初中，（刘珍）为谒者仆射。邓太后诏使与校书刘騊駼、马融及《五经》博士，校定东观《五经》、诸子传记、百家艺术，整齐脱误，是正文字。"（《文苑列传上》）

[8] 马家与梁家的恩怨渊源，同样要从马援说起，详见《马援列传》。

[9] 梁家东汉故事，始于梁统。梁统子梁松，尚光武女舞阴长公主。永平四年（61年）冬，下狱死。松弟竦，牵连松事，与弟恭俱徙九真。章帝纳其二女，皆为贵人。小贵人生和帝。建初八年（83年），窦皇后潜杀二贵人，而陷竦等以恶逆，竦死狱中。永元九年（97年），窦太后崩。竦子棠为乐平侯，棠弟雍乘氏侯，宠遇光于当世。雍官至少府。梁商为梁雍之子。永建三年（128年），顺帝选商女及妹入掖庭。阳嘉元年（132年），梁商女立为皇后，妹为贵人。阳嘉三年（134年），梁商为大将军，称疾不起。四年（135年），梁商诣阙受命。马融正在此前后重返京城，拜议郎。永和六年，梁商薨，梁冀为大将军，冀弟不疑为河南尹。建康元年，顺帝崩。梁皇后为皇太后，临朝。冲帝寻崩，复立质帝，犹秉朝政。大将军冀鸩杀质帝，遂立桓帝。梁家势力由此逐渐登峰造极。

[10] 详见《梁商传》和《梁冀传》。

[11] 详见《马援列传》《马严传》，以及《马续传》。

[12] 转见于刘逸生《唐诗小札》，广东人民出版社1978年版，第314页。

[13] 马融弟马续，《后汉书》中又写作马融兄，当然这点无关紧要。值得注意的是，马

续对马融的人生可能有过的影响。史书中有关马续的材料甚多，可惜范晔没有将其汇集一处，形成一篇较完整充实的传记。

［14］关于绛色与兵和礼之关系，《后汉书》中颇有几例，如"及见光武绛衣大冠"，"海贼张伯路冠赤帻，服绛衣"，"凤衣绛衣"，"侠卿为制绛单衣，绛襜络"等。《续汉志·舆服下》中则有，"秦雄诸侯，乃加其武将首饰为绛祔，以表贵贱"。

［15］马伦出嫁，"融家世丰豪，装遣甚盛"。夫妻新婚之夜对话议论，说及马融任南郡太守事，可知其时已是马融晚年。

［16］据范晔《后汉书》，可知马融的交游圈子，至少应包括以下人物：窦章、郑玄、卢植、北地太守刘瑰、王符、崔瑗、延笃、许慎、刘毅、刘珍、邓耽、尹兑、刘騊駼、高彪、范冉、矫慎、苏章，基本都是当时的文化名流。

［17］据范晔《后汉书·列女传》，知马融有女名马伦，马伦有妹名马芝。而据《三辅决录》，知马融至少有子名马强。

［18］马皇后是由阴丽华指定为明帝皇后。关于这位道德皇后的绝世风范，这里只单举一例："帝幸濯龙中，并召诸才人，下邳王已下皆在侧，请呼皇后。帝笑曰：'是家志不好乐，虽来无欢。'以游娱之事希尝从焉。"（《皇后纪上》）马皇后和汉明帝一生无儿无女，想来应该是十分自然的事。至于马皇（太）后和其养子章帝之间，史书不惮其繁地记述了其"母子慈爱，始终无纤介之间"的种种，然而章帝刚一立窦皇后，天平即开始倾斜，到马太后一驾崩，马氏即失势，来得何其快也。

［19］侯外庐等编：《中国思想通史》（第四卷上册），人民出版社1959年版，第586页。

五　梁冀为何怕孙寿

梁冀的权势是在他父亲死后，才得以跃上台阶的。

在此之前，虽然依循惯例——梁冀的妹妹是皇后，爸爸是大将军，所以——青年梁冀早已一路顺风地踏上了仕途，从黄门侍郎一路做到了执金吾和河南尹。在当时，这都是些很显赫、很显要的职位，但却始终在他爸梁商的笼罩和管制下。加上朝廷内外总有些人喜欢对梁家指指点点、说三道四（树大招风），那时候的梁冀，看上去还真有点"夹着尾巴做人"的味道，每次被人议论，他都选择默不作声。

但梁商一死，情况就完全变了。

《后汉书》上有句话：

> 商薨未及葬，顺帝乃拜冀为大将军。（《梁冀传》）

大将军在东汉，是个特别惹眼的职位，《剑桥中国秦汉史》说，从公元 89 年起，"它已经成为摄政的同义语"（中国社会科学出版社 1992年版，第 552 页）。

剑桥史的说法并不十分准确，不过虽然不尽准确，但透过这个说法，却能让人知道它（大将军）极端的位高权重。简单说，大将军和皇帝、皇太后一起，构成了当时国家最高权力层，而且通常是掌握实权

梁冀

最多的那一个。

从此，东汉王朝进入了梁冀时间。

这个时间持续了十九年。

整个东汉王朝，没有一个人能在这点上与梁冀相提并论，除了曹操；可懂行的人都知道，曹操与其说是东汉人，其实更应该说是三国人，《后汉书》里没有曹操传，《三国志》开篇就是。

梁冀在位十九年，他都干过些什么？

我觉得最突出的，是杀人，以各种各样的方式，杀了各种各样的人。和平时期，作为一个国家领导人，能以几乎马不停蹄的方式，除掉如此之多的各路对手、障碍或讨厌者，别的朝代情况我不清楚，就东汉来说，除梁冀之外，肯定也没有第二人。如果你愿意给他一个"杀人王"的称号，那既非诬陷，也非过誉。

还在他父亲在世时，梁冀就有点迫不急待地展现出自己才智过人的杀人技法。

梁冀当河南尹时，就有些胡作非为了（他什么时候不胡作非为？），首都洛阳令吕放跟梁商有往来，算是朋友，就提醒梁商要注意一下梁冀的毛病——"颇与商言及冀之短"。自以为是朋友，就对老子告儿子的状，这儿子还是自己的顶头上司，只要在中国生活过的人，都知道这会是什么结果。果然，年轻气盛的"梁衙内"找了个人，把吕放给杀了。几句忠告的刺激，就能让梁冀动杀人的念头，并且说干就干，杀的还是朝廷命官，自己的直接下属。不过这事真正让人瞠目的，是梁冀接下来的手腕。毕竟老爸还活着，为防止父亲知道是他干的（他爸知不知道？），梁冀就说这事是吕放的仇家所为，于是让吕放的弟弟吕禹接续吕放当了洛阳令（梁冀有这个权力？河南尹，正好管着洛阳县），吕禹抓住了杀手，并且"尽灭其宗亲、宾客百余人"。

这是真正的一箭双雕！既轻松顺利地把自己择了出来，还将原始人证毁得个一干二净，也许吕禹还要感谢他。至于死掉的那一百多人，谁会在意呢？

之后没多久，梁冀就当上了大将军。

当上大将军后，杀人就不必如此麻烦地遮遮掩掩了，于是杀人游戏正式开始。下面这份被杀者名单，来自《后汉书》，自然，都是梁冀的手笔。

吕放、刘缵、李固、杜乔、士孙奋兄弟、西域贾胡、二弟宾客、吴树、侯猛、袁著、胡武、田明、陈授、耿承、崔琦、郏尊、邓猛女母宣（谋杀未遂）。

如果有细心较真的人，用手指头点着上面这些名字，逐一数上一遍，也许会觉得，人数也不多嘛，二十个都不到。这我就得说一句，你有所不知了。梁冀杀人，喜欢"瓜蔓抄"，就是因为杀一个人，往往连带杀了几十个人，乃是很平常的事。所以上面只列出了十几人，里面其实已有几百条人命。

而且，显然，这不会是一份完整名单。

这份名单里，有皇帝，有贵族，有中央公卿大臣，有地方各级官员，有富豪商贾，文人学者，还有未来皇后的妈妈、自己养女的生母，以及不相干的宾客族人，堪称生物多样性。

除了杀人，梁冀也会干点别的，比如敛财和树立亲信。

敛财梁冀很在行，像他的杀人一样，而且这两者经常合而为一。（古人说杀人越货，这点梁冀做得很完美）

扶风有位成功人士叫士孙奋，很有钱，但很小气，梁冀先给了他四匹马（按郑玄的说法）[1]，然后再开口跟他借钱，说是借五千万（平均一匹马1250万）。这位扶风富豪说值不了五千万，就折了一下，只给了三千万。这下梁冀发毛了！一纸诉状告到地县两级法院，说士孙奋的老娘，原来是梁冀家管财物的奴婢（周星驰说的，有这事?!），偷了梁冀家"白珠十斛、紫金千斤"，潜逃了。于是这位先富起来的士孙奋，还有他家兄弟，都被抓了起来，然后以某种不言而喻的方式，死在了牢里，他家资产总共有一亿七千万钱，统统被没收（没收去哪了，这就不用说了）。

据《后汉书》记载，当时从全国四面八方进献来的贡物，好的、上等的，都先送到梁冀府，剩下的再送给皇帝，所谓"其四方调发，岁时贡献，皆先输上第于冀，乘舆乃其次焉"。国产的东西玩厌了，梁冀还会把眼光瞄准进口货，"冀又遣客出塞，交通外国，广求异物"。这里所说的"异物"，就是当时流行的高档时尚奢侈品。

梁冀最后被抄家时，史书上留下了一笔：

> 收冀财货，县官斥卖，合三十余万万，以充王府，用减天下税租之半。

这应该是固定资产和有形资产，就拍卖了三十万万钱![2]当年国家税收，可以因此减半。可见"和珅跌倒，嘉庆吃饱"这种故事，早在一千七百年前，就已经上演了。

树立亲信方面，梁冀同样是把好手。

> 宫卫近侍，并所亲树。禁省起居，纤微必知。百官迁召，皆先到冀门笺檄谢恩，然后敢诣尚书。（《梁冀传》）

无论是宫廷内部，还是地方政府，到处是梁冀的亲信和由他安排的人。所以到梁冀倒台，被清算时，由于跟梁冀有牵扯的官员被抓得太多，"朝廷为空"。

什么叫草菅人命，什么叫富甲天下，什么叫权倾朝野，看看梁冀，你就明白了。

梁冀的权势，最后到达了什么样的颠峰状态？

由皇帝亲自出面主持，召开最高层特别代表大会，讨论、商定给梁冀以什么样的国家礼遇，最终的决定是：

> 于是有司奏冀入朝不趋，剑履上殿，谒赞不名，礼仪比萧何；悉以定陶、成阳余户增封为四县，比邓禹；赏赐金钱、奴婢、采帛、车马、衣服、甲第，比霍光；以殊元勋。每朝会，与三公绝席。十日一人，平尚书事。宣布天下，为万世法。

这样的规制、礼遇，距皇帝也就半步之遥了。曹操后来所谓的"挟天子以令诸侯"，玩弄的不过是个空壳朝廷，梁冀所践踏的，却是完完整整的东汉王朝。

就这样，梁冀还是觉得心意未足，不满意，"冀犹以所奏礼薄，意不悦"。

要权有权，要钱有钱，想杀人就杀人，杀谁都没问题，这样一个角色，用句流行语说，用脚指头你都能想明白，这世上，只有人怕他的份，哪有他怕人的事！

当时的人怕梁冀怕到了何等程度？

> 明日重会公卿，冀意气凶凶，而言辞激切。自胡广、赵戒以下，莫不慑惮之，皆曰："惟大将军令。"（《李固传》）

这里说的是汉质帝被梁冀毒死后，应该继立谁为帝的事。这种事情，是由梁冀一人来指定的。当时的场面是，"自胡广、赵戒以下，莫不慑惮之，皆曰：'惟大将军令。'"

李固和杜乔一再跟梁冀作对，两人最后都被梁冀害死在监狱里。

> 复立桓帝，而枉害李固及前太尉杜乔，海内嗟惧。

侍御史张纲上奏梁冀"肆无忌惮、贪污受贿、多树谄谀、陷害忠良"等十五项大罪，"书奏，京师震竦。"(《张纲传》)

既是"震竦"于张纲的壮举，也是"震竦"于梁冀的威势。

梁冀当权期间，种暠出任益州刺史，属下永昌太守"冶铸黄金为文蛇，以献梁冀"，被种暠发现后抓了起来，并且当即向朝廷禀报，"而二府畏懦，不敢案之，冀由是衔怒于暠"(《种暠传》)。

所谓"二府"，是指"三公"之中的司空，负有监察、纠举全国官员的职责。"三公"本是中央最高权力职位，但在梁冀的治下，已沦于"畏懦"。

"三公"如此，皇帝也一样。

> 帝虽迫畏梁冀，不敢谴怒，然见御转稀。(《皇后纪下》)

说的是汉桓帝面对梁冀另一个皇后妹妹的淫威，由于"迫畏梁冀"，只能采取"惹不起，我躲得起"的策略，不去或少去跟她同房。

"慑惮""嗟惧""震竦""畏懦""不敢"，这就是梁冀身边的各色人物（都是顶级重要的大人物）对梁冀的态度和反应，一字以蔽之，就是怕！

曾任"三公"的黄琼临终前总结说：

> 诸梁秉权，竖宦充朝，重封累积，倾动朝廷，卿校牧守之选，

皆出其门，羽毛齿革、明珠南金之宝，殷满其室，富拟王府，势回天地。言之者必族，附之者必荣。忠臣惧死而杜口，万夫怖祸而木舌，塞陛下耳目之明，更为聋瞽之主。（《黄琼传》）

虽是事后声讨，所说却是事实。"忠臣惧死而杜口，万夫怖祸而木舌"，暴力和恐怖，就是梁冀的统治方式。这暴力无人幸免，这恐怖无远弗届。

当汉桓帝对梁冀忍无可忍，决心要除掉这块"心头病"时，他只能利用上厕所的机会，躲在茅房里偷偷跟自己信得过的小宦官商议。当参预其事的宦官担心皇帝犹豫不决，中途变卦，皇帝随即在这名宦官胳膊上咬出血块，以此为盟。

可见畏葸、谨慎、紧张，到了何等地步。

正如范晔所说："（梁冀）在位二十余年，究极满盛，威行内外，百僚侧目，莫敢违命，天子恭己而不得有所亲豫。"

《梁冀列传》里，一再出现诸如"暴恣""侈暴""骄横""凶""威""横暴""忍忌""凶恣""凶纵""贪叨"等字眼，梁冀的形象，籍此可以呼之欲出。

然而就这么个"顶天立地"、纵横天下的庞然大物，却有一个人让他觉得怕，不是一般的怕，而是五体投地的怕。

谁呀？梁冀他老婆——孙寿。

怕老婆，古今中外都不是什么稀奇事。名人、要人和强人的怕老婆，更是普通人喜闻乐见、津津乐道的趣闻逸事。

但梁冀怕老婆，风貌似有所不同，原因更为深奥，可以说是怕出了特色，怕出了内涵，怕出了人性本质。

——说梁冀怕老婆，有根据吗？

有的。有一件事，足以证明梁冀怕他老婆。

梁商给汉顺帝进献过一名叫友通期的美女。史书上说，通期美女有

97

"微过"，顺帝把她还给了梁商。梁商是个谨慎人，"经过"皇帝的女人自己哪敢留下？就把她给嫁了。结果，梁冀瞄上了这位美人，找个人把她偷回来了，"冀即遣客盗还通期"。史书上没说友通期时任老公在老婆不见之后，有没有报警、寻找。也许这朵"二手玫瑰"在夫家不过是个姬妾，不见就不见了，无所谓；也许是知道到了梁冀手里，慑于梁冀的威势，只好装聋作哑，放手作罢，总之，她成了梁冀的女人。那时正是梁商刚薨之际，也就是梁冀接任大将军的好日子，现在的人能理解，这两件事，都会是性欲最好的"春药"，所以，"会商薨，冀行服，于城西私与之居"。这事当然逃不过梁冀老婆孙寿的目光！孙寿趁梁冀外出，派人把这个"小三"抓了回来，"截发刮面，笞掠之，欲上书告其事"——剪碎头发，弄花俏脸，暴抽一通，还威胁要把这事告发到上面去。父丧期间偷情，偷的还是在皇帝身边待过的女人，在儒学蔚然成风、素称以孝治天下的汉朝，这事要是追究起来，没准也够喝上一壶的！毕竟正当父子权力交接之际，一切权势尚且立足未稳，于是，"冀大恐，顿首请于寿母"。这是我们第一次看到梁冀也有"恐"，而且是"大恐"的时候。孙寿当然懂得见好就收，她怎么可能真想把她老公弄倒？"寿亦不得已而止"。但孙寿暂且收手，梁冀却实难就此打住，还跟友通期整出个"爱情结晶"来了。这下孙寿真发怒了！发飙了！派自己儿子来了个釜底抽薪，"使子胤诛灭友氏"，把友通期给杀了。梁冀知道后，有口难言，不敢作声，生怕孙寿把孩子也杀了，"冀虑寿害伯玉"，于是像"赵氏孤儿"一样，先是"匿不敢出"，然后"常置复壁中"，这孩子于是成了暗藏度日的"墙里人"。

在外面的世界煊赫无边、杀人无算的大将军，家变之中，面对自己心爱的女人被凌辱、被宰杀，剩下的却只有匍匐在地、捣头如蒜、忍气吞声的份，这景象何其让人错愕难解？

另外一件事，不知道能不能也看作梁冀怕孙寿的例子。

梁冀家里有个他宠爱的"监奴"——就是管家务事的青年男子，

年纪应该在十七八岁到二十之间。这种小男孩通常有个必备优点，就是美艳异常。因为是梁冀的"宠物"，所以，可以堂而皇之到国家政府部门里弄个正儿八经的官职当当——太仓令，大概相当于那时的国家粮食局长。有了这身官皮，这名叫秦宫的男孩就可以借工作调研之名到处闲逛。某日一逛逛到孙寿的住处，孙寿一见秦宫，春心大悦，立即让身边的人统统出去，说是跟秦宫有要事相商，然后，他俩就"好事成双"了。

自己的女人被残杀，只能忍气吞声；自己的男孩被搭手，不妨美物共享，梁冀跟他老婆的关系，端的是一朵耀眼的奇葩。

这两件事说明，范晔说的"寿性钳忌，能制御冀，冀甚宠惮之"，确实是真的。——惮，就是怕的意思。

那么，梁冀为何会怕他老婆？

这事值得探讨一下，因为看起来实在有点异乎寻常。古往今来，怕老婆虽然也算是寻常事，但梁冀怕老婆，至少从表面看起来，着实非比寻常，让人匪夷所思。我一直相信，但凡最奇怪的事情，往往有最简单的原因（倒是有些看似顺理成章的事，原因却恐怕并不简单）。梁冀怕老婆，原因何在呢？

明朝有位叫谢肇淛的学者，在其代表作《五杂组》中，对于"惧内"这种古老的现象，发过一通感慨：

> 妒妇相守，似是宿冤。世有勇足以驭三军，而威不行于房闼；智足以周六合，而术不运于红粉。俯首低眉，甘为之下；或含愤茹叹，莫可谁何。此非人生之一大不幸哉？

显然，梁冀怕老婆，大体属于同一"临床现象"。但梁冀和他老婆，是不是"宿冤"？是不是就是"人生之一大不幸"？这却未便遽下论断。

关于怕老婆，清朝话本小说《八洞天》的作者，也有过一番高见，在其作品《反芦花》中，有以下表述：

> 世上怕老婆的，有几样怕法：有"势怕"，有"理怕"，有"情怕"。
>
> "势怕"有三：一是畏妻之贵，仰其阀阅；二是畏妻之富，资其财贿；三是畏妻之悍，避其打骂。
>
> "理怕"有三：一是敬妻之贤，景其淑范；二是服妻之才，钦其文采；三是量妻之苦，念其食贫。
>
> "情怕"亦有三：一是爱妻之美，情愿奉其色笑；二是怜妻之少，自愧屈其青春；三是惜妻之娇，不忍见其颦蹙。

上述说法，如果稍加简化，其实可概括为：功利之怕、道德之怕和情性之怕。如果再加以简化，可分为因外部原因而怕，和基于自身原因的怕（当然两者不能截然区分）。

梁冀怕孙寿，属于哪一种的怕？

我们先从外部来看。

如果单从外部原因来看，梁冀完全没有怕孙寿的理由。

这一点，是由他俩的家庭和家世背景决定的。

《梁冀传》附骥于《梁统列传》，梁统何许人也？他可以说也是刘秀的开国功臣，只要把梁统和窦融的故事讲一下，人们就能明白。刘秀后来把女儿嫁给了梁统的儿子，皇帝的女儿嫁一个少一个，可不是什么人都嫁的。梁统的另一个儿子梁竦，他女儿是汉章帝的贵人，汉和帝的生母（就是梁冀的姑婆）。梁冀的父亲梁商，是梁竦的孙子。所以从梁统到梁冀，一脉相承，可不是什么泛泛的"官二代"，而是质地坚硬、高贵无比的"官五代"。范晔后来替梁家作总结说：

一门前后七封侯，三皇后，六贵人，二大将军，夫人、女食邑称君者七人，尚公主者三人，其余卿、将、尹、校五十七人。

曾有史家点评：这是东汉外戚势力发展的顶峰。[3]

转过脸再来看看孙寿家。

跟梁家那传承有序、且高不可攀的家庭相比，孙寿的家庭出身情况，可以说是一片空白。别说什么高祖、曾祖、祖父，连孙寿的父母亲，基本都是个谜（孙妈因为梁冀偷情的事，好歹还闪现了一下她的腰身，另外从侧面得知，她也姓梁[4]）。我们无法知道他们是谁，哪里人，做过些什么事，有过什么样的身份。要知道，东汉是个多么看重家庭背景的朝代，《后汉书》里，但凡写到一个人，只要其父祖辈有那么点可说之处，比如当过个什么官啊（哪怕是个芝麻小官），或者有点小名气（哪怕只是个穷儒生），范晔都会写上一笔或一段，但孙寿的家庭出生情况，却是付之阙如的，用陈寿在《三国志》里说曹操父亲曹嵩的话说，就是：

莫能审其生出本末。（《魏书·太祖本纪》）

仅就这一点，梁冀与孙寿两家，可谓有天壤之别，一个流传有序，一个来历不明。

东汉作为一个以豪强世族为特色的王朝，家庭出生背景这一重要因素，当然也充分体现在婚姻的缔结，尤其是上层贵族间的婚姻关系上。已故秦汉史学者安作璋先生曾在书里说，"两汉的门第婚充满浓厚的政治色彩"；"富商大贾虽然富比王侯，很难和贵族官僚联姻"，"说明政治、经济地位是择偶的重要标准。"（安作璋《秦汉史十讲》，中华书局2014年版，第213页）我们看东汉时期的皇后（除了灵帝的皇后）甚至是贵人，绝大多数由阴、马、窦、邓、梁等世家大族给包揽了。因

101

此，梁冀和孙寿这对男女，当初是怎么"滚"到一起的？就不免有点惹人遐想。要知道，孙寿可是梁冀的正妻。

从梁、孙两家世系光谱的对比情况，以及梁冀的个人经历来看，《八洞天》作者所列举的几种"惧内"常见原因，基本上可以一一排除。

一，无论是从经济还是政治，以及其他重要社会资源方面来看，梁冀都不可能需要来自孙寿的任何帮助（《八洞天》作者所谓"仰其阀阅""资其财贿"）。

孙寿

二，梁冀是"含着金汤匙出生"的人，之后也一直养在"蜜罐"里，没有过"上山下乡"的经历（他爸爸的爷爷有过），所以孙寿跟他之间，也没有像杨坚和朱温那种共同打天下的患难与共和同甘共苦（所谓"量妻之苦，念其食贫"）。

三，史书中的梁冀，基本是一个劣迹斑斑、无恶不作、彻头彻尾的"恶棍"，在他身上，人们很难捕捉到一星半点的道德油彩，即使在中国历史上所谓"十大奸臣"中，梁冀也算得一枚极品。这里或许有某种隐善扬恶的春秋笔法所致，但大体实情，想必不应出入太大。因此像苏格拉底、林肯、谢安、房玄龄等人出于道德素质或道德理念的"怕老婆"，基本也可以从梁冀身上排除（所谓"敬妻之贤，景其淑范"云云，孙寿与"贤"和"淑范"之类，也是风牛马不相及）。

"畏妻之悍，避其打骂"，有可能吗？这就没法猜了。

"怜妻之少，自愧屈其青春"呢，也没可能，梁冀和孙寿早早就已经做了爷爷奶奶（他俩的儿子梁胤都做了父亲，儿子名叫梁桃，被封为城父侯）。

因此，梁冀怕老婆，一定有他自己更为内在的原因。

那会是什么呢？

范晔写孙寿，给后世留下了一句让人过目难忘的话：

> 寿色美而善为妖态，作愁眉、啼妆、堕马髻、折腰步、龋齿笑，以为媚惑。

这话内涵相当丰富而出彩！连黄仁宇老先生都禁不住为它来了段"古典小说"式的翻译。[5] 最前面的三个字，点出了孙寿的基本面貌：色美。姿色是男女关系中的永恒要件，对于梁冀之辈，我觉得尤其如此，因为他们往往是强烈而毫不遮掩的直接主义者（《水浒传》里的高衙内，是其典型代表）。何况梁冀同学的尊容，据说是这样的："为人鸢肩豺目，洞精矘眄。"意思是两肩高耸如鸟，目露凶光似狼，一双眼睛直勾勾地看着人。可见，论家世，孙、梁不可同日而语；比相貌，则是癞蛤蟆趴在天鹅背上。在这种对比下，《八洞天》里那句"爱她娇面，怕她颜变"，就有了很大的降落平台。

但仅凭长相，孙寿就会让梁冀害怕么？笑话。凭梁冀的（权势财富）实力和（杀人）魄力，别说一个孙寿，就是"金陵十二钗"，不也得排着队来！自古以来，单论美色，对于梁冀之辈来说，从来都是用来玩的，岂会是用来怕的？

说到这里，我们要特别提及一个现象。看《梁冀传》，以及《后汉书》中与梁冀有关的文字，我们会发现，除了那个命运多舛、昙花一现的不幸美女友通期，梁冀好像从头到尾只有孙寿一个女人。要真是这样，梁冀岂不成了一名"从一而终"者？这可是让人费解的咄咄怪事了。要知道，两汉时期，对于上层贵族来说，妻妾成群乃是最平常普遍的现象。关于这一点，你随便翻开一本秦汉史书，都能见到大同小异的叙述。[6]那位由梁冀扶上帝位的汉桓帝，面对梁冀成天提心吊胆，宫里却养着五六千的宫女。[7]曹操的女人，组建一支"女子别动队"绰绰有余，而且个个有名有份，曹操跟她们之间，属于与多名女性保持正当的男女关系，决非梁冀胆战心惊、偷香窃玉所敢仰望。再者，别说梁冀在生理上完全正常（孙寿和友通期都能证明），不存在"阴痿"情况，就是东汉宦官，不也是"嫱媛、侍儿、歌童、舞女之玩，充备绮室"么？但我们却没看到梁冀在这方面有什么卓越表现，唯一一次躲在地下运行的"婚外情"，还被孙寿搅得鸡飞狗跳，一地鸡毛，最后落得个香消玉殒的悲惨结局。当然，史书里没写梁冀有妾室，不代表就绝对没有，但透过"友通期事件"，以及史书中其他文字来看，梁冀独有孙寿的可能性，大有存在可能。造成这种情况，孙寿的"性钳忌，能制御冀"，固然是原因之一，但也要梁冀心甘情愿，甘于俯首帖耳，孙寿的"钳忌"才能发挥功效啊，否则，孙寿凭什么"必杀技"，钳制得住有钱有势、位高权重、杀人若等闲的梁冀呢？

如此一来，梁冀怕孙寿，美色之外，肯定还有别的更深层次的原因。

首先，我们要注意到"寿色美"之后的那堆话：

而善为妖态，作愁眉、啼妆、堕马髻、折腰步、龋齿笑，以为媚惑。

这段话很有名，也很关键和重要。

有人据此认为，孙寿是中国时尚潮流的先锋和祖宗，如果要编写一本《中国时尚发展史》，孙寿理应在源头占有一席。东汉贵族妇女——包括一般中上层妇女的家庭与社交生活，借此文字顿时变得鲜活、生动和立体起来。

应劭《风俗通义》佚文中有"始自冀家所为，京师翕然皆放效之"语。可见流风所及，蔚为大观，而其原创版权，则明确归属于梁冀家那口子，也就是孙寿夫人。

孙寿，俨然是屹立时尚潮头的引领者。

细细品味一下，如果说色美是静态的描述，妖态就是动态的呈现。静态的色美，源于爹娘的恩赐；动态的媚惑，出自自我的创造。静态之美是天生丽质，动态之媚是巧夺天工。其间横亘着的，正是生命的本色、活力与智慧，叔本华所谓生命的意志。

说到智力，我们当然不能忘了梁冀同学的状况，史书上的记载是这样的："口吟舌言，裁能书计。"

前四字，有人说是结巴，有人说不是，总之就是说嘴里不停地嘟嘟囔囔，一种口齿不清的语言表达综合障碍症；后四字意思比较清楚，就是智力开发程度不高，弯弯手指，算算数，简单写两笔，比如签个名什么的，还行，其他就有点强人所难了。

伟大东汉帝国的最高权势者和实际掌舵人，事实上的最高领袖，就这款式和质地？是的，您别惊讶，惊讶有失形象。

说实话，对于史书中的这种记载，我也是颇为存疑的。我们看梁冀在政坛上的种种表现，虽然常常被给予恶评，却并非像一枚纯粹白痴，至少在杀人方面，颇有天才气象，有时简直给人以手法娴熟老道，近乎炉火纯青的感觉，让人想起庄子说的"技进乎道"。不过转念一想，一个人一方面"口吟舌言，裁能书计"，同时在另一些方面禀赋超常，这也并不奇怪，并不矛盾，一面低能，一面超能，这种现象，其实常常是集于一人之身的。

而孙寿，据我判断，她的家庭出身，似乎不太可能来自上流顶层的豪门大户，倒有可能出自普通平民之家。[8]若果真如此，那这就意味着，至少在审美追求和创意智力上，平民孙寿面对豪贵梁冀，轻松做到了

"东风压倒西风"，光彩照亮了粗鄙，才力凌驾了弱智，衰朽的强弩之末，遭遇了初春三月的蓬勃野草。

这就是为什么世家贵胄要接地气。

现在可以清楚看出，孙寿和梁冀这一对资源、禀性明显非对称的夫妻，他们的结合，也是差异互补型的。

通过史书记载，我们可以清楚看到，梁冀在孙寿的影响和带领下，他的生活方式和精神世界，发生了焕然一新的变化。

婚前的梁冀是个什么样的人？他的兴趣、爱好，集中在什么物事上？

> 少为贵戚，逸游自恣。性嗜酒，能挽满、弹棋、格五、六博、蹴鞠、意钱之戏，又好臂鹰走狗，骋马斗鸡。

一言以蔽之，就是吃喝玩乐，他所喜欢的，都是些围绕并且限于原始体力和智力初浅的游戏活动。这一看就是个粗人嘛，感觉《红楼梦》里的薛蟠，就是以他为原型的。

但自从跟孙寿在一起后，我们看到，梁冀同学变了，变得会生活，懂讲究了。注意，下面这行文字，是紧跟在"寿色美而善为妖态"一段之后的：

> 冀亦改易舆服之制，作平上轺车，埤帻，狭冠，折上巾，拥身扇，狐尾单衣。

"冀亦"二字，非常传神有内涵，大可玩味。玩法明显上了一个档次，开始有那么点风雅的味道了。要是你非要说此时的梁冀，已然有了"京城四少"的模样，我没意见。

尽管曾经有过"友通期事件"的不愉快插曲，梁冀和孙寿这对夫

106

妻的关系，应当算是好的了。看来梁冀对于孙寿，决不只有怕的一面，坦率说，我认为他爱她，《风俗通义》里有件事，让我有这种感觉。

> （赵仲让）后为大将军梁冀从事中郎将，冬月坐庭中，向日解衣裘捕虱，已，因倾卧，厥形悉表露。将军夫人襄城君云："不洁清，当亟推问。"将军叹曰："是赵从事，绝高士也。"（《过誉·江夏太守河内赵仲让》）

这故事的主旨暂且搁置不议，我留意到的是孙寿和梁冀两人说话的语气。孙寿说话，有一种斩钉截铁、不容分说的口气，颇有一种领导命令式的架势；梁冀呢，语气却是和缓和温和的，一个"叹"字，颇为写神，神情状态呼之欲出。我觉得，从这种对话口气和表述内容上，多少能显示出这对夫妻平日生活里某种常态性关系的影子。

以为恶棍和淫妇之间，就没有爱情，这是你的想法不对。

但就算梁冀爱孙寿，他是真的很爱她，愿意让她成为家中主宰和领导，愿意做她的粉丝，尾随在她的屁股后头，他们的爱情有目共睹，他们的爱情招摇过市，所谓"冀、寿共乘辇车，张羽盖，饰以金银，游观第内，多从倡伎，鸣钟吹管，酣讴竟路。或连继日夜，以骋娱恣"，也就是范晔所说的，梁冀对孙寿"甚宠惮之"，宠者，爱也。[9]宠字出现在"惮"前面，可以理解为因宠而惮。换言之，正是梁冀对孙寿的宠（爱），导致了他对孙寿的惮。也就是《八洞天》作者所谓，"爱妻之美，情愿奉其色笑"——情愿两字是关键。

但我们还是要在此紧紧追问一句，爱她，何以就会怕她？两汉之时，夫妻恩爱，佳例多有，张敞画眉，东方朔和细君，还有举案齐眉、相敬如宾的梁鸿与孟光，这些故事里，都不见有什么怕字，何况是梁冀呢，他可是有一万个理由让人怕他，却绝难找到一个理让人想象他会怕人，何况怕的还是他老婆。究竟是什么原因，让"杀人不眨眼"的大

107

将军梁冀，在他的娇妻面前，变成了如此胆战心惊、匍匐在地的怂货了？

这中间肯定还有别的原因和内容。

让我们继续挖地三尺。

在我们沿着梁、孙情爱大道，继续勘探，继续考古，继续探寻梁冀何以会怕孙寿之前，先得揭示一个时代性背景，即两汉时期，怕老婆乃是普遍现象，这一点在上流社会表现得尤为突出。

早在西汉宣帝年间，一个名叫王吉的人，就对当时的男女关系，发出了他的抱怨：

> 汉家列侯尚公主，诸侯则国人承翁主，使男事女，夫诎于妇，逆阴阳之位，故多女乱。（《汉书·王吉传》）

东汉末年的荀爽，再次回应了王吉的呼声：

> 今汉承秦法，设尚主之仪，以妻制夫，以卑临尊，违乾坤之道，失阳唱之义。（《荀爽传》）

而班昭那充满男权主义气息的《女诫》，也应放在这种时代背景和社会氛围下来察看，才能理解其横空出世的根本用意。

由此我们可以断定，两汉数百年间，"夫诎于妇"和"以妻制夫"决非偶然个例，而是具有普遍性的社会现象，或许已然成为风尚和习俗（特别是在上层社会）。因此，我们谈论梁冀与孙寿的关系，就不能忽略了这一层背景因素的存在。

但背景毕竟只是背景，它对于每个家庭、每对夫妇关系的具体实际影响，究竟会达到什么样的程度，呈现出什么样的个体状态，却显然是各有不同、因人而异的。决不能说，因为时代背景如此，梁冀怕老婆就是天经地义、理所当然的事。

凡事必有它个体自身的具体原因。

问题的关键是，梁冀是如何从一位以吃喝玩乐为志业，权欲熏天、富甲天下且杀人如麻的浪荡公子和皇室亲贵，一回到家里，眨眼间就成了一个以老婆为核心，甘心拜倒于其石榴裙下的爱情配角？所有的权力、财富、地位、身份、威望、人脉等物质资源和非物质财富，不应该都在梁冀手里么？又不是孙寿帮他弄来的，或者是孙寿原有的。无论是按照唯物主义观点，还是按照资产阶级法权观念来看，孙寿都只能是梁冀的附属性存在。然而事实却是，梁冀他怕孙寿，怕得瑟瑟发抖，怕得东躲西藏，怕得心甘情愿。我不相信就是因为孙寿长得美，善妖态，梁冀就会怕得如此无还手之力，一败涂地。这没道理。

所谓怕，本质上是担心失去某种东西。梁冀他害怕失去什么呢？什么东西是他害怕失去的？或者说，是不可失去的？而且这种东西，在孙寿的身上。

如果我们仔细阅读《梁统列传》全篇（包括松、竦、商、冀列传），以及《后汉书》中所有与梁家有关的记载，我们就会得到一个印象和结论，梁冀是梁家的异类。

简单说，梁冀是梁家的背叛者和终结者。

这种异类感，首先表现在梁冀的不读书上。

从梁冀的爷爷的爷爷梁统，一直到梁冀的父亲梁商，他们基本上个个都能读会写，而且跟当时文人学者有较好的关系。[10]但这缕文脉传到梁冀这里时，断了（在梁冀弟弟梁不疑的身上还有，但梁冀才是梁家的正宗后人）。从这点来看，梁冀完全不像是老梁家走出来的人。

从他父亲去世的第一天起，梁冀跟梁家的人就渐行渐远，直至走向反目成仇。其实，他父亲在世时，梁冀就已经表现出这一点，杀吕放，"盗友通期"，父丧偷情，斑斑可证。梁冀的权势，从直接的源头说，除了来自父亲梁商，更来自他那位当皇后（后来的皇太后）的妹妹梁妠，但梁冀跟这位皇后妹妹的关系，并不融洽，在跟李固和杜乔的较量中，皇太后梁妠数次选择站在李、杜一边。梁妠本人也早看出了这一点，她在临终前的遗言，很有点《红楼梦》中秦可卿托梦王熙凤的味道。梁冀跟梁家最明显的破裂，表现在他与亲弟弟梁不疑的关系上，由于无端猜忌梁不疑，梁冀逼死了只是前去梁不疑府上"过谒"了一下的江夏太守田明，另一位同去的南郡太守马融，则在被流放中自杀未遂。当时的梁不疑，在梁冀的猜忌下，早已主动退出政坛，每日"宅"家不出。

梁冀的另一位妹妹梁莹做了汉桓帝的皇后，被桓帝冷落，郁郁而终，梁冀也没有表现出什么兄妹关爱之情。

他好像早已把梁家忘到"爪哇国"里了。

梁冀完全依靠梁家的世家背景登上高位，之后却在自己的权力道路上，撕裂并毁灭了这一传统，选择了一条独行不归路。

这条不归路的尽头是孙寿家。

梁冀在逐步公开抛弃梁家的同时，转而对孙寿及其家族采取了完全的"一边倒"政策，随意安插，任由他们胡作非为，为非作歹。

> 冀用寿言，多斥夺诸梁在位者，外以谦让，而实崇孙氏宗亲。冒名而为侍中、卿、校尉、郡守、长吏者十余人，皆贪叨凶淫，各遣私客籍属县富人，被以它罪，闭狱掠拷，使出钱自赎，资物少者至于死徙。

"冀用寿言"四字，透露出孙寿对于梁冀的影响。它告诉我们，孙寿对于梁冀的"钳制"，决不只有暴力逼迫如"友通期事件"的一面，一种日常性的"软实力"的熏陶，也发挥了不可小觑的作用，梁冀则是欣然从命。

从此，一个新的利益集团，取代了一个原有的利益集团。梁冀像是风陵渡口的一位船夫，开始把他所掌控的资源和利益，向另一个新的方向和人群送去。看看那些"冒名而为侍中、卿、校尉、郡守、长吏者"的孙氏宗亲在财物掠取上的贪婪表现，活脱脱刻画出一幅惟妙惟肖的平民"暴发户"嘴脸，正所谓"小人得志"。

见此情景，自然有"明眼人"会来看风使舵：

> 弘农人宰宣素性佞邪，欲取媚于冀，乃上言大将军有周公之功，今既封诸子，则其妻宜为邑君。诏遂封冀妻孙寿为襄城君，兼食阳翟租，岁入五千万，加赐赤绂，比长公主。

"长公主"是指皇帝的女儿或妹妹。如果孙寿真的是出生于平民之家，那么，现在，她完全实现了"麻雀也能飞上青天"的梦想。坊间喜传的那句俗语："男人征服世界，女人靠征服男人而征服世界。"放在孙寿身上，何其圆融恰当。

岂止是她本人，整个家族都随之鸡犬升天。

从此，孙寿和梁冀，过上了异乎寻常、风光无限、其乐融融的幸福美满生活。《后汉书》里，范晔不惜以大量笔墨，详尽描述了梁冀和孙寿是如何构筑他俩幸福生活的"天堂伊甸园"的：

> 冀乃大起第舍，而寿亦对街为宅，殚极土木，互相夸竞。堂寝皆有阴阳奥室，连房洞户。柱壁雕镂，加以铜漆，窗牖皆有绮疏青琐，图以云气仙灵。台阁周通，更相临望；飞梁石蹬，陵跨水道。金玉珠玑，异方珍怪，充积臧室。远致汗血名马。又广开园囿，采土筑山，十里九陂，以像二崤，深林绝涧，有若自然，奇禽驯兽，飞走其间。
>
> ……　……
>
> 客到门不得通，皆请谢门者，门者累千金。又多拓林苑，禁同

王家，西至弘农，东界荥阳，南极鲁阳，北达河、淇，包含山薮，远带丘荒，周旋封域，殆将千里。又起菟苑于河南城西，经亘数十里，发属县卒徒，缮修楼观，数年乃成。

"而寿亦对街为宅"一句，让人有些费解，但近乎疯狂地圈地产、建别墅、起高楼、竞豪奢，也不是什么难以理解的事，何况对一个平步青云的草根女子，这下可逮着机会了。

"而寿亦对街为宅"一句，似乎还在暗示，梁冀和孙寿在财产的经营上，是各自分开和相互独立的（最起码表明孙寿有大宗财产处置权）。如果真如此，那这就是个不宜轻易忽略的地方。关于两汉时期的夫妻财产情况，有学者说过这样的话：

> 汉婚姻法规规定，在家庭生活中，丈夫对几乎全部家产都有支配权，不仅房产、地产等不动财产归其所有，而且，绝大部分的日常生活用品和积聚的钱币也为男方占有，甚至妻子的劳动所得收入也不能全由自己支配。（彭卫：《汉代婚姻形态》，中国人民大学出版社 2010 年版，第 194 页）

从源头上说，孙寿的财产（何况是构筑极尽奢华之房产的财产），理应主要（或全部）来源于梁冀，因此，"而寿亦对街为宅"一句，就给我们提供了格外的想象空间。

至于"冀、寿共乘辇车，张羽盖，饰以金银，游观第内，多从倡伎，鸣钟吹管，酣讴竟路"一句描写，其生动的画面感，不能不让我们有所联想，比如某些西方电影里的爱情镜头，像茜茜公主跟弗兰茨·约瑟夫，维多利亚和阿尔伯特，又或者是中国本土的春秋诸侯卫灵公和南子，甚至依稀能看到一点唐明皇和杨贵妃的绰约身影。

此时的梁冀，除孙寿以外，人生已别无方向，别无去处，孙寿成了他唯一的港湾和温暖地带。他把全部的人生筹码，都堆放在了孙寿身上，失去孙寿，他将一无所有。

梁冀义无反顾背弃了他原有家族的精神传统和物质利益，从某种意义上说，这是发出了一种放弃与更改的信号。这种背弃与更改，也就意味着梁冀被他原有的家族和势力所抛弃。想想梁冀当权二十年，朝廷内外，曾经遍布他的爪牙党羽，这些个党羽爪牙到头来，跟他又是一种什么关系呢？当梁冀最终被抄家，可曾有一人肯站出来呐喊一声，施以援手？一直处于胆战心惊中的汉桓帝，完全是兵不血刃、毫不费力就收服了梁冀。此时的梁冀，真是连秦国的嫪毐都不如——他是完全束手就擒的。

我猜想，梁冀此前有没有感觉到这一点？感觉他曾经为之千里移檄的那些攀附者们[11]，真到关键时候，全都会一个个脚底抹油，销声匿迹，作壁上观？如果他早就感觉到了，那么，他只会将孙寿的胸脯揽得更紧，将头埋得更深更低。

他其实是个既脆弱又幼稚的人。

现在他看清楚了，一切都是过眼烟云，除了孙寿。

梁冀的变异，让延续了百多年的豪门望族，走到了尽头。他那死于皇太后之位的妹妹梁妠，是个平衡温和型政治家，父亲梁商，是个轮值维持型政治家，而梁冀则是个不折不扣的变异冲撞型"败家子"。他的变异不仅彻底葬送了百年豪门的梁家，而且他那个有可能起自平民草根家庭的妻党家族（外戚的外戚），最终也成了风光一时、却转瞬即逝的陪葬品。

同时梁冀的变异，也让东汉王朝的末日景象，早早浮出了水面。民国史家王桐龄有过一句"冀嗜酒逸游，居职纵暴，汉政渐衰"（王桐龄：《中国史》，江西人民出版社2008年版，第288页），这就是梁冀怕老婆的结局和代价。

说了这么多，好像还是没说清楚，梁冀到底为何怕老婆？也许这是个无法完成的任务，因为年代久远，因为史料匮缺，因为夫妇闺阃床第之事，本非外人（遑论后人）所能得其详细。[12]

说回到怕字，梁冀的一生，固然曾让很多人怕他，但也有很多人不怕他，跟他对着干，迎死而上，只不过，不怕梁冀的人，却极少能做到让梁冀害怕，史书所见，好像只有张陵。

> 元嘉中，岁首朝贺，大将军梁冀带剑入省，陵呵叱令出，敕羽林、虎贲夺冀剑。冀跪谢，陵不应，即劾奏冀，请廷尉论罪，有诏以一岁俸赎，而百僚肃然。（《张陵传》）

终梁冀一生，在政坛之上，这是极少（唯一）有过的狼狈模样。

其实，世间没有人——哪怕像梁冀那样曾经拥有庞大无比的党羽团队——是真正强大无敌的。任何人都有他的虚弱之处，所谓"阿喀琉斯之踵"。梁冀自然也有他的"阿喀琉斯之踵"，这个"阿喀琉斯之踵"，也许是天生的，也许是后天环境所致，而我更关注它在百年延续中的渐变与突变——越延续，越积累，越保守，越隐匿，逆向激变显现的可能性就越大。

这种自我逆向与变异现象，它既存在于有机界，也存在于无机界，或有机与无机的混合界。关于它的发生机理，人类恐怕尚未能洞悉其奥秘，只能归于一种自然现象和规律。它看上去很像是一种对于持续的突然烦躁和基于毁灭快感的新鲜冲动，从而暴露了一个人最内在本质的虚弱。

虚弱是强大或貌似强大的月亮背面。它隐身于黑暗之中，像一座沉睡的火山，而且是座活火山。梁冀的一生，将自己的这一面，几乎完全给了他老婆孙寿。

当终结的风暴终于降临，相当于"皇帝起义"的汉桓帝，本来是安排梁冀到如今的越南去当个都乡侯的（这是梁冀祖上曾经去过的地

114

方），梁冀和他的妻子孙寿，却在当天选择了一条路途更加遥远的道路：双双自杀。

临死也要紧紧握住老婆的双手。

他好像已经没有勇气独下地狱。

注释：

［1］《梁冀传》原文为"冀因以马乘遗之。""马乘"，郑玄注解："乘，四马也。"见《仪礼·聘礼》"庭实设马乘"句注。另外，关于东汉时期的马价，《孝灵帝纪》中有一句：四年春正月，初置骡骥厩丞，领受郡国调马。豪右辜榷，马一匹至二百万。

［2］汉时万亿等进制使用情况，与今日或有不同，为避免讹误，本文数字，悉按《后汉书》原文引述。

［3］见郭沫若主编《中国史稿》（第二册），人民出版社 1979 年版，第 303 页。

［4］《皇后纪下》："改嫁梁纪，纪者，大将军梁冀妻孙寿之舅也。"由此可知，孙寿其母也姓梁。

［5］见黄仁宇《赫逊河畔谈中国历史》，生活·读书·新知三联书店 1997 年版，第 47 页。

［6］彭卫著《汉代婚姻形态》书中有："男子广蓄妻妾是官方承认的合法行为""男子多妻妾主要风行于统治阶级中""统治阶级中，一般而言，妻妾数目的多寡与经济和政治地位的高下成正比""汉代诸侯王拥有的妻妾人数，有十数人至百余人，一般在三四十人，高级官吏妻妾满室，最多可达百余人，一般十余人"等句子。而梁冀的情况，终其一生，看上去却很像是"单恋一枝花"。

另，吕思勉著《秦汉史》和陈致平著《中华通史·秦汉三国史》等书中，关于汉代贵族的妻妾成群，有大同小异的说法。

［7］《皇后纪下》：帝多内幸，博采宫女至五六千人。

［8］《后汉书》中真正有名的孙姓人物，要到汉末孙坚的出现，其次是宦官孙程。《后汉书》列传目录上没有姓孙的，只有《宦者列传》和《儒林列传》中，有孙程和孙期（儒生）。另外就是孙朗，做过太常和司空，算大官，但恐怕只是梁冀和孙寿众多攀附者中之一人，梁冀一倒，他就跟着被免官。至于《后汉书》中其他孙姓人物，基本都是过眼烟云。

［9］宠，宠爱，《古汉语常用字字典》，商务印书馆 2004 年版，第 42 页。

［10］这也算是东汉王朝的一种风尚和传统，赵翼《廿二史札记》中有《东汉功臣多近

儒》一篇，可参看。

［11］见《李固传》中"冀为千里移檄"一段。

［12］梁冀与孙寿的关系，除了文中说到的时代（时间）因素外，跟地理（空间）也有关系，孙姓在两汉之前，恐怕多集中于山东一带，孙寿乡籍在山东的可能性很大，而山东地区女性与男性的关系特点，据说很有些"夫诎于妻"之类的传统，详见杨联陞《东汉的豪强》（商务印书馆2011年版）中《国史上的女主》一文。

六 李膺和郭泰的相逢与殊途

全世界的兄弟们

要在麦地里拥抱

——海子《五月的麦地》

一场普通送别，竟会如此轰动

李膺和郭泰（范晔《后汉书》中郭泰写作郭太，本文及本书其他篇章皆统一写作郭泰）在延熹年间的那次见面和送别，成为当年京城里轰动一时的事件。范晔《后汉书·郭泰传》记载了事情经过和当时情景。

> 乃游于洛阳。始见河南尹李膺，膺大奇之，遂相友善，于是名震京师。后归乡里，衣冠诸儒送至河上，车数千两。林宗（郭泰字）唯与李膺同舟共济，众宾望之，以为神仙焉。

"遂相友善，于是名震京师"，是说两人一见面，就十分投缘，并在京城引发巨大轰动。到两人分别时，轰动效应仍在持续发酵，"车数千两（辆）"，即使一车一人，也有几千人，如果一车坐两到三人[1]，

李膺

则有大几千甚或近万人，这不能不让人想到万人空巷之类的形容词。要知道，这些人可不是社会上那些习惯于围观看热闹的各色闲杂人等，他们都是当时有身份的人，所谓"衣冠诸儒"，就是清一色的读书人，并且他们都是主动驱车前来，所谓"送至河上"，行为目的十分明确。而这次送别，不过是朋友间一次普通分别，郭泰只是"后归乡里"，并非像当时某些名士的归葬吊祭，或是第一次"党锢"期间，范滂出狱后返乡，如英雄凯旋般受到沿途士大夫的盛大欢迎，动辄会集成千上万的人群。郭泰不过在外游荡久了，想要回家了，一点不含有任何具体特殊和刺激性的事件背景，却也引发了"衣冠诸儒""车数千辆"的壮观景象！这里必须再强调一句，这是一次纯粹的文人知识分子大聚集，这一点至关重要！要是满城百姓争送"万民伞"之类，那自然又另当别论。而聚集的事由，只是朋友间的平常分手，一位从乡下来的青年知识分子，又要回乡下去了，却上演了一场数千人围观送别的壮观景象。

从这个角度说，这场送别，是空前绝后的，不仅东汉或两汉时期，一时之间，我想不起能与之相提并论者，就是放眼整个中国历史，好像也难觅同例。

这次送别场面的核心景观，或者说这一场面中最为众星捧月的"月"之绝对主角，无疑是李膺和郭泰二人，以及两人的耀眼表现。上引《后汉书》中那一句，"林宗唯与李膺同舟共济，众宾望之，以为神仙焉"，堪称整段文字的句眼，成为当时场景的一帧亮丽摄影。

　　李膺、郭泰同舟共济的景象，不仅在当时制造了如此轰动眩目的场面，还给后世留下了一大堆大同小异的文学名词，它们成为唐宋以后诗词歌赋里一再出现的典故用语。

　　但《后汉书》的这段记述，真是当时实景吗？南朝梁时的《殷芸小说》，给我们提供了另一个有所不同的版本。

郭泰

　　郭林宗来游京师，当还乡里，送车千许乘，李膺亦在焉。众人皆诣大槐客舍而别，独膺与林宗共载，乘薄笨车，上大槐坂。观者数百人，引领望之，眇若松、乔之在霄汉。（《太平广记》引《殷芸小说》，中华书局2020年版，第1013页）

　　相比于《后汉书》的记述，以上文字有几处明显不同。首先是送行的车辆数，《后汉书》说是"车数千两"，《殷芸小说》说的是"送车千许乘"，"数千"与"千许"显然有所差别。车的数量不同，必然相关到送行人数的不同，《后汉书》里既然说"车数千两"，那怎么都得有个几千人，而《殷芸小说》先是说"送车千许乘"，后面又说"观者数百人"，这前后之间，就多少有点不太对称，除非你说两个数字都是指八九百。大概正是看到了这一点，余嘉锡的《殷芸小说辑证》，把"观者数百"的"百"，径直改成了"千"[2]，于是人数一下子增加了十倍。

更值得注意的，范晔笔下最光彩夺目的那句，"林宗唯与李膺同舟共济"，在《殷芸小说》里不见了踪影，代之以"众人皆诣大槐客舍而别，独膺与林宗共载，乘薄笨车，上大槐坂"。大槐客舍，应该就是郭泰临行前寄宿的旅馆，所以有"众人皆诣大槐客舍而别"之语，李膺也是众人之一，"独膺与林宗共载，乘薄笨车，上大槐坂"，记述得十分具体而清楚，是"共载"而非"共济"，紧接其后，就是一句"观者数百人，引领望之，眇若松、乔之在霄汉"。这句话跟《后汉书》中的"众宾望之，以为神仙焉"字词不同，但玩其句意，却又可以说是颇为神似，神韵相通。不过视线的聚焦点，一个在水上，一个在岸上。[3]

细节记述有所不同的《殷芸小说》和《后汉书》，到底哪个更可信些呢？李膺和郭泰，究竟是"共载"还是"共济"了？在我看来，看起来更可信些的，不是作为"前四史"之一的《后汉书》，而是《殷芸小说》。当然，如果你非要让我拿出真凭实据，那我哪拿得出，我只是出于一种感觉，基于一种生活经验。我猜想，当时的事实很可能是，李膺只是把郭泰送到黄河岸边，两人便就此分手，并没有像《后汉书》（包括《太平御览》引《林宗别传》和《资治通鉴》）里说的，二人还"同舟共济"了。要是照《后汉书》等书的说法，李膺既然也上了船，还"共济"了，那肯定没法中途下船，只能一直把郭泰送到黄河对岸，再独自一人坐船回来，这会更符合当时事实？不过后世读者，大概99.99%的人，都相信了范晔《后汉书》等书里的说法，从而共同参与构建了"林宗唯与李膺同舟共济，众宾望之，以为神仙焉"的美丽历史想象。

不过，《后汉书》和《殷芸小说》在细节记述上的差别，并非本文关注重点，我想它是版本文献学家们更感兴趣的事。我更感兴趣的，是李膺曾经确实在黄河岸边送别郭泰，并引起了相当眩目的群聚性轰动效应。尽管不好说，众多"衣冠诸儒"来到黄河岸边，就是为了要看一眼李膺和郭泰的同伴偕行，但如果没有李、郭的到场和同行（"共载"还是"共济"暂且不论），当年黄河岸边的热闹场面，肯定要大打折扣，这是毫无疑问的，甚至可能会消失于历史典籍的记载或《殷芸小说》之类的叙述中。至于说到轰动，即便河边送行的人数，只有数百，我觉得也够得上用轰动一词，何况这"数百"，其实至少是近千，更何况余嘉锡还把它直接改成了数千！这就更自不待言了。

为什么会这么轰动？

不就是一次普通送别吗？

越不同，越相逢？

追溯分别，当始于相逢。

李膺和郭泰的相逢，就是件令人眩目的事。

因为这是很不相同的两个人的相逢。

怎么个很不相同？

首先是年龄不同。李膺比郭泰大了将近二十岁，可以说是差了一辈人。李膺早年交往的，基本都是年纪比他大的，像荀淑和钟皓，都是他的长辈，陈寔接近同龄，也比他大，李膺跟他们是一种师友关系，《李膺传》里说，"膺性简亢，无所交接，唯以同郡荀淑、陈寔为师友"。下面我们会看到，当时的人尤其是年轻人，要想跟李膺结识和交往，可不是件容易的事。

其次是两人家乡不同。这也算一种不同？算的，很算。古人重籍贯，东汉人尤其看重，所谓籍贯，不单纯是指地理位置，它更核心的意义，在于血缘姓氏及人望，也就是郡望。李膺是颍川人。颍川在当时是什么概念？除首都洛阳外，颍川和帝乡南阳以及汝南一道，构成了东汉时期的近畿之地，冀朝鼎在他那本著名的小册子里，称为基本经济区[4]，意思相当于我们现在说的政治经济特区，它包含了诸如政治、经

121

济、人才、技术、信息和舆论等多种社会要素在内的高强度聚集，是当时耀眼辉煌的人才高地和社会发育程度综合活跃区，大体接近如今的北上广深。而郭泰是太原介休人，介休在当时，不好说是穷乡僻壤，但跟颍川相比，肯定也差着意思了。[5]

李膺和郭泰更重要的不同，是两人的家庭背景。李膺出生于官宦世家，祖父当过太尉，父亲当过赵国相。按《东观汉记》里的说法，李膺的几位叔伯，都当过太守一类的官，就是说，李膺一家都是二千石。《三国志》裴注和袁宏《后汉纪》里也都说道："元礼祖父在位，诸父并盛，又钟公之甥。"

郭泰的家庭呢？一言以蔽之，穷，再加一个字，贱，《郭泰传》里说："家世贫贱，早孤。"说明郭泰家不是什么家道中落的破落户，是至少几代的一穷二白。——世，有世世代代、从没摆脱过贫贱的意思，还早早没了父亲，更是雪上加霜。

郭泰家穷，穷到什么地步？司马彪《续汉书》写郭泰到外地求学，其间"乏食，衣不盖形"，已是缺衣少食的窘样。袁宏《后汉纪》里不仅有相似说法，而且叙述得更加细致周详：

> 乃言于母，欲就师问，母对之曰："无资奈何？"林宗曰："无用资为！"遂辞母而行。至成皋屈伯彦精庐，并日而食，衣不盖形，人不堪其忧，林宗不改其乐。

《太平御览》引《郭林宗别传》也有相同的内容，不同的情节：

> 林宗家贫，初欲游学，无资，就姊夫贷五千钱，乃远至成皋，从师受业。并日而食，衣不蔽形，常以盖幅自郭出入，入则护前，出则掩后。

众口一词，看来是真穷，又没一点像样的身份，纯粹的一穷二白，用今天的话说，属于输在起跑线上的那种人。

李膺和郭泰之间最大、最明显的不同，在人生履历和社会身份。如果让李膺填一份履历表，政治栏里会有以下内容：初举孝廉；为司徒胡广所辟，举高第；再迁青州刺史；复征，再迁渔阳太守；寻转蜀郡太守；转护乌桓校尉；为尚书；复征为度辽将军。这些只是李膺在延熹二年（159 年）以前的（部分?）官场履历，延熹二年以后的（同样让人看着眼花），下面会说到。

这样一份履历，让我们看到，李膺早年（其实是大半生）的官场经历，基本是一路顺风顺水，且文武兼备，文武兼备虽说在两汉时比较普遍，但也肯定不是人人都有的才干和机运。

这一看就是个为官场而生的人。李膺一生不在官场的时间很短，简直相当于间歇期的休假，尽管没做到三公九卿，所任职位也都是显职要职。反观郭泰，又恰恰相反，郭泰可能一天也没在官场待过，他以平民布衣终其一生。[6]

因此，怎么看，这都是不一样的两个人，堪称互为异质。用我们曾经熟悉的话说，这是两个分属不同社会集团和阶级层次的人，天生适合用来作对比和比较。正常情况下，这两个人相逢的机会，是很小的——除非李膺正好在郭泰的家乡当官，有一天刚好在漫和菜市场里碰上，又或者同在 699 公交车上偶遇，否则两人在同一时空点相遇的可能，几乎为零，基本可以排除。

不仅如此，除去人生基本面如此大不相同，李膺在现实生活中，还是个著名的极其不好交往的人，门槛很高，像是天阶。

《世说新语》里有个故事，说孔融十岁，到了洛阳，听说李膺很有名，就独自去李家拜访，结果在李膺家上演了一出小小的精彩的室内剧。这故事的主题，当然是表现少年孔融的机智和聪慧，不过我们这里要注意的，是这句话，"诣门者皆俊才清称及中表亲戚乃通"——

"乃通"！就是一般人是不让他进门的。

这故事也记在了《孔融传》里，上面那句话写的是，"时河南尹李膺以简重自居，不妄接士宾客，敕外自非当世名人及与通家，皆不得白"。意思要比《世说新语》说得更完整和清楚。

李膺这种不肯随便跟人交往的性格，前面引过的一句话里有个词，叫简亢，"膺性简亢，无所交接，唯以同郡荀淑、陈寔为师友"（《李膺传》）。

什么叫简亢？用今天的话说，就是有点高冷。

所以连生平至交荀淑最有才华的儿子荀爽，一次偶然给李膺驾了一回车，回家后，还喜不自禁地说，今天居然给李老师当了一回司机！

当时社会上有种说法，能跟李膺结识、交往的年轻人，被看作"登龙门"。

> 李元礼风格秀整，高自标持，欲以天下名教是非为己任。后进之士，有升其堂者，皆以为登龙门。（《世说新语·德行》）

郭泰看来是轻而易举就跃过了这道"龙门"[7]。樊陵却成了个"倒霉蛋"，他想上门拜李膺为师，结果碰了一鼻子灰，"南阳樊陵求为门徒，膺谢不受"（《李膺传》）。

这位樊陵说起来还真不是无名之辈，他爷爷曾经是轰动一时的名人。樊陵本人后来也做到了司徒和太尉。如果蔡邕写的颂词可信，那樊陵后来也为百姓做过实事，留下了好名声。[8]从家庭背景来看，李膺跟樊陵显然要门当户对得多。南阳樊家是光武帝刘秀的外婆和舅舅家，樊陵家族正是南阳樊家的分支（血缘应该不会太远），而且李膺的祖父，曾经是刘秀表兄弟樊儵的学生，李膺本人的好友陈寔，则是樊陵那位很有名的爷爷的入室弟子。

因此，李膺跟樊陵，怎么看，都像是同一个阶级和圈子里的人，跟郭泰就好像是"八竿子都打不着"的关系，但李膺却将樊陵拒之门外，反而跟素不相识、无从瓜葛的郭泰，乍看貌似天差地别的两个人，一见之下，倾盖如故，还在黄河岸边弄出那么大动静，"众宾望之，以为神仙焉"。

这背后一定有说法。

不同为何会相逢?

李膺和郭泰如此相差悬殊，却一见如故，原因何在?

让我们来摸摸。

一看长相和形象。

外貌永远是人际交往的重要因素，无论男女。

东汉尤其如此。[9]

我们先来看看李膺的形象，《世说新语》里有句话:

> 世目李元礼:"谡谡如劲松下风。"（《赏誉》）

刘孝标注引《李氏家传》说，"膺岳峙渊清，峻貌贵重"，又引华夏的话说:"颍川李府君，頵頵如玉山。"你也不必追问这些漂亮文雅的词语，究竟是啥意思，总之李膺是个形象感极佳的人就对了。

郭泰可能比李膺更符合美男的形象。

《郭泰传》说，"（泰）身长八尺，容貌魁伟"。《后汉纪》和《太平御览》里也有相同的描述。[10]

《太平广记》引《世说》里有这样的句子:

> 郭泰秀立高峙，澹然渊停。（第 1046 页）

125

说到郭泰的形象，最有名的要数"林宗巾"的故事。

> 尝于陈梁间行，遇雨，巾一角垫，时人乃故折巾一角，以为"林宗巾"，其见慕皆如此。（《郭泰传》）

这应该是中国最早的集体模仿秀。郭泰俨然就是那个时代最红、最流行的"真人秀"偶象。

二听声音和谈吐。

郭泰不仅形象出众，举止风雅，说话声音还好听，"声音如钟"（《后汉纪》），"美音制"（《后汉书》），并且还擅长谈论，"善谈论"（《后汉书》）。近人刘季高在其《东汉三国时期的谈论》一书里，对郭泰的谈吐，有极尽赞美之词。[11]

李膺是否也擅长谈论，这个不太清楚，但李膺非常愿意听人谈论，这是确切无疑的，当然也不是什么人谈论他都愿意听，他愿意听的，是那些特别会谈论的人的谈吐，比如符融。

李膺交往的几个朋友，荀淑、钟皓和陈寔，应该都是口才很好的人。少年孔融，更是一例，早熟和机智外，口齿伶俐，显然是孔融"征服"李膺，让李膺欣喜开怀的主要原因。

口才必定也是李膺对郭泰顿生好感的原因，李膺说："其聪识通朗，高雅密博，今之华夏，鲜见其俦"（《后汉纪》）。可以想象，如果没有两人一番深入细致和心灵相契的畅谈，李膺就不可能说出这番话来。袁山松《后汉书·贾彪传》里有这样的话：

> 贾彪字伟节，游京师，与郭林宗、〔李元礼〕等为谈论之首，一言一行，天下以为准的。（见于周天游辑注《八家后汉书》）

这里要说一句，长相形象和声音谈吐，通常情况下，很容易被看作一个人的纯粹外表和能力，但在东汉，尤其是东汉中后期的文人知识分子生活中，情况有所不同，或者说大不一样。余英时著《士与中国文化》一书中，有"可以说明士大夫之个体自觉者，尚有二事，即重容貌与谈论而已""据此则容貌与谈论实为'人伦鉴识'之重要表征""以见后汉士大夫注重容貌与谈论之一斑"等语（上海人民出版社1987年版，第321—323页）。钱穆则在《论从古到今的知识分子》一文中，对于东汉士风，有以下表述："（太学）人多了，一言一动，招惹注目，风流标致，在私人生活的日常风格上，也变成观摩欣赏的集中点。""东汉学风，渐渐从宗教意识转变到艺术趣味。每一个私人生活，当作一艺术品来观摩，来欣赏。郭泰、徐稚、黄宪，举世风靡，备受倾倒。"可见审美（特别是包括容貌形象和谈吐风度在内）是我们认识东汉历史，特别是东汉知识社会的一把重要钥匙，决不可以虚浮外表等闲视之。

三是识人眼光。

李膺和他的朋友，有一项显著特长：知人。荀淑是"州里称其知人"（《荀淑传》），李膺曾感叹："荀君清识难尚。"《陈寔传》里有十分详细的关于陈寔识人的故事。符融的识人本领，更加突出，正是他把初到京城，尚不为人所知的郭泰，推荐给了李膺。符融还曾识破两名号称高士的骗子，使他们身败名裂，落荒而逃。至于李膺本人，同样是个中高手。[12]

识人，更是郭泰的特长，堪称看家本领和立身之本。关于这一点，我们要留到下面专门介绍。

除以上种种机缘外，李、郭之所以一见如故，还有一个因素要被提到：政治。

李、郭相见，距第一次"党锢之祸"发生，只有几年。在此前后，一份写有"三君""八俊""八顾""八及""八厨"的"花名册"，在当时民间社会——主要是知识分子群体中广为流传。名册上的人物，都是当时最著名或知名的精英人士，其中李膺位居"八俊"之首，郭泰排名"八顾"最前，而"八俊"和"八顾"，可以说是所有党锢名士中的真正中坚。

因此，这份名册上的人物，无论当时还是后来，都会被看作同一政治阵线的同志。[13]事实上，政治，尤其是社会剧烈动荡时期的政治，很容易成为人际关系和情感的"搅拌器"和"助燃剂"，所谓"同志相见，分外亲热"，是我们曾经非常熟悉的电影镜头。从这个角度说，原本看似相距甚远、面目迥异的李、郭二人，他们的关系，顿时就会拉近许多。假如有人说他俩是同一战壕里的战友，大概也不能说是荒谬不伦的乱说。李膺拒收樊陵为门徒，《后汉书》说："陵后以阿附宦官，致位太尉，为节志者所羞。"看这意思，似乎李膺一早就已看出，樊陵跟自己不是一条路上的人。

但政治上同道，是否就是李、郭相逢的直接具体原因呢？恐怕未必。不说别的，单说那份名册上的几十个人，李膺就不可能跟他们个个一视同仁，热情交往。实际上，如果对李膺生平交往做一番细致考察，会发现明显呈一种两分化倾向，李膺"混"（这词用在李膺身上，真是极不恰当）了一辈子官场，但从现有史料看，他极少结交官场朋友，或者是将官场关系，发展为私人关系，无论是官场前辈和同僚，如左雄、周景、刘陶、胡广、张奂和皇甫规等，还是那份"党人"名册上的诸人，莫不如此。然而与此同时，李膺跟另一些人的交往，则显示出极强的私人性，像荀淑、陈寔和符融，三人的共同特点，都是地方名士，博学，知人，重道德操守，尽管曾任职地方，但要么官小位低，要么时间很短，像是始终自觉与中心政治保持一份距离和有意疏远，甚至随时可以抽身告退，所以尽管只是地方性和政治边缘人物，却是名闻遐迩的文化和道德上的声望之士。

郭泰无疑也符合这一基本特征，而且更为纯粹和卓著。

换句话说，李膺和郭泰的相逢，从一种直接、具体和个人的角度来看，政治或某种意识形态因素的影响，未必有那么大的绝对性。

相逢终究又殊途

秦观《鹊桥仙》词中有一句，"金风玉露一相逢，便胜却人间无数"，这里"一相逢"，是指牛郎、织女一年相会一次。李膺、郭泰的相逢，却是一生之中，只此一次。虽然他俩在黄河边留下了亲密无间的美好形象，但转瞬之间，他们就各自东西，从此再也没有重逢，就像徐志摩诗里说的：

> 你我相逢在黑夜的海上，
> 你有你的，我有我的，方向；
> 你记得也好，
> 最好你忘掉
> 在这交会时互放的光亮！（《偶然》）

分别以后，郭泰回太原老家去了。

李膺则很快卷入了激烈无比的政治旋涡中，像"过山车"一样剧烈起伏的政治旋涡。

起初是因为一个叫羊元群的人，李膺第一次跟宦官集团发生了触碰，"元群行贿宦竖，膺反坐输作左校"，左校是特供官员劳改的地方，李膺在里面待了大半年。有人上书皇帝陈情，才得以"免其刑"。尽管带有偶然和间接性，事情也不大，但河南尹的官职，被免掉了。

对李膺个人来说，一切还处于风吹草动的状态。

郭泰带着在京城以及途经各地所赢得的巨大声誉（跟李膺的相识和送别，相当于一次核爆！）满载而归，回到太原老家。很快，就有国家级领导和高官来找他了，"司徒黄琼辟，太常赵典举有道"。有人劝郭泰趁机出来当官，郭泰的回答是："吾夜观乾象，昼察人事，天之所废，不可支也。"一口回绝了。

郭泰不肯去当官，那他做什么呢？

> 褒衣博带，周游郡国。（《郭泰传》）

"周游郡国"，就是到处闲逛。

《郭泰传》后面，附了一长串故事，像"糖葫芦"一样，绝大多数都是郭泰在路上闲逛时发生的，我们挑其中两三个来说一下。

有个叫茅容的开封人（郭泰认识的开封人特别多），四十多岁了，还在田野里耕作。碰到下雨天，跟同耕作的人在大树底下避雨，其他人都是张开大腿，随随便便地坐着，只有茅容独自一副正襟危坐的样子。郭泰发现茅容如此与众不同，就上前跟他说话，还说要在他家借宿。第二天一早，郭泰见茅容在杀鸡，以为要款待自己，谁知茅容杀鸡，是给他母亲吃的，他自己和郭泰吃的，是粗茶淡饭菜叶子。郭泰于是起身向茅容行礼，说"您可真是位贤人！"就劝茅容好好学习。据说茅容后来果然就德高望重了。

孟敏是河北人，西漂到太原，有次背了一只饭甑，饭甑一不小心掉在地上摔碎了，孟敏头也不回继续走，被郭泰看见，就问他这是几个意思？孟敏回答说，"饭甑已经摔破了，看它还有什么用？"郭泰马上觉得此人与众不同，就又劝孟敏游学。据说十年以后，孟敏成了一位知名人士，"三公"请他去当官，他都不去。

庾乘是颍川人，年轻时在县衙当门卫。郭泰大概是一眼又看出他与众不同，觉得当门卫对他来说，是屈才埋没了，就又劝他到学校去游学（这是必需的！）。庾乘还真听了他的话，"跳槽"到学校做了那些读书人的佣工。所谓"近朱者赤"，耳濡目染之后，庾乘也能"讲论"了，这很有点北大保安读博的意思。不过大概毕竟自知是佣工出身，庾乘每

130

次跟人相处，都自觉坐在角落里，叨陪末座，但学堂里那些读书人包括博士生在内，纷纷向他请教，于是这所学校里后来居然以末座为最尊贵了！据说政府和高官也都来请他去做官，但庾乘也都一一回绝了，因此他得了个名号，叫"征君"——征而不应，故名"征君"。

诸如此类，还有好多，屈指难数。

《世说新语》里有句话：

> 郭林宗至汝南，造袁奉高，车不停轨，鸾不辍轭；诣黄叔度，乃弥日信宿。（《德行》）

想走就走，想停就停，完全是一副自由自在"自由行"的模样。有人曾统计过，"就史籍所见，其游历之处，除家乡太原外，还有陈留、汝南、颍川、扶风、陈国、梁国、江夏等地"[14]。

郭泰在路上的闲逛，当然不止是闲逛。郭泰的闲逛，相当于上班。他上班的具体工作，就是发现人才（有点像星探），品鉴人物。据说经郭泰品鉴的人物，至少有六七十个。

郭泰鉴别人才的水平，达到了当时天下独步的程度。"故天下言拔士者，咸称许、郭。"（《郭符许列传》）其实，许（邵）远不如郭（泰）。

当郭泰以一种轻快、悠闲、点石成金的方式，在路上（有时也在家门附近），从事他那份特殊工种时，李膺却像一面高高飘扬的旗帜，激动如大海，置身于一场伟大风暴的中心。

从劳改营出来后，李膺很快被重新任命为同样位高权重的司隶校尉。这一次他跟宦官之间，有了更直接猛烈的冲撞，他把宦官张让的弟弟给杀了！张让是当时正快速崛起的著名首席大宦官（后来灵帝说的"张常侍是我公，赵常侍是我母"，张常侍就是他）。张让告御状，桓帝亲自听取李膺陈述后，对张让说：你弟咎由自取，司隶有什么错？从此后，宦官个个屏息敛气，不敢乱动，皇帝问这是怎么了？宦官哭着说："畏李校尉。"

然而风云变幻，好景不长，"党锢之祸"，接踵而至。

第一次"党锢之祸"的导火索，是由李膺直接点燃的。

这回李膺又把会变魔术的大能人张成的儿子给杀了。老早以前，张成就"以方伎交通宦官，帝亦颇诪其占"，可见也是个宦官集团的"男闺密"，连皇帝对他的把戏都颇为痴迷。张老师的弟子牢修向皇帝告状（一动就向皇帝告御状，是中国传统政治的题中必有之义），给李膺等人"披挂"上一连串骇人听闻、惊天动地的罪名，简单说就是妄图危害和颠覆国家罪。这一次桓帝转身变脸，勃然大怒！"党锢之祸"就此爆发，李膺等大批人士被捕入狱。一直到第二年六月，经过尚书霍谞和城门校尉窦武说情，其他人士奔走营救，加上李膺自己巧施妙计，宦官人士也有所收手，桓帝心意有所转圜，李膺等人全都释归田里，限制居住。

李膺生平，就此达到高光的最顶点，"天下士大夫皆高尚其道，而污秽朝廷"（《李膺传》）。

这话相当够劲！而且，有效期很长。

据范晔《后汉书》说，当陈蕃被免去太尉时，朝野把目光都投向了李膺。于是荀爽写信给李膺，劝其激流勇退。

李膺当然没有听他的。

第二年（永康元年，167 年）底，桓帝驾崩，灵帝继位。建宁元年（168 年）初，窦武为大将军，陈蕃为太傅。李膺东山再起，被任命为长乐少府。

当年九月，窦、陈欲剪除宦官，先后遇难。李膺也再次被免官，重回老家。——标准的"三起三落"。

建宁二年（169 年）冬，第二次"党锢之祸"爆发，大批党人被捕遇害。有人劝李膺逃难，李膺却自投罗网，主动赴难，最后死在牢里。

郭泰没能知道李膺的死讯，因为在当年春天，他已先于李膺离开了这个世界。

当初，窦、陈遇难的消息传来时，"林宗哭之于野，恸。既而叹曰：'"人之云亡，邦国殄瘁"，"瞻乌爰止，不知于谁之屋"耳'"（《郭泰传》）。"哭之于野"，我怀疑有祭祀的性质。[15]郭泰的死因，史书上没明说，但以上句子，多少给人一种抑郁而终的感觉。

在此之前，郭泰一直在家里，安然无恙，"闭门教授，弟子以千数"（同上）。

那时候，外面早已是个风雨如晦、血雨腥风的世界。

然而后面更大的风暴，他没有看到。

相逢和殊途的背后是什么？（一）

世间万事万物皆有动因和成因，有的直接明显，有的曲折隐晦。

前面我说过，李、郭相逢，一见如故，未必就是政治之手所力促撮合；但如果反过来说，李、郭相逢，纯粹只是两枚帅哥的彼此吸引，完全与社会和政治无干，那就又明显跑偏到另一边去了。事实上，李、郭相逢，恰好处于当时某种政治运动和社会风潮的风口浪尖之际，如果将李、郭相逢，硬要从这种背景与氛围中剥离开来，孤立看待，那就是故意视而不见，也无法真正认识清楚，李、郭相逢，何以就会"名震京师"，又何以会引发"衣冠诸儒，送车千辆""众宾望之，以为神仙"的轰动场面。

要看清这一切，得从延熹二年（159年）说起。

延熹二年不是个普通年份，它是一道历史分界线。[16]

这年八月，雄霸东汉政坛十九年的梁冀集团垮台，标志着东汉外戚势力的实际终结（此后的窦武和何进都是昙花一现，难成气候）。

在推翻梁冀集团的过程中，几名宦官发挥了最初的直接和关键作用，"密与近臣中常侍单超等图其方略"（《后汉志 五行一》）。事后，单超等五名宦官被封侯，"自是权归宦官"（《宦者列传》）。

推翻梁冀集团造成的宦官得势，触发了官僚集团与之发生日趋激烈且持续不断的恶斗和冲突。双方的缠斗厮杀，自梁冀倒台之初，就已初露端倪，随后一直延续到"党锢之祸"全面爆发，最终双方都付出了鱼死网破、惨重无比的代价，整个东汉王朝也因此（加上"黄巾"暴动）走向垮塌和崩溃。

为什么会这样？

简单说，顺帝在位期间，立梁妠为皇后，梁商为大将军，梁商死，梁冀继为大将军，尤其是桓帝继位后，"梁太后临朝，梁冀掌管朝政，梁太后从外戚的失败里取得了更多经验，她并用外戚和宦官，又表扬儒学，招募太学生多至三万余人，她杀逐李固为首的鲠直派官僚，引用胡广等典型官僚……使三个集团各行其是，取得相当的均衡，梁家政权因此保持了将近二十年"[17]。这样就形成了梁氏家族在宫廷政治势力中，一家独大、根深叶茂的"大树效应"。

延熹二年，梁冀一倒，"大树形象"秒变"巨坑效应"，树倒猢狲散，清洗之后，"朝廷为空"（《梁冀传》）。谁来"填空"？本来，朝廷和地方政府官职，理应由官僚士大夫阶层来把持和"占据"，但宦官清除梁冀立下首功，自然要分享"革命红利"，于是，"父兄子弟布列州郡"（《宦者列传》），加上各种趋炎附势者蛾飞蚁聚，这样一来，作为宫廷正牌公务员的官僚人士，及其后备人选的士子阶层，顿时觉得自己的正当机会和位置，被人给挤占了！《后汉书》里有一句，"桓帝延熹二年，诛大将军梁冀，而中常侍单超等五人皆以诛冀功并封列侯，专权选举"（《李云传》）。"专权选举"四字，直指要害，最为点题！一言以蔽之，人事权，是一切权力的关键。有权要靠人，有人斯有权。[18]

这样，宦官集团和官僚集团的矛盾、对立，一触即发，势同水火，一幕接一幕的冲突、厮杀，如波涛起伏。

延熹二年对李膺个人来说，也是个改变命运的年份。自延熹二年起，更确切说，从就职河南尹起，李膺的人生道路和政治内容，发生剧烈变化，前后判若两人。一句话，李膺跟宦官集团摽上了！李膺成为官僚集团中与宦官阵营作对、冲在最前沿的几个人之一，成为官僚士大夫群体中的最高代表性人物之一。当时太学里有句流行语："天下模楷李元礼，不畏强御陈仲举"。李膺成为"党锢"前夕的知识分子群体中，"壮岁旌旗拥万夫"式的领袖人物。

就在这时候，郭泰出现在李膺面前。[19]

郭泰的出现，对李膺来说，意味着什么？

这我们得先知道，当时的郭泰，是个什么样的人？

《符融传》说郭泰初到洛阳时，还不为人所知，是符融把他介绍给李膺，这才"名震京师"。对此说法，我有些存疑。我觉得，郭泰在见李膺之前，并不是一个两手空空的人，相反，他应该是一个已经拥有一定社会知名度和影响力的人，《党锢列传》里有句广为人知的话语：

> 流言转入太学，诸生三万余人，郭林宗、贾伟节为其冠，并与李膺、陈蕃、王畅更相褒重。（《党锢列传》）

可以想象，即使这句话，说的是郭泰见李膺之后的事，有没有可能，只是因为郭泰见了一次李膺，他就成了三万太学生的"冠"？而不是之前已有了相当的名声和影响力的基础？答案显然是否定的。何况还不能排除有种可能，即这句话，说的是郭泰见李膺之前的事。

蔡邕后来给郭泰写的碑文序里，有一句：

> 于时缨緌之徒，绅佩之士，望形表而影附，聆嘉声而响和者，犹百川之归巨海，鳞介之宗龟龙也。（见《文选》卷五八《郭有道

碑文并序》，上海古籍出版社 1998 年版，第 485 页）

我不相信，这种巨大的社会声誉和影响力，完全是郭泰见过李膺之后，才陡然出现的。

我想一个基本事实很可能是，郭泰见李膺时，当时的李膺是领袖，郭泰也是领袖。只不过李膺身在官场，他的影响更多表现于官场，所谓"严于摄下"（《世说新语·品藻》），而郭泰显然更知名于社会知识群体，尤其是太学生之中，也就是所谓"学生领袖"。更具体点说，郭泰主要是通过舆论传播的方式，所谓"更相褒重"，拥有和掌握了相当的民（以知识群体为核心）意力量，其核心本质是一种舆论评价与影响的能量和权力。如此一来，李、郭相逢，就成了两个领袖人物的"双雄会"。但在史书中，郭泰却被说成了一个在见李膺之前不为人知的素人。[20]

无论如何，郭泰见李膺时，郭泰背后那三万以之为"冠"的太学生，是我们决不能忽视的。

套用一种说法，郭泰他不是一个人来见李膺的。

这就是李、郭相逢，会造成"名震京师"的根本原因。

如果再往深处说两句，东汉宦官依靠"群狼战术"，屡屡在"宫廷政变"中得手，并于事后大张旗鼓，抛洒权力，扩充势力。因此，官僚士大夫阵营，包括作为其同盟与后备补充的太学生，就必然也要针锋相对，以人多对人多，团结一切可以团结的力量，尤其是那些自身及其背后拥有明显强大力量的人。事实上，从现在的眼光来看，东汉宦官和与其对立的"党锢"人士的矛盾冲突，酷似现代社会的两党竞争，只不过其竞争方式，纯粹是前现代式的直接、粗暴、血腥和你死我活的势不两立，就像野兽的撕咬。

在此情形下，"党锢"人士只有团结一致，互壮声威，才有可能反制快速崛起、横行无忌的宦官集团，掌控日渐沦落于宦官之手的宫廷和

136

央地朝廷，以及那个皇帝。

于是我们看到，正是在这股时代政治浪潮的推涌下，李膺和郭泰，这两个原本面目迥异的领袖群伦的精英人物，才会"出人意料"地跨越诸多出身和身份的鸿沟，将他们的双手，在见面的一瞬间，就紧握在一起。

相逢和殊途的背后是什么?（二）

那他俩为何又会在热情相逢之后，挥手一别，即各自走上了方向和风格截然不同的人生道路，从此再没有重逢?

这背后是否也有可以一说的地方?

李、郭分别后，各自殊途，再未重逢，肯定会有比较具体的原因，比如两人从分别到先后去世，只有五六年时间，中间又有郭母去世，郭泰在家守孝；而李膺人在京城，身陷官场政治风波旋涡，旋起旋仆，无暇他顾，等等。

另有一种原因也不难想到。俗话说，人是环境的动物。李膺毕生身在官场，可谓生是官场的人，死是官场的鬼；郭泰则始终是一位人在江湖的平民布衣。社会位置和身份的差别，意味着活动空间和生存方式的不同，这也必然会影响到他俩人生道路的分野。当然这点不是绝对的，跟李膺同在官场，但"身在曹营心在汉"者多有，官场也不是铁板一块，弃官而逃者，时有耳闻；而像郭泰一样人在江湖，身处民间，却主动奔走于"党锢之难"，想方设法，施以援手，救人水火的，也大有人在，比如符融。还有那些因张俭的"望门投止"，而至于"宗亲殄灭"的沿途人家，恐怕多数也是与事无干的平民百姓。所以仅仅只是身份，从来不是事情的绝对主因和限制。

我认为，李膺和郭泰一别之后，各自殊途，跟他俩各自某种明确且坚定的主观思想选择有关，这种选择是决定性的。

通过《后汉书》，我们可以看到，李膺和郭泰在他俩的生命后期，分别说过这样的话。李膺："诚自知衅责，死不旋踵，特乞留五日，克殄元恶，退就鼎镬，始生之意也。""事不辞难，罪不逃刑，臣之节也。吾年已六十，死生有命，去将安之？"（《李膺传》）郭泰说的是："吾夜观乾象，昼察人事，天之所废，不可支也。"（《郭泰传》）

它们是李膺和郭泰心迹和志向的明确表达。

正如前面所述，李膺和郭泰的相逢，跟当时某种风起云涌的政治和社会形势、氛围的环境密切相关；同样，导致李膺和郭泰殊途的，也与一种日见明显且普遍的心态和趋势有关。这两种不同（或者说是相背）的社会形势和心态，反映出两种不同的人生价值观和政治态度的取向与选择。它们就像两股分别来自南北的大气云团，来向不同，去向也不同——确切说，是相反——并且交流、汇合于同一片时空的天际。

我们现在来说说后一种。我认为它跟李、郭的殊途有关。

这种心态和形势，典型反映在徐穉、申屠蟠、范冉和仇览等人身上，并由他们和更多同类人物一道，构成了东汉后期知识群体日益远离政治、选择韬光养晦、明哲保身的一幅人生心态肖像图。

南昌高士徐穉（孺子），参加完黄琼的葬礼后，托人转告郭泰说，"为我谢郭林宗，大树将颠，非一绳所维，何为栖栖不遑宁处？"（黄琼卒于164年，即延熹七年，正是李、郭分别后一年左右）。徐孺是以长辈朋友的身份，对郭泰谆谆告诫的，郭泰对此表示衷心感谢和接受。事实上，郭泰在回应有人劝他仕进时所说的"天之所废，不可支也"，完全可以看作徐孺话语的"同款"和"翻版"。

申屠蟠和仇览，以更为决绝的方式，对当时轰轰烈烈、热闹一时的太学生运动和现象，表明了自己的反感和否定。而在范冉的传记里，则有一句，"而鄙贾伟节、郭林宗焉"。范冉为什么会"鄙"贾彪和郭泰——注意！不是单针对着郭泰一人，是贾彪和郭泰连说，可见是冲着他们所代表的某种社会言行形象和影响而来。事实上，范冉很可能压根儿不认识贾彪和郭泰，他极有可能纯粹是从一名冷眼旁观者的角度，对贾彪和郭泰（这两个著名公知）心生鄙意的。

值得注意的是，以上这些人跟郭泰之间，都有或直接或间接的关系，他们对郭泰的影响，不言而喻，且见载史册，至于那些史无明文者，不难想象，应当还要更多。对了，那个著名的黄宪，无疑也是此道中人，郭泰曾专程拜访过他，并对其推崇备至。

郭泰的身边，看起来像是围了一圈这样的人。

李膺的身边，同样也有这样的人，比如荀爽。

李膺因"党锢"免官在家，却被朝野一致看好，认为应当进身"三公"。荀爽"恐其名高致祸，欲令屈节以全乱世"，于是给李膺写了一封信。

荀爽的易学家身份，使这封不足二百字的书信，看起来就像是一封摩斯密电码。书信的主旨大意如下：

桓帝发怒，陈蕃免职。大家七嘴八舌，议论纷纷，认为皇帝像天地一样正派，看上去很不错。所谓"二五"，指乾卦经文里的"九二"和"九五"，即"见龙在田，利见大人"和"飞龙在天，利见大人"，意思都是说，事情的发展趋势和方向，越来越好，形势一片光明，一派大好。就是说，李膺的机会到了，是东山再起的好时机。这就向我们传递出，当时那种群情汹涌、群情高亢的景象。

但荀爽却以一名专业易学家的身份指出，目前的形势，对应的不是乾卦，而是明夷卦和否卦。明夷和否卦有个共同点，就是揭示和告诫一个人，尤其是一名正人君子，在面临不利的形势和环境下，应该如何做出正确选择。明夷卦偏重于强调避免伤害，故而应当选择隐忍和韬光养晦；否卦更侧重于要求静观其变，等待时机由不利转向有利，所谓"否极泰来"。就是说，前者主要是隐忍与隐蔽，后者主要是警惕和等待。荀爽对于这两个卦象的选择，除了极有针对性地向李膺发出一份衷心劝告外，同时也以自己的专业方式，表明了他对于时政与形势的判断，即否卦所蕴含的"小人得志，不利君子"和明夷卦所象征的"凡乱世君臣皆有此象"（见陈梦雷《周易浅述》，九州出版社2004年版）。

书信结尾处，荀爽要李膺好好待在家里，随遇而安。

李膺当然没有听他的。相对于荀爽来说，李膺的选择，无疑是一种逆风而行，就像崔健唱的，"迎着风向前！"（《最后的抱怨》）

透过这封书信，可以清楚看到，荀爽和李膺在人生价值和道路选择上的截然不同。在范晔的笔下，荀爽的一生，写满了"不行""不应""弃官"和"隐遁"的字样。尽管董卓当政时期，荀爽十旬之间，而取卿相，多少有点让人想起《红楼梦》里妙玉的判词，但范晔还是在评论里，给了他"同情之理解"和"理解之同情"。

这样一种相互乖离和近乎背道而驰的倾向，并非只是荀、李二人的个体差异。实际上，它早已成为当时社会一种日益明显且普遍的风气和动向。荀爽之外，钟觐也是如此。钟觐是李膺的姑表兄弟兼妹夫，他叔父钟皓是李膺姑父的兄长，也是李膺的生平至交，《后汉书》里的一则故事，清楚地显示出他俩之间某种性格和选择的判然不同。

通过以上种种，可以看出，"党锢"前夕的东汉社会，确实已呈现出"自中智以下，靡不审其崩离"（《儒林列传》）的趋势和状态。这一点更突出地显示于作为社会变化"晴雨表"的文人知识分子群体身上。本来，分裂和多元，就是古今中外文人知识分子特有的天性和通性。只是这一特性，在东汉后期，表现得更加强烈和明显。这是一个知识群体大交流和大动荡的年代，也是知识群体大分裂和大分流的时代。相比于其他行业和阶层，文人知识分子，本来就是一个更容易各行其道的人群。

这是一个知识阶层文人社会自我大选择的时代。

李膺和郭泰都做出了他们各自的人生选择。

李膺选择的是向死而行。

郭泰的选择是知其不可而不为。

140

郭泰走向李膺的另外两只靴子

李、郭相逢，我们已列出了几项原因和背景，除此之外，是否还有别的因素，也参与其中了呢？我想，文化和经济，也是题中应有之义。

这两个因素至少就郭泰来说，还密不可分。

前面说过，郭泰生于一穷二白的家庭，没有任何现成资源可资凭借。到郭泰必须得考虑生计时，他妈替他拿了个主意，"母欲使给事县廷"，就是想让他在县衙谋份差事。这主意对一个"家世贫贱，早孤"的人来说，听上去还不错，东汉很多出身跟郭泰相仿的人，比如同样"孤贫"的胡广和"细微"的陈寔，都有过类似经历。但郭妈妈的主意，被儿子郭泰拒绝了，郭泰说："大丈夫焉能处斗筲之役乎？"（《郭泰传》）"斗筲"，代指低级政府公务人员，包括临时工和杂役，语出《论语》，是孔子骂人的话，表示极度轻蔑。

不去政府部门做公务员（得先从临时工和杂役干起），那去哪呢？郭泰给自己选了条路，他到了河南成皋，去拜见一位叫屈伯彦的人，正式求学。经过三年学习，郭泰顺利毕业。

> 三年业毕，博通坟籍。善谈论，美音制。（《郭泰传》）

那个来自偏远地区的土小伙，如今已成为一位脱胎换骨、焕然一新的知识新青年。此时的郭泰，已拥有两项全新的技能和特长：博学和谈论。所谓"坟籍"，指"三坟""五典"，是传说中一些很古老的书籍，后来都被儒家纳入囊中。这两项本领中，博学是基本，谈论则是郭泰个人天赋的超强发挥。前面说过，郭泰从小出生在一个没有任何存量资源可言的家庭，现在他通过千里求学，积攒下自己崭新的增量资源，这也就意味着，郭泰开始告别他那延续多年（世）的空白型家庭历史和状

141

况，重新站在一个崭新的人生起点上，从此拥有了跻身主流社会的凭藉和资本。日后的郭泰，就靠这份资本和自己的天才发挥，行走江湖，交朋结友，扬名立万。谋生对于郭泰来说，已不是问题。

我们知道，有相当长一段时间，郭泰生活中唯一（或者说主要）的正经事，就是在全国各地（特别是当时经济、文化和人才的新兴或传统高地）的路上闲逛，然后对你说，你是大才；对他说，你是好人，就凭着这样指指点点，点石成金，口若悬河，我们发现，郭泰他变了，最起码，现在他不穷了——你看，他在路上碰到左原，觉得可以一聊，二话不说，就请他在路旁喝酒吃饭。到了陈国，有个叫魏昭的童子，缠着郭泰要给他当小工，"供给洒扫"，一心侍候，说实话，这可比请钟点工贵多了。郭泰就这样整天——不，是长年累月地逛呀逛，晃啊晃地，也不用干别的事，真的就像神仙一样。没钱，你觉得行么？

> 泰名显，士争归之，载刺常盈车。（李贤注《后汉书·郭泰传》引《郭泰别传》）

出行有车，风光无限，后来潘岳"掷果盈车"的故事，我怀疑源头就在这里。

经济上的翻身，显然跟郭泰文化上的崛起，是同步的。

这就给他提供并保证了通往李膺的一条必由之路。

——何以见得是必由之路呢？

还记得《世说新语》里的那一句：

> 诣门者皆俊才清称及中表亲戚乃通。

"俊才"名列在最前！要知道，那时候所谓的才，基本就是指读书人。

142

膺与林宗相见，待以师友之礼。（谢承《后汉书》卷四）

"师友"一词，直到如今，通常都是用来表示文人之间关系的名词。

李膺跟郭泰见面之初发出的赞叹，当然首先就包含了对郭泰才学和才识的无比欣赏。

如果再深入细致点看，李膺和郭泰在文化观念上，明显拥有共同的文本基础。他俩说话，都习惯和喜欢引经据典，像李膺引《孟子》《春秋》（实为《公羊传》）、《礼记》和《左传》里的句子。郭泰同样是经史典故，随口而出，譬如《诗经》《春秋》和《礼记》等。

这样，李、郭二人，自然而然就有了共同话语的基础。

如果没有这份基础，李、郭的相逢，还会出现么？就算真在公交车上偶遇了，会有史书里那些场景和描述么？答案显然不言而喻。

——那另一只靴子——经济呢？经济也会是影响郭泰走向李膺的必然要素吗？换句话说，假如郭泰还像原来那么穷，他跟李膺会有相逢的机会吗？嗯，这个问题貌似有点小复杂。余英时在《士与中国文化》里说，"除地域之分化外，士大夫复有上层与下层之分化。而所谓上层与下层之分化者，其初犹以德行为划分之标准，稍后则演为世族与寒门之对峙，而开南北朝华素悬隔之局"（302—303 页）。又说，"李元礼之以简重自居则已与分别华素之风气甚有渊源"（同上）。听这意思，下层穷人想要结交李膺，看来是难于上青天了！实际未必。李膺和陈寔是至交，但陈寔却"出于单微""家贫"，人生过了大半，还在社会最底层"摸爬滚打"，看来贫穷并没有限制陈寔和李膺的交往，也许毕竟是同郡？

而对于家在千里之外的郭泰来说，问题的关键在于，假如他还像以前一样穷，一无所有，他恐怕就走不到李膺面前，而不必等李膺来拒绝他。

众所周知，两汉时期，以儒学为名的学术文化，得到长足发展和繁荣，过程细节无须赘述。这里要说明的是，学术的繁荣与个体（学术主体）的经济状况紧密相连。《汉书》记载，刘歆曾对扬雄说，"今学者有禄利"，真是一语道破。班固概述说："自武帝立《五经》博士，开弟子员，设科射策，劝以官禄，讫于元始，百有余年，传业者浸盛，支叶蕃滋，一经说至百余万言，大师众至千余人，盖禄利之路然也。"（《儒林传》）最后一句曲终奏雅，直接点题。实际上，紧密相连的，不仅是学与利，还有官与名。学、官、钱、名，紧密相连，前后一体，形成一个既开放又封闭的完美循环体，或许可称为"闭环"。四者之间，有一种相互支持和滋生的作用与效应，类似于"五行"说的相生相克。不过，相克一面，暂不明显。（其实"四环"之外，或应再加上一环：族，那就是"五环"了）

"学而优则仕"，只是刻画了其中两环的关系。

这就大体说明了，为什么郭泰一朝学成，就能名随其身；而一旦拥有高名，他就不穷了（当然一种天赋的资质和技巧，也功不可没）。[21]

总之，事实是，郭泰见李膺时，他早已不穷了。

文化和经济上的脱胎换骨，焕然一新，确保了郭泰和李膺的愉快见面。[22]

这里还要补一句，文化和经济是郭泰走向李膺的两只靴子，它们同时也是让郭泰和李膺渐行渐远的一对"滑板"。李膺和郭泰的相逢，有文化和经济上的驱使与助力，这点业已言明；他俩的殊途，文化和经济同样身影相随。文化方面，我们能看到，李膺和郭泰在做出两人各自生命后期方向的选择时，他们用以表明心迹的话语，同样出自所谓儒家经典，李膺所引是《左传》，郭泰所引是《周易》。至于经济方面，不同的社会身份（官与民），决定了他俩生存空间和社会位置的不同（庙堂与江湖），也就决定了他俩人生的不同的利益处境、盈利模式和归宿追求。"党锢之争"，说到底是权力之争，也是利益之争，因此，对于郭泰来说，本来就可以说是身外事。

结语：回首向来璀璨处

李膺在黄河岸边送别郭泰，留下"众宾望之，以为神仙"的美丽瞬间。这不仅是李、郭二人的合影，更是东汉知识群体的一幅集体照，属于历史的瞬间。侯外庐等《中国思想通史》对这一瞬间有这样的评语：

> 从圣者眼中望出来的却是"神仙"，而非圣者同俦，这实为思想史的一大变化。（侯外庐等：《中国思想通史》第二册，人民出版社 2010 年版，第 358 页）

为什么说是"思想史的一大变化"呢？侯著未明说。不过这一瞬间，凝聚为历史大转折前夕一帧霞光万道的璀璨留影，是无疑义的。它是我们所说的延熹十年（167 年）中，那些曾经充满希望和亢奋的激情岁月的一道缩影和象征，使后人每每为之回首向往。

顾炎武《日知录》里有段话，经常被人引用：

> 至其（东汉）末造，朝政昏浊，国事日非，而党锢之流、独行之辈，依仁蹈义，舍命不渝，风雨如晦，鸡鸣不已，三代以下风俗之美，无尚于东京者。（顾炎武：《日知录》一，上海古籍出版社 2012 年版，第 524 页）

"风俗"的主体，显然是指"党锢之流"和"独行之辈"。

范晔《后汉书》里，也有大段评语：

　　及孝桓之时，硕德继兴，陈蕃、杨秉处称贤宰，皇甫、张、段出号名将，王畅、李膺弥缝衮阙，朱穆、刘陶献替匡时，郭有道奖鉴人伦，陈仲弓弘道下邑。其余宏儒远智，高心洁行，激扬风流者，不可胜言。而斯道莫振，文武陵队（坠），在朝者以正议婴戮，谢事者以党锢致灾。往车虽折，而来轸方遒。所以倾而未颠，决而未溃，岂非仁人君子心力之为乎？呜呼！（《左周黄列传》）

　　同样是对硕德宏儒的盛情赞颂，李膺、郭泰的名字，赫然在列。

　　顾炎武认为范晔说得很对。

　　然而彩霞满天之后，就是漫漫长夜，也就是范冉临终前所说的"昏暗之世"。对于后世中国文人知识分子来说，东汉那种"高心洁行，激扬风流"的景象，有种一去不复返的感觉，但又似乎有过几度似曾相识的重现。是重现吗？还是新旧掺兑的轮回式偶合？借用一句义山诗句，只是当时已惘然。

　　说起中国文人知识分子的历史，有几个时间点，特别为人所津津乐道，先秦，晚清民国，明末，再就是东汉。

　　东汉文人知识分子最突出的一点，我认为，就在那个"交"字。此前的中国文人知识分子，基本都是个体游士，最多聚了些自己的徒子徒孙，从未有过一个如此群情汹涌、波澜壮阔，而且是自觉自愿的社会群体形象和运动。只有到了东汉中后期，文人知识分子才无论在数量还是在成熟度上，都发展到一个最为蓬勃兴盛的阶段。他们团结一致，赤诚相待，守望相助，动辄几千上万人的聚集，真诚而热情地相互交往和交游，彼此援手，千里救助，义无反顾，赴汤蹈火，在所不辞，演绎了一幕幕慷慨动人的故事和景象。然而历史和社会始终有它自己的面目和轨迹，不以人（尤其是仁人善士）的意志和愿望为转移。东汉王朝转瞬之间，坠入无边的悬崖。李膺成为黑暗中的一道鲜血，郭泰则在旷野中暗自悲鸣饮泣。

146

与此同时，诚如鲁迅说《红楼》，同一事物，不同之人所见不同。对于东汉延熹年间的"党锢"风潮和运动，自其同（认同）者视之，则有蔚宗、亭林之赞叹；自其异（异见）者视之，则有皇帝、宦官之暴怒；纵使是在官僚士大夫（太学生）群体内部，如前所述，也是立场各异，歧见纷呈。世事从来就如"万花筒"，转瞬之间，目中所见，已画风丕变。譬如同一"交"字，东汉当时，有人抱臂旁观，冷眼谴责；有人挺身而出，热情辩护。刘梁《破群》，朱穆《绝交》，徐幹《中论》有《谴交》，王符《潜夫论》里也有《交际篇》，中有"今则不然"诸语。到蔡邕出，作《正交论》，申明"交游以方，会友以文，可无贬也"，为正当的文人交往辩护。大江东去，必然泥沙俱下；艳阳高照，犹有酷热难耐。凡事体大，就难免两面之见、两面之议。

现在回头再来看看，延熹十年，基本是桓帝在位的最后十年，也是东汉王朝最具动荡和转折的关键十年。梁冀垮台，在延熹二年，第一次"党锢之祸"，发生在延熹九年，这都是足以影响和预示东汉王朝命运走向的事件。桓帝之后，灵帝继位，说起桓、灵，人们很容易浮想起政治黑暗的说辞，《出师表》中那句"未尝不叹息痛恨于桓、灵也"，大概要算是最为人所熟知的例句。不过这种说辞，略有笼统之嫌。实际上，桓、灵二帝，自有不同，而从延熹二年到建宁二年的十年，也并非一成不变的黑暗一片，至少从当时（部分）官僚士大夫和太学生的立场来看，从梁冀垮台到"党锢"爆发，是个光明与黑暗交替，希望与沮丧共存，正义与邪恶角逐的十年。正是这样一种善恶纠缠、沉浮的状态，将东汉王朝一步步坠入了彻底的沉沦和毁灭的深渊。在此过程中，官僚士大夫的文人群体，曾经有过几度欢欣鼓舞，甚至是近乎激情狂热和热切希望的时候。

还是狄更斯说得好，这是最好的时代，这是最坏的时代。移用于东汉延熹十年，是否也同样贴切？

李膺和郭泰成为这个时代最为辉煌耀眼的明星代表（陈蕃就缺乏

他俩的迷人风度）。

然而后人对李、郭二人的观感和评语，却颇有不同。

李膺的形象，相对单纯和固定。历来对"党锢"群体或有褒贬，对李膺个人，则少见臧否。"扬州八怪"中李方膺的名字，想必有不少人熟知。

郭泰的情况，有点复杂。郭泰在世，已为范冉所鄙；郭泰身后，谤议接踵而至。两晋之际葛洪的《正郭》，堪称最强音。[23]直到近代，吕思勉写《秦汉史》，还以"处世巧滑"之词，加于郭泰之身。[24]

郭泰是"处世巧滑"之人吗？仁智之见，是非难辩。我忽然想到的是，范晔《后汉书》写郭泰在窦武、陈蕃之难后，于野外痛哭，既而感叹地念出《诗经》里的两句诗。假如这一幕情景确实可信，并非史家的文学虚构，那么，如果你愿意去读一读这两首原诗[25]，也许你会突然觉得，独自一人在野外暗中哭泣的郭泰，他通过这两首古诗，喷出了自己胸中无人看见的悲伤和烈火。

注释：

［1］两汉魏晋史籍，如《东观汉记》、谢承《后汉书》，范晔《后汉书》和《世说新语》等，多见有"共载"或"共车"一词，可见一车坐两人是常态。又《世说新语·雅量》有"宣武与简文、太宰共载"，可见一车也能坐三人。如果考虑到驾车人的存在，似乎还可再添一人。

［2］《余嘉锡论学杂著》（上册），中华书局 1963 年版，第 303 页。

［3］关于《殷芸小说》诸辑本与其他古籍叙述李、郭送别文字的差异情况，可参见魏代富《殷芸小说补证》，山东人民出版社 2018 年版，第 133—134 页。

［4］冀朝鼎：《中国历史上的基本经济区与水利事业的发展》，朱诗鳌译，中国社会科学出版社 1981 年版。

［5］古籍中关于汉晋时期颍川与太原地区风土人物的评比议论，可参见《汉书·地理志》《后汉纪》（永建四年，朱宠与郑凯对话）、《世说新语·言语》（荀爽与袁阆对话），以及孔融与陈群论汝颍优劣，见《艺文类聚》卷二十二。

［6］关于郭泰"供事县廷"，范晔《后汉书》和袁宏《后汉纪》说法互有出入，前者言

"母欲"，后者言"为县小吏"，然即便如袁所说，也只是杂役性质，算不上在官场待过。

［7］蔡邕：《京兆樊惠渠颂》，见严可均校辑《全上古三代秦汉六朝文》，中华书局 1958 年版，第 874 页。

［8］见范晔《后汉书·郭符许列传》，中华书局 1965 年版，第 2225 页；袁宏《后汉纪·孝灵皇帝纪》，云南大学出版社 2008 年版，第 285 页。

［9］"与人物评论密切相关而亦可以说明士大夫之个体自觉者，尚有二事，即重容貌与谈论是已。……据此则容貌与谈论实为'人伦鉴识'之重要表征。（余注：日人冈崎文夫亦谓言与貌为当时士大夫博取声誉之两种手段）"（余英时《士与中国文化》，上海人民出版社，第 322 页）

又，彭卫《秦汉人身高考察》（刊《文史哲》2015 年第 6 期）一文中说：秦汉社会是一个重视体貌的社会。在当事人的体貌观念中，高身材获得了肯定和褒扬，两性均然。我们有理由设想：家境较为富裕或社会地位较高的群体，一般来说其平均身高可能要高于家境较为贫寒或社会地位较低的群体。身高要求可能就是汉代国家选拔官吏的一项制度规定。

［10］据［英］崔瑞德、鲁惟一编《剑桥中国秦汉史》（中国社会科学出版社 1992 年版）中《汉代的度量衡》换算，可知郭泰身高八尺，大约为如今的 185cm 左右。

［11］刘季高：《东汉三国时期的谈论》，上海古籍出版社 1999 年版，第 27 页。

［12］《殷芸小说补证》，山东人民出版社 2018 年版，第 136 页。

［13］同志一词，频见于《后汉书》等史籍，是当时热门流行语，见《朱穆传》《刘陶传》《贾彪传》《郭泰传》等。

［14］牟发松：《侠儒论：党锢名士的渊源与流变》，《文史哲》2011 年第 4 期。

［15］中国自古就有所谓郊祀的礼制和习俗，如果郭泰只是单纯为窦、陈之难而痛哭，那在家里也可以，似不必"哭之于野"。野者，郊外也，因此我猜想郭泰此哭有祭祀（祭奠）之意。

［16］延熹二年（八月）以前，外戚是东汉宫廷斗争的主角，此后宦官取代了外戚的权势和影响，宫崎市定说："宦官单超等趁机调动近卫军，诛杀了梁冀及其一族。然而，其后的事态很严重，因为这项功劳使宦官的势力变得更加难以撼动，似乎永久地掌握了政权。"（宫崎市定：《中国史》，焦堃、瞿柘如译，浙江人民出版社 2015 年版，第 121 页）

［17］范文澜：《中国通史简编》（修订本第二编），人民出版社 1964 年版，第 144 页。

［18］"一切党派斗争，既是为客观性目标的斗争，也是争夺官职授予权的斗争。"（马克斯·韦伯：《以政治和学术为业》，冯克利译，生活·读书·新知三联书店 2005 年版，第 66 页）

[19]《资治通鉴》记李膺以河南尹身份与郭泰相见，在延熹七年（164 年）；又记李膺反坐输作左校在延熹八年（165 年），这两个时间显然都不妥当。《孔融传》记孔融十岁，李膺时任河南尹。孔融享年据《后汉书》为五十六岁，袁宏《后汉纪》记孔融被杀于建安十三年（208 年），故知孔融生年为 153 年，则孔融十岁，时为延熹五年（162 年）。又据《后汉书》，李膺反坐输作左校时，冯绲为（前）廷尉，刘佑为大司农，应奉为司隶校尉，则可知其时当在延熹六年（163 年）前后（推理论证过程繁复，兹不赘述）。至于李膺就任河南尹的时间，据《后汉书》，李膺"延熹二年（159 年）征，再迁河南尹"，那么李膺任河南尹，具体定于何年为宜呢？我认为定于延熹四年（161 年）或五年（162 年）年初为宜，为何？延熹二年八月，梁冀垮台，时冀子胤为河南尹。其后，杨秉于延熹三年（160 年）冬，复征拜河南尹（杨秉前，或还有人就任过河南尹，但不可能是李膺）。之后，刘佑于延熹四年（161 年）出为河南尹。据此可知，李膺上任河南尹，当在延熹四年（161 年）或五年（162 年）年初为宜。

而李膺反坐，与冯绲、刘佑同输作左校，时间应当在延熹六年（163 年），为何？据《应奉传》和《冯绲传》可知，应奉任司隶校尉，时间当在延熹六年（163 年）。而延熹七年（164 年），鲁峻已就任司隶校尉（见《宋拓司隶校尉鲁峻碑》，紫禁城出版社 1998 年版），故知，司隶校尉应奉"上疏理膺等"事，时间当在延熹六年（163 年），《资治通鉴》所记有误。

[20] 说郭泰在见李膺之前，不为人知，这种说法详见范晔《后汉书》，《八家后汉书》《后汉纪》等。

[21] 对于"四环"完整的人来说，利主要从官而来，所谓官禄，包括仕禄和学术礼赠与补贴之类。郭泰不入官场，始终是一介布衣，他的盈利模式和利益保证，基本是通过民间性质的类似教师收费的方式（其实质有时近于一种供奉）来实现的。

[22] 余英时注意到，"汉晋之际，士大夫之个人经济情况大体皆甚好……而与新思潮之发展极有关之人物，尤多属此类，此甚可注意者也"（《士与中国文化》，第 336 页）。在余英时的笔下，郭泰和李膺都属于新思潮之人物，这确实是"甚可注意者也"。

[23] 见葛洪《抱朴子·正郭》。

[24] 吕思勉：《秦汉史》，商务印书馆 2010 年版，第 338 页。

[25] 沈泽宜译注：《讲经新解》，学林出版社 2000 年版。

七 "党锢之祸"中的三位边将

"党锢之祸"发生时,皇甫规正在度辽将军的任上。

公元 166 年(延熹九年),司隶校尉李膺被捕入狱。入狱的原因是他得罪了宦官,不是一般的得罪,是深度冲撞(李膺接连捕杀了几个宦官的人),引起宦官反咬,他们给李膺罗织了一堆罪名:

> 养太学游士,交结诸郡生徒,更相驱驰,共为部党,诽讪朝廷,疑乱风俗。(《党锢列传》)

其核心是"共为部党"。

于是皇帝一声令下(皇帝听宦官的),李膺锒铛入狱。

司隶校尉的本职,是专门负责抓人,"掌察举百官以下,及京师近郡犯法者",现在,人在外面,他在里面。

受此牵连的,有二百多人,有的隐匿逃窜了,悬赏布告到处张贴,路上捕快前后相接。后来李膺等人都给放了(通过他人营救和自救),其余人也都免于追究。但政府规定,"赦归田里,禁锢终身。而党人之名,犹书王府"。什么意思?就是打哪来的回哪去,以后再也不许做官。各人的名字,也都在国家档案馆里留了案底。所谓"党锢"的锢,是冻结(禁锢)的意思,就像钱财被银行冻结,这里是指一种政治权

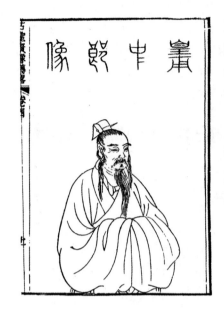

皇甫规

力的冻结，类似于今天说的"剥夺政治权利"，"党锢"，就是因"党"而锢。

这是第一次"党锢之祸"。

听到消息后，当时正远在度辽将军任上（治所在今内蒙古包头市五原区）的皇甫规，立即做出了一个举动，看上去很像是自我检举和自投罗网。

> 及党事大起，天下名贤多见染逮，规虽为名将，素誉不高。自以西州豪桀，耻不得豫，乃先自上言："臣前荐故大司农张奂，是附党也。又臣昔论输左校时，太学生张凤等上书讼臣，是为党人所附也。臣宜坐之。"（《皇甫规传》）

抓了二百多人，也没皇甫规什么事，这让皇甫规觉得很没面子。因为抓的都是当时名人（名贤），皇甫规"虽为名将"，但名气还不够大，所以他选择了自我检举的方式，还主动提供了两条证据，说明自己并非胡言乱语，或神智不清。

这两条证据都确有其事。其一是公元163年，皇甫规被任命为度辽将军，但他认为张奂比自己更适合担任这一职务，于是他向朝廷建议，用张奂替换自己，自己甘愿做张奂的副手。朝廷听了他的建议，不过没让他做张奂的副手，而是改任他为使匈奴中郎将。后来张奂调回京城任大司农，皇甫规便重新接任了度辽将军。

皇甫规拿这说事，说自己跟张奂"是附党也"，很有点"打岔"和"搅浑水"的味道。因为"党锢"之"党"，是有特定指称对象和内涵

152

的，即专指与宦官作对的所谓流清官僚和士人。皇甫规所说"附党"的党，充其量只能理解为通常广义上的朋党之党，两者并非一码事。

按当时情况看，皇甫规和张奂显然都不属于党人范围，"附党"之说，纯属"自黑"。

至于第二条理由，倒确实跟"党锢"有点沾边。

公元 162 年，皇甫规从边疆回到京城，被任命为议郎。本来按他的功劳，应当受到封赏，但封赏这事向来把持在宦官手里，皇甫规对宦官素来"恶绝""不与交通"，并且对宦官的公然索贿置之不理，这下惹恼了宦官，三弄两弄，把皇甫规弄进了"劳改工场"（所谓"论输左校"）。于是引起一些朝中和社会人士，特别是以张凤为首的一群太学生的集体上访，要求为皇甫规洗冤辩白，又正好碰上大赦，皇甫规就没事回家了。

太学生自始至终是党人的坚定盟友，"党锢之祸"中，更是党人共同的蒙难受害者。如果宦官真想拿这说事，那真是欲加之罪，何患无辞了。

但不知道为什么，宦官们没有搭理主动"送上门来"的皇甫规，"朝廷知而不问"。

皇甫规在度辽将军的职位上待了几年，于公元 167 年，即第一次"党锢之祸"的第二年，再次回到京城，任职尚书。尚书地位虽不算高，却是真正的核心机要部门。这年夏天，发生了日食现象。东汉是个谶纬盛行的时代，谶纬的一大特点，就是相信天人感应，每逢日食、地震等所谓异象发生，朝廷都会让大臣们各抒己见，发表自己的政治见解。于是，作为尚书的皇甫规，便趁机提出了他对时政的看法。

> 天之于王者，如君之于臣，父之于子也。诚以灾妖，使从福祥。陛下八年之中，三断大狱，一除内嬖，再诛外臣。而灾异犹见，人情未安者，殆贤愚进退，威刑所加，有非其理也。前太尉陈

蕃、刘矩，忠谋高世，废在里巷；刘祐、冯绲、赵典、尹勋，正直多怨，流放家门；李膺、王畅、孔翊，洁身守礼，终无宰相之阶。至于钩党之衅，事起无端，虐贤伤善，哀及无辜。（《皇甫规传》）

前面几行字，都是东汉特有的今文经学的思想调调，像我们熟悉的所谓文章"帽子"。我们要注意的，是后面那段夹杂了许多人名的内容，这些人名，全都是标准的党人。当时的东汉民间，流传着一种所谓"三君""八俊""八顾""八及""八厨"的说法，其实就是一份党人的现成"花名册"，皇甫规说到的这些人，尽在此"花名册"上。皇甫规这是在公然为朝廷（宦官）的对头人物唱赞歌哪！不但如此，"至于钩党之衅，事起无端，虐贤伤善，哀及无辜"一句，更是对"党锢之祸"的直接彻底否定。要知道，这时候，亲自发动和主持"党锢之祸"的最高元首汉桓帝还活着，那群如狼似虎的宦官人物正炙手可热，烈焰熏天。

但不知道为什么，皇甫规这回又没事。

"对奏，不省"（同上）。

就是没当回事，没人搭理他。

当皇甫规以自我检举的方式，说自己跟张奂是"附党"，张奂已离开了京城大司农的位子（所以皇甫规说是"故大司农张奂"），重新回到了他熟悉的边关前线。

在此之前，张奂跟皇甫规一样，也是多年奋战在边疆，多次建功立业。

这次重回边疆的原因，是鲜卑人听说张奂进京当大司农去了，就聚合南匈奴人、乌桓人，后又鼓动东羌人，再次挑起骚乱。于是，朝廷不得已，"复拜奂为护匈奴中郎将，以九卿秩督幽、并、凉三州及度辽、乌桓二营，兼察刺史、二千石能否，赏赐甚厚"（《张奂传》）。

说是中郎将，其实是权势浩大的钦差将军。

经过两三年的治理，骚动的边境线，重新安定下来。

公元 168 年，张奂重新回到了京城。

史书上没说张奂此次回京，是什么原因和目的，只说是"振旅而还"，看这意思，是得胜回朝，汇报战果。究竟此次回来，只是一次普通的述职，之后再回边关，还是一来就不回去了，留京为官，也许后者的可能性会稍大些，因为此时的张奂，已年在花甲与古稀之间，他理应有一个可以安享的晚年。

谁想到，张奂这一步，正好踏在了历史的寸点上。

他摊上大事了。

"党锢之祸"第二年，汉桓帝死了，汉灵帝继位，皇太后的父亲窦武以大将军的身份辅政。窦武一向亲近党人——第一次"党锢之祸"，窦武是李膺等人的主要营救者——现在掌权伊始，立即解除"党锢"，并将党人精英尽皆安排重新上岗（汉桓帝时候说的"禁锢终身"，看来是白说了），位居要害职位。不仅如此，窦武还跟重新出山的党人领袖、太尉陈蕃秘商，要铲除宫里的所有宦官。

这事被宦官发觉了。

经过一夜扰攘，第二天清晨，在东汉王朝的宫门口，出现了这么一幕：两支分别由宦官和窦武操控、指挥的兵马，静静地对峙着，一动不动，对峙在中秋的晨露中持续了三四个小时。

这时候，张奂在哪？

他在宦官的队伍里。

《后汉书》上说：

> 时窦太后临朝，大将军窦武与大傅陈蕃谋诛宦官，事泄，中常侍曹节等于中作乱，以奂新征，不知本谋，矫制使奂与少府周靖率五营士围武。（《张奂传》）

对峙的最终结果，是窦武和他的侄儿窦绍（步兵校尉）被围自杀。

陈蕃听说窦武遇难，跟着向宦官发起冲击，但寡不敌众，最后死在了牢里。

窦武、陈蕃一死，党人彻底失去了保护。

这里需要说一句，在分属宦官与窦武领导的两支兵马中，张奂应该是唯一真正具有野战经验和能力的将领，其他人别说是打仗，就是真刀真枪的经历，大概也没几回。

因此，在这场短暂而戏剧性的宫廷政变中，张奂成为一道独特而抹不去的身影。

"宫乱"平息后，秩序重新恢复。张奂先是被安排到少府（九卿之一），随后再次回到了大司农的职位上。本来，张奂是可以"以功封侯"的，这里的"功"，当指张奂平定边疆之功，跟"平窦"没有丝毫关系，但这时的张奂已经醒悟到，自己在"窦武事件"中，被人"当枪使"了。

> 奂深病为节所卖，上书固让，封还印绶，卒不肯当。（《张奂传》）

节，指宦官首领曹节，他是此次"宫廷政变"的主要指挥者之一。"深病"二字透露的，是一种包含着深深的追悔和懊悔的苦恼、痛苦与自责。所以张奂把封侯的印绶悉数退还，不肯接受这一可能沾染了血污的待遇和荣誉。

第二年（169 年），朝廷之上又发生了异象，"青蛇见于御坐轩前，又大风雨雹，霹雳拔树"，跟皇甫规碰到的情况一样，又到了大臣们上书的时候。于是张奂向皇帝进言，直接为窦武、陈蕃申冤，情绪、语气极其强烈。

> 故大将军窦武、太傅陈蕃，或志宁社稷，或方直不回，前以谗胜，并伏诛戮，海内默默，人怀震愤。昔周公葬不如礼，天乃动威。今武、蕃忠贞，未被明宥，妖眚之来，皆为此也。宜急为改葬，徙还家属。其从坐禁锢，一切蠲除。（《张奂传》）

最后一句，对"党锢"本身，做出了斩钉截铁的否定！

此后，转任太常（排位第一的九卿）的张奂继续为党人执言，与尚书刘猛、刁韪、卫良一道，共同举荐王畅、李膺，说他俩可以"参三公之选"。王畅和李膺都是著名的"老牌"党人，李膺更是让宦官恨之入骨的人物。张奂这一招，可是有点"哪壶不开提哪壶"了，为此他遭到以曹节为首的宦官的严厉批评。张奂可没有自我批评的闲兴，他直接把自己送进了东汉王朝的中央纪检司法机关（"自囚廷尉"），在里面待了几天后，没事回家了，代价是扣了三个月的工资。

张奂跟宦官们的渐行渐远，最终断送了他的政治前程。

司隶校尉王寓，是由宦官举荐上来的（有人以为王寓本人是宦官，这是误读），这出身的路子自然有点不正。王寓自己，也很想请朝廷里的公卿重新举荐一下，算是给自己的政治身躯洗个澡。出于对宦官集团和司隶校尉的双重畏惧，别人都是"好说，好说"，但到张奂这里"碰钉"了，"唯奂独拒之"。前面说过，司隶校尉是专门抓人的人，大概除了皇帝和皇太后，其他人都可以"不问尊卑"[1]，别说你个太常卿了，于是：

> 寓怒，因此遂陷以党罪，禁锢归田里。（《张奂传》）

本来跟"党"没有一毛钱关系的张奂，就这样一步步陷入了"党"的陷阱，最终成为"党锢"中的一员。《红楼梦》中写妙玉的那几句断语，"欲洁何曾洁？云空未必空！可怜金玉质，终陷淖泥中"，拿来用在张奂身上，也许还算是贴切。

没过几年，张奂就死了。

这就意味着，张奂是以平民之身（因为"党锢"）辞别人世的。

公元 170 年，破羌将军段颎也回到了京城。

此前（169 年），第二次"党锢之祸"已经爆发。

爆发的直接导火索是张俭，一名地方检察官，他曾经跟宦官最高集体领导成员之一的侯览结下梁子。窦武、陈蕃一死，宦官们一度被压抑的报复欲望之口，便重新张开了。风未起时尘先动，张俭的一位同乡，看准了这个风向，他适时向宦官提供了一封含有众多人名的检举信。

> 上书告俭与同乡二十四人别相署号，共为部党，图危社稷。以俭及檀彬、褚凤、张肃、薛兰、冯禧、魏玄、徐乾为"八俊"，田林、张隐、刘表、薛郁、王访、刘祗、宣靖、公绪恭为"八顾"，朱楷、田盘、疏耽、薛敦、宋布、唐龙、嬴咨、宣襃为"八及"，刻石立墠，共为部党，而俭为之魁。（《党锢列传》）

又是"共为部党"！——一字不改地又用了一次。

上回还只是说"诽讪朝廷，疑乱风俗"，现在干脆成了"图危社稷"，预示着，这一次的风暴将更加凶险。

李膺再次陷身囹圄（以自投罗网的方式），这回没人救得了他了，他死在了牢里。

跟他一起死的，有一百多人，上至"三公"，下至掾吏，都是知名人士。

被流放、被免职、被禁锢的，总共有六七百人。

一时之间，血雨腥风卷地而起。

就在这当儿，段颎回来了，从前线回来了。

跟皇甫规和张奂相比，段颎是一名更加纯粹的武将，一个白起、项羽式的角色。皇甫规和张奂治边，兼用剿抚两手，段颎则唯以杀戮、驱逐为主。《后汉书》上说：

> 凡百八十战，斩三万八千六百余级，获牛马骡驴驼四十二万七千五百余头，费用四十四亿，军士死者四百余人。（《段颎列传》）[2]

段颎回京的声势，也绝非皇甫规和张奂能比。

> 三年（170年）春，征还京师，将秦胡步骑五万余人，及汗血千里马，生口万余人。诏遣大鸿胪持节慰劳于镐。（同上）

九卿之一的大鸿胪以皇帝钦派的名义，远至西安去慰劳段颎和他的将士，可谓尊宠之至！

段颎一回京师，他的官职立即像"走马灯"一样，频繁得让人眼花缭乱地更换起来，先是拜侍中，然后先后担任执金吾、河南尹，随后因事被降职为谏议大夫，但很快便上任为司隶校尉。回京第二年（171年），段颎替代李咸坐上了"三公"之首的太尉宝座。到冬天，说是因身体状况欠佳，仍回任司隶校尉。之后还当过颍川太守和太中大夫。

对东汉官制有点了解的人都知道，上述官职，多为显赫。

短短数年，遍历荣任，这既跟段颎的战功有关，也跟他与上层关系（就是宦官）有关。

在此期间（172年），段颎还担任过御史中丞一职，并以此介入了"党锢之祸"。

> 熹平元年（172年），窦太后崩，有何人书朱雀阙，言"天下

大乱，曹节、王甫幽杀太后，常侍侯览多杀党人，公卿皆尸禄，无有忠言者"。于是诏司隶校尉刘猛逐捕，十日一会。猛以诽书言直，不肯急捕，月余，主名不立。猛坐左转谏议大夫，以御史中丞段颎代猛，乃四出逐捕，及太学游生，系者千余人。节等怨猛不已，使颎以他事奏猛，抵罪输左校。（《宦者列传》）

这里需要说明解释一下。

公元172年，皇太后窦妙（窦武的女儿）死了。窦武死后，宦官"迁太后于南宫云台"，用句俗话说，也是"打入冷宫"。此后窦妙就一直被软禁在这个地方，直到三年后郁郁而终。窦妙刚死，就有人在首都洛阳朱雀门的牌楼上书写"反标"，说现在天下大乱，曹节和王甫偷偷害死了太后，中常侍侯览滥杀党人，朝廷里的公卿个个尸位素餐，没人敢说一句公道话——宦官领导集体立即通过皇帝下诏书的形式，指示司隶校尉刘猛展开搜捕。刘猛是皇室宗亲，大概对宦官的所作所为也不太作兴，就说"诽书"（就是"墙标"）说的都是实情，不愿意卖力搜捕，搞了一个多月，也不知道到底是什么人干的。宦官一怒之下，刘猛被降为谏议大夫，然后用时任御史中丞的段颎替代了刘猛。段颎一接手，立马派出人马，大肆搜捕，不管什么人，先抓了再说，军人作风就是雷厉风行，结果光是太学生和在京城游学的诸生，就有一千多人被请进了讯问室。宦官们对于刘猛当初的不配合怀恨不已，唆使段颎给刘猛随便找了个罪名，把他弄进了劳改工场。

这件事的起因，是无名氏揭露宦官恶行，为党人鸣不平。段颎滥捕千余名太学生及诸生，正是对于党人的直接打击和迫害。

段颎以这种方式，直接蹚入了"党锢之祸"的浊流中。

从边疆回到京城之后的十年间（170—179年），段颎应该是一直官运亨通的，公元179年，他替代桥玄再次当上了太尉。

但好运不可能永远持续，厄运已在悄悄降临。

跟之前的史书一样，范晔写《后汉书》，也把他认为是同类的人物放在一起，皇甫规、张奂和段颎，就被放在了同一篇列传里。

他们三人，的确有诸多相同相近的地方。

比如，同是凉州同乡，皇甫规是安定朝那人，张奂是敦煌渊泉人，段颎是武威姑臧人，分别位于今天甘肃的陇南、陇北和陇中。出生凉州，是皇甫规三人成为著名边将的重要原因，"关东出相，关西出将"，概括了这一现象。

三人不仅同乡，而且还同时，皇甫规和张奂更是同年（104 年）出生，张奂和段颎的去世时间只相隔两年。他们驰骋疆场、建功立业的时间，也主要集中在延熹年（158—167 年）前后（张、段二人稍早一些），并且同为崛起于对羌人（兼及鲜卑、南匈奴和乌桓等少数民族）的作战与治理中。

更为巧合的是，三人的字里，都有一个"明"字，皇甫规字威明，张奂字然明，段颎字纪明，史称"凉州三明"。

但再多的相同，也不能覆盖他们之间的不同，尤其是他们政治性格上的不同，这种不同，最终决定了他们各自的命运结局。

三人之中，皇甫规的政治性格，表现得最为活跃，屡屡呈现一种积极、主动的姿态，简单说，就是喜欢"没事找事"。

范晔写皇甫规，总共 3000 多字，皇甫规本人所写的文字，就占到了 1800 字，达到 60% 左右。这些文字，基本都涉及地方和中央的政治现实和议题，其中有些至今仍具有较好的文献价值，但也因此给皇甫规惹来了麻烦，甚至是关乎生死的祸端，好在最后都能有惊无险、化险为夷。

可以说，三人中，皇甫规是最具有党人风范者[3]，虽然其实他不是。[4]

张奂跟皇甫规相比，则表现出另一种风格。

在参与到"平武"事件之前，张奂的传记中几乎看不到他与当时政治纷争的关系，只有一次，因为曾在梁冀府中任职，梁冀登台，"奂以故吏免官禁锢"（张奂本人第一次遭遇禁锢，也是唯一一次被动地卷入政治旋涡中）。在整个前半生，张奂在政治上走的似乎是一条沉稳、中立和务实的路。——他不像皇甫规，在政治议题上，有那么多的表达欲和表现欲，甚至是表演欲。——然而公元 168 年的"九月辛亥（初七）事件"，彻底改变了张奂此后人生的政治轨迹。

一旦改变，便义无反顾，这就是张奂。

张奂最后成了一个坚定的反对者和拒绝合作者。

相比皇甫规和张奂二人，段颎是个更为本色的军人，按照某种所谓常理推理，这种人容易给人一种流于粗犷、不谙世事的印象，然而事实恰恰相反，段颎很早就表现出了他在政治上的冒险与机敏。

段颎刚出道任辽东属国都尉时，曾经"使驿骑诈赍玺书诏颎"（《段颎传》），这事很能反映出段颎身上某种功利主义的冒险精神，而他也确实因此尝到了甜头。延熹四年（161 年），段颎受到凉州刺史郭闳陷害，被"输作左校"，后来朝廷得知实情，询问段颎事情的来龙去脉，段颎却"但谢罪，不敢言枉"（同上），这一做法即刻为他赢得了交口称誉。可见武人对于官场政治的精细与城府，往往在文人的意料之外，也在文人之上。

规、奂、颎三人政治性格上的差异，我认为，跟他们各自的家庭出生有关。

皇甫规和张奂的家庭出生比较接近。皇甫规的祖父当过度辽将军，父亲做过扶风都尉，两者都是武职，这是一个标准的军人世家（皇甫规的侄子皇甫嵩，是一位更有名的武将，在镇压"黄巾起义"中屡立战功）。张奂的父亲则当过汉阳太守。皇甫与张两家，皆属于所谓"二千石"之家。

较为接近的家庭背景，也许是皇甫规与张奂二人私交较好的原因之一。不过，更值得注意的，是他俩思想上的接近。由于同出生于中层官僚家庭，两人在主流意识形态方面，即受所谓今文经学思想的影响，痕迹明显，在面对异象所作的奏章中，皆有清楚反映。这一点，又突出表现在他俩对于羌族事务的治理上，段颎在答复皇帝诏书中反驳张奂的想法时说："（奂）又言羌一气所生，不可诛尽，山谷广大，不可空静，血流污野，伤和致灾。"这是张奂和皇甫规较为接近的思想倾向（张更突出些），也与当时主流的今文经学思想基本一致。[5]

反观段颎，《后汉书》说"其先出郑共叔段，西域都护会宗之从曾孙也"。郑共叔段是春秋早期人，这时间跨度着实渺茫了点。段会宗是西汉末期人，距段颎也有百年以上，其间至少隔了四五代人。由此可以猜想，段颎出生之前，他的祖父辈，在政治或其他方面，恐怕已是乏善可陈了。可以说，跟皇甫规和张奂相比，段颎更少来自家庭的凭借，更多是凭个人能力，一步步为自己赢得人生机会的。因此在段颎身上，相比皇甫规和张奂，更少那些所谓主流、正统的东西，更多些实用功利主义的倾向。

我认为这一点，会影响段颎的政治选择，尤其是与宦官集团的关系。

从公元159年梁冀倒台，到189年袁绍屠杀宫中宦官，这三十年是宦官逐步走向执政巅峰的三十年，其势力最后达到登峰造极的地步。在此期间，整个东汉王朝的命运，基本都捏在了宦官手里。

相对于外戚多结识名流和高层人士，宦官集团更注意树立、笼络和发展中下官僚层，我认为这跟宦官自身的平民出身背景，以及对于人力资源占有的时间次序有关。

对于皇甫、张、段三位边将，宦官集团其实颇为表现出了一种利用、容忍、宽容和极尽笼络之能事的。然而浇灌虽一，花开不同。

如果说，皇甫规对于宦官势力，表现出的是一种形式公开化的"恶绝"与"不与交通"，张奂起初是平和、不动声色的"不事宦官"，段颎对于宦官集团，走的则是一条公开投诚的路线，所谓：

> 颍曲意宦官，故得保其富贵，遂党中常侍王甫，枉诛中常侍郑飒、董腾等，增封四千户，并前万四千户。（《段颍传》）

曲意，就是专看宦官的眼色行事，唯宦官马首是瞻。一位"黄沙百战穿金甲"的将军，一入京城，竟可以折腰如此，真是"何意百炼钢，化为绕指柔"了。

段颍"曲意宦官"，除了前面说的滥捕千余名太学游生外，还率先参与了处理所谓"刘悝谋反"事件。这事本是宦官首领王甫与刘悝之间的一桩私人交易，但段颍却不问是非曲直，事情原委，以司隶校尉的公职，甘愿"为阉前驱"，成为王甫等人的私人鹰犬，最后造成郑飒、董腾"枉死"之外，刘悝也被逼自杀，"妃妾十一人，子女七十人，伎女二十四人，皆死狱中。傅、相以下，以辅导王不忠，悉伏诛。悝立二十五年国除。众庶莫不怜之"（《章帝八王列传》）的结局，而段颍则"增封四千户，并前万四千户。"

自古以来，文人史家对于段颍多有微词，着眼点多在于其对羌族的铁血行径。[6] 其实，卸甲从政后的段颍，其狠劲与之前相比，也是丝毫不遑多让啊。

然而正所谓"成也萧何，败也萧何"，段颍依仗宦官赚得荣华富贵，最终也因为宦官而殒命监牢。

> 光和二年（179 年），复代桥玄为太尉。在位月余，会日食自劾，有司举奏，诏收印绶，诣廷尉。时司隶校尉阳球奏诛王甫，并及颍，就狱中诘责之，遂饮鸩死，家属徙边。（《段颍传》）

阳球是著名的酷吏，他为了整治和清除王甫势力，无所不用其极，将与王甫关系密切的段颍下入大牢。可怜黄沙百战穿金甲的将军，久经战阵，九死一生，却无法忍受牢狱之灾，一杯毒酒下去，人生至此终结。

回头来看，皇甫规是"没事找事"，最终没事；张奂是一步走错，悔恨不已[7]；段颎是火中取栗，身死名裂。

三位边将，在一场波谲云诡、历时漫长的政治风波中，各自演绎出了不同人生。

"党锢之祸"前后持续二十年，给东汉政治造成了不可估量、难以挽回的灾难性后果。但我们看到，在何进、袁绍召董卓"将兵入朝"（《董卓传》）之前，它始终只是一场主要限于宫廷内部和首都地区的政治风波和权力斗争——当然也会涉及地方，但其主战场在首都和中央，而且更主要的，它始终没有真正的"武力化"，演变成军事上的动乱，或内战——直到董卓进京。董卓进京是"党锢之祸"的自然延续和必然结果。因此皇甫规、张奂和段颎三位边将，三位纯粹军人的卷入或介入"党锢之祸"，就有了一种惹人遐想的成分。虽然皇甫、张、段三人，都是以个人身份，或在卸下戎装之后，才卷入或介入"党锢之祸"的，并非像董卓那样直接的"将兵入朝"，但他们三人的军人身份是赫然的，世所公认的，于是，这就很难不让人联想到，它可视为一种历史信号的先兆性质。在此我们还必须注意到一个事实，即无论"凉州三明"还是董卓，都来自西凉地区，这是终东汉一朝，极具战略意义的区域。东汉的兴灭存亡，皆与它有关。更直接的关联，是董卓曾经是张奂的部将，永康元年（167 年）冬，他曾在张奂的指挥下，参与击破羌族岸尾、摩螯等部落，"斩其酋豪，首虏万余人，三州清定"（《张奂传》）。

跟"凉州三明"相比，董卓是一名更纯粹有力的武夫，或者说，屠夫。

当军人的身影出现在政治的广场上，事情的性质就变了。

注释：

[1]《续汉书·百官志》李贤注引蔡质《汉仪》对司隶校尉注解说："职在典京师、外部

诸郡，无所不纠。封侯、外戚、三公以下，无尊卑。"这里说的"封侯、外戚、三公以下"，从史书记载来看，应当包括"封侯、外戚、三公"在内，位居三公，且数度封侯的段颎，就死于司隶校尉阳球之手。

[2] 皇甫规在自我检举中，说当年太学生救他，"是为党人所附也"，可见在时人心目中，太学生就是"党人"。

[3]《王符传》中那段故事，很好地展现了皇甫规身上的类党人风采。

[4] 吕思勉在其《秦汉史》里说，皇甫规跟"党锢之祸"是"本无关系，欲依附以为荣者"（商务印书馆 2010 年版，第 338 页）。

[5] 羌人问题是终东汉一朝的大事。何休在《春秋公羊传解诂》（庄公三十年）中，也发出了"戎亦天地之所生，而乃迫杀之甚痛"之语，何休此处尽管是就事论事说戎，但移之说羌，也应当是一样的。

[6] 司马光在《资治通鉴》里说："然则段纪明之为将，虽克捷有功，君子所不与也"（卷五十六）；范文澜说："到最后，出现了段颎企图杀尽羌人的野兽主张"（《中国通史简编》第二编，第 188 页）；翦伯赞说："段颎残暴异常，羌人被他残杀的达数万人"（《中国史纲要》第一册，第 187 页）。

[7] 范晔在《张奂传》结尾处议论说："张奂见欺竖子，扬戈以断忠烈。虽恨毒在心，辞爵谢咎。《诗》云：'啜其泣矣，何嗟及矣！'"堪称能刻画心声者。

八　皇甫嵩为何输给了董卓

作为东汉末年的一对军事人物，皇甫嵩和董卓之间有太多的相似和相近，比如都是凉州人氏，都出身军人之家，同样参加了镇压"黄巾起义"和征讨边章、韩遂之乱，都在当时最为重大的历史事件中留下了自己的身影，书写了不易消除的历史印迹，在当时都享有过"威震天下"的名声，甚至他俩的生卒年都应当十分接近，两人还有过密切的合作关系，又结下了难分难解的私人恩怨，两人的命运呈现出一种若即若离、生死纠缠的状态，所有这一切，都很容易让人把他俩放到一起。不过，历来正儿八经的历史学者，好像从未有人专门研究过皇甫嵩和董卓的关系，把两人放在一起说事，如今也只有在百度贴吧才看得到。但这并不意味着皇甫嵩和董卓的故事，也是一个"关公战秦琼"式的笑话。事实上，皇甫嵩和董卓还真有过一番比较和较量，唐李贤注《后汉书》引《献帝春秋》中有一句：

> 初卓为前将军，嵩为左将军，俱征边章、韩遂，争雄。（《皇甫嵩传》）

"争雄"二字，恰好点题。

这句话在《三国志》裴注引《山阳公载记》里被表述为：

董卓

初卓为前将军，皇甫嵩为左将军，俱征韩遂，各不相下。

"各不相下"是"争雄"的同义词。

皇甫嵩的侄子也对皇甫嵩说过：

本朝失政，天下倒悬，能安危定倾者，唯大人与董卓耳。（《皇甫嵩传》）

这更是明确把皇甫嵩和董卓放在了完全对等的位置上，而且前面还有一个"唯"字。

说来凑巧，皇甫嵩和董卓的名字，一个是嵩，一个叫卓，都有高的意思，他俩到底谁更高一些呢？

这是一个有意思的问题，结果也很有意思。

皇甫嵩和董卓的第一次比较，是在平定"黄巾起义"中。

皇甫嵩的名字，基本就是跟"黄巾起义"连在一起的。说到"黄巾起义"，就会说到皇甫嵩；说到皇甫嵩，就会说到"黄巾起义"，范晔的《后汉书》，甚至把对"黄巾起义"的主要介绍，都放在了《皇甫嵩传》里。

"黄巾起义"刚一爆发，正在首都参加御前最高军事会议的皇甫嵩，即率先提出要先解除"党锢"，以防"黄巾"与党人合流。汉灵帝在征询了中常侍吕强的意见后，很快同意了皇甫嵩的提议。随后皇甫嵩被任命为左中郎将，跟右中郎将朱儁一道，前去征讨颍川"黄巾"。

颍川紧邻首都洛阳，直接关乎朝廷的安危。

当时东汉朝廷面临的形势，可谓已是岌岌可危。尽管事先已得知消息，并且做出了相应的处置，但"黄巾起义"的爆发，还是给东汉王朝带来了山呼海啸般的冲击。河北全境瞬时沦为"黄巾"的天下。安平、甘陵两国的国王，分别被当地人劫持，以响应"黄巾起义"。就在皇甫嵩、朱儁受命出征之际，同样紧邻首都洛阳的南阳地区，"黄巾"张曼成部攻杀了太守褚贡。出征之初，性格偏急的朱儁，又在跟颍川波才部"黄巾"的交战中，吃了一场败仗。常言道："屋漏偏逢连夜雨。"这时候又传来汝南"黄巾"在邵陵击败太守赵谦、广阳"黄巾"杀死幽州刺史郭勋和太守刘卫的消息。形势这叫一个乱！一个危急！东汉朝廷急需要一场胜利，来挽救迫在眉睫的危局。在这种形势下，皇甫嵩领兵进驻颍川郡的长社，跟波才部"黄巾"展开了对峙。

当时皇甫嵩只有两万人马，"黄巾军"则人多势众，且呈围攻之势，皇甫嵩军中人心惶惶。但皇甫嵩发现了"黄巾军"的一个弱点："依草结营"，于是，当机立断，采用火攻战术，夜袭"黄巾"，"黄巾"大乱。恰在此时，骑都尉曹操领兵赶到，皇甫嵩与朱儁和曹操的兵马会合一处，大破"黄巾"，斩首数万级。

这是"黄巾起义"爆发以来，东汉朝廷取得的第一场胜利，一场"及时雨"式的胜利，首都洛阳的危机暂时得以缓解。

随后，皇甫嵩和朱儁乘胜追击，又相继击破汝南和陈国"黄巾"，"三郡悉平"（《皇甫嵩朱儁列传》）。

战局开始朝向有利于东汉朝廷的方向逆转。

之后，皇甫嵩和朱儁兵分两路，皇甫嵩向北攻击东郡"黄巾"，朱儁向西南攻击南阳"黄巾"。皇甫嵩再次取得胜利，生擒"黄巾"首领卜己，斩首七千余级。

皇甫嵩和朱儁领兵征讨颍川"黄巾"的同时，尚书卢植也被任命为北中郎将，前往征讨河北"黄巾"。

河北"黄巾"是张角兄弟直接领导下的"黄巾"，可以说是"黄巾军"的大本营，不仅人数众多，实力也要更强一些，所谓"梁众精勇"（《皇甫嵩传》）。本来卢植已经取得了初步的胜利，但由于得罪了前来视察军事战况的宦官特使，遭到宦官诬陷，结果"槛车征植，减死罪一等"（《卢植传》）

卢植无辜被囚后，朝廷任命董卓为东中郎将，代替卢植继续攻打河北"黄巾"。

这是董卓在平定"黄巾起义"中的第一次出场，也是董卓唯一一次跟"黄巾"直接交手。

但董卓未能取得胜绩，"军败抵罪"（《董卓列传》）。

这时候，已经攻破东郡"黄巾"，在战场上节节胜利的皇甫嵩距河北只有一箭之地，于是朝廷下令，皇甫嵩继续向北攻击，征剿河北"黄巾"，这等于是接替了董卓的任务。

这是我们看到皇甫嵩和董卓的名字，第一次出现在同一个地方，虽然是以"交接班"的形式，一前一后，他俩这一次很可能连面都没有见到，但毕竟也算是一次重合。

经过几番激烈鏖战，皇甫嵩最终剿灭了张氏兄弟领导的"黄巾军"。皇甫嵩因镇压"黄巾"有功，被拜为左车骑将军，封槐里侯，领冀州牧。

至此，除了朱儁仍在南阳地区与"黄巾"进行胜负已定的最后决战外，由张氏兄弟领导和发动的"黄巾起义"，在中平元年（184 年）的当年，就已经被基本平定。

"黄巾起义"之所以能在一年之内就被东汉朝廷平定，从军事决战的角度说，皇甫嵩无疑是其中最为关键的人物。蔡东藩在《后汉演义》里说，"黄巾"之平，皇甫嵩为首功，这是实至名归的评价。站在东汉王朝的立场上说，皇甫嵩是"黄巾之乱"中当之无愧的中流砥柱，挽狂澜于既倒、扶大厦之将倾的人物。如果没有皇甫嵩，东汉王朝的终结时间，就有可能被提前。相比之下，董卓虽然也参加了镇压"黄巾"的行动，却表现得像一道影子，一晃而过，没有取得任何胜绩。总而言之，征讨"黄巾"，皇甫嵩立下了赫赫战功，董卓则是寸功未立。

平定"黄巾"给皇甫嵩带来了巨大的声誉，使皇甫嵩的人生达到了辉煌的顶点。《后汉书》说："嵩既破黄巾，威震天下"（《皇甫嵩传》）。这种"威震"的效果之一，是一个名叫阎忠的人，跑到皇甫嵩面前，一通长篇大论，希望皇甫嵩考虑一下"南面称制"——就是要皇甫嵩自己当皇帝！这种"非常之谋"的想法，当场被皇甫嵩拒绝了（我们后面会看到，皇甫嵩好像特别习惯拒绝人）。

董卓呢，不说是灰溜溜的，起码也是个两手空空的失败者——东中郎将的军衔，肯定也给弄没了。

这是皇甫嵩和董卓的第一次相遇与比较。

转眼皇甫嵩和董卓就迎来了他俩的第二次相遇和比较。

"黄巾起义"快被平定的时候，金城（今甘肃兰州市）又发生了湟中义从和先零羌的叛乱。

> 湟中义从胡北宫伯玉与先零羌叛，以金城人边章、韩遂为军帅，攻杀护羌校尉伶征、金城太守陈懿。（《孝灵帝纪》）

湟中义从，原指在湟中地区跟随汉族将领征战的非汉族勇武之士，带有义勇军或志愿军的性质。起初是一批小月氏人，后来也有了羌人和其他少数民族加入其中。先零羌则是羌族部落中最具战斗力的一支，是东汉政府最为头疼的边疆对手之一。

围绕对付这支武装力量，皇甫嵩和董卓之间，有了更直接的比较机会。

皇甫嵩在"黄巾起义"爆发之前任北地太守。北地郡治所原本在今宁夏境内，后因羌乱，汉安帝永初五年（111年），将郡治内迁到当时的池阳，也就是今天陕西泾阳和三原一带，差不多就在长安的正北面。皇甫嵩任北地太守，郡治应该是在这里。中平二年（185年）三月，湟中义从和先零羌开始骚扰三辅地区，于是，朝廷任命时在冀州的皇甫嵩移师关中，"回镇长安，以卫园陵"（《皇甫嵩传》），说白了，就是专门来对付北宫伯玉和边章、韩遂这伙人。

调动皇甫嵩来执行这一任务，是非常顺理成章的，一来，是利用皇甫嵩刚刚平定"黄巾"的威名、威力；二来，也是让皇甫嵩重回到自己熟悉的地方。[1]

与此同时，朝廷重新起用了之前"军败抵罪"的董卓，让他跟皇甫嵩一起协同征战。

> 诏以卓为中郎将，副左车骑将军皇甫嵩征之。（《董卓列传》）

这是董卓的名字跟皇甫嵩的名字第二次出现在一起，董卓成了皇甫嵩的副手。这也是嵩、卓二人的第一次合作。这一次，两人的见面估计应该是肯定的了。

但是，让人感到遗憾的是，关于皇甫嵩与董卓的这次正式合作，现今能看到的史料中，除了确实有过这么一次合作外，几乎没有留下一星半点的具体记述。之所以会出现这种情况，想必是因为这次合作的时间太短，只有四个月，到同年七月，皇甫嵩就被免职了。免职的原因，一是没能取得像征讨"黄巾"一样立竿见影的战绩；二是得罪了当权宦官，结果被收缴了左车骑将军的印绶。

皇甫嵩遭免职后，朝廷改派了张温任车骑将军，来担任前线总指挥。值得注意的是，皇甫嵩被免职了，董卓却原地不动，不仅如此，还升了一级，由原来的中郎将，提升为破虏将军。一升一降之间，皇甫嵩和董卓的起伏曲线，在这里发生了一丝不易觉察的变化。形式的变化，往往都有内因在起作用，只是史书在这里，并没有给出相应的解释和叙述。

董卓在张温的手下，有过两次闪光的经历。一次是趁边章、韩遂他们受惊于自然天象，准备主动撤退时，董卓联合友军趁机发起攻击，取得斩首数千级的胜利。还有一次是与先零羌遭遇，董卓巧施妙计，"全师而退"，而其他几支遭遇先零羌的部队，全都吃了败仗。为此，董卓被朝廷封为邰乡侯。

这是董卓生平第一次被封侯。皇甫嵩在取得"长社大捷"后，也是被封为乡侯，平定河北"黄巾"后，才被封为侯爵中最高的县侯。

此时的皇甫嵩，在史籍记载中，呈静默状态。

嵩、卓两人的差距，似乎正在缩小。

在接下来的几年里——从中平二年（185年）到中平五年（188年）——皇甫嵩和董卓二人在现有史籍中，都呈现出空白的状态，无事可记。而他们的对手，边章、韩遂的部队，却在经历了几番让人眼花缭乱的整合后，变得更加兵强马壮。一个名叫王国的人，被推举为这支武装的首领。中平五年十一月，王国率众围攻陈仓。陈仓是陕甘边境的重镇，陈仓一破，兵锋即刻可直指长安。于是，朝廷再次起用了一直在静默中的皇甫嵩，同时任命董卓为前将军，共同联手对付王国的进犯。

> 五年，凉州贼王国围陈仓，复拜嵩为左将军，督前将军董卓，各率二万人拒之。（《皇甫嵩传》）

一个"督"字，表明了皇甫嵩的主帅身份。

这是皇甫嵩和董卓两人的名字第三次出现在一起，也是他俩的第二次正式合作，当然，也可以说他俩的又一次同台竞技。

关于嵩、卓的这一次合作，范晔的《后汉书》表现得出奇的大方，在书中记下了嵩、卓二人大段大段的对话。

这些对话和这次合作的经过，可以概述如下：

嵩、卓联军组成后，董卓提议立即进兵解陈仓之围，但被皇甫嵩拒绝了。皇甫嵩大段引用《孙子兵法》，对形势做出了自己的判断，说明应当采用"不战而屈人之兵"的策略，静待形势发生转变。后来的事实证明，皇甫嵩的判断是正确的，"王国围陈仓，自冬迄春，八十余日，城坚守固，竟不能拔。贼众疲敝，果自解去"。这时，皇甫嵩决定对王国发起攻击，董卓却一改之前的积极、主动姿态，认为不可，并且也引用兵法为依据。皇甫嵩又说出了自己的理解，最后，"（嵩）遂独进击之，使卓为后拒。连战大破之，斩首万余级，国走而死"（《皇甫嵩传》）。

两次判断的结果，都证明皇甫嵩是对的。

如此一来，战役虽然取得了胜利，皇甫嵩和董卓的"梁子"也算是结下了，"卓大惭恨，由是忌嵩"（同上）。

我们现在可以回顾一下，从最初的平定"黄巾"，到合作征讨韩遂、王国，皇甫嵩和董卓的几次同场竞技，从总体上看，无论是实战效果还是对兵法（理论）的理解，皇甫嵩的表现都要优于董卓，明显更胜一筹。皇甫嵩始终像个战场上完美的高才生，董卓呢，不说是个成绩起伏不定的"差生"，起码是个"备胎"和专给人"打下手"的配角。

说到这里，我们必须提醒一句，在传统史书的书写中，董卓从来是个不折不扣、无可争议的坏人，皇甫嵩则是一个备受推崇的正面人物。[2]因此，在阅读史籍时，在事关皇甫嵩与董卓二人的评述中，我们始终不应忘记这一点。《剑桥中国秦汉史》中有这么一段话：

重要的是应该记住，这个动乱时期流传下来的材料都是出于有偏见之手。当材料是来自有关系的人士时，它自然就吹嘘他的优良的品质和完美的谋划；当它来自敌人方面时，它就反复描述对方的残暴、愚蠢和卑劣无耻。[3]

话可能说得简单绝对了点，但这份提醒，不为无益。

如果皇甫嵩和董卓的比较到此戛然而止，那他俩的胜负高低就不难判定了，但问题是游戏还没有结束，或者说，游戏的真正高潮部分，还没有开始呢。

"陈仓之战"后仅仅只隔了一个月，汉灵帝就驾崩了。

汉灵帝驾崩，给东汉王朝留下了一个重大的历史转折点。这个转折点，好像是专门给董卓预备的。

就在"陈仓之战"结束到汉灵帝驾崩这短短一个多月的时间里，董卓连续遭遇了两次来自东汉朝廷和灵帝本人的考验，这事还跟皇甫嵩扯上了关系。

中平六年（189 年），应该就是"陈仓之战"结束不久，朝廷下诏征董卓为少府。少府是朝廷九卿之一，董卓以一封书信的方式，回绝了朝廷，说明他为什么不能去京城赴职。

到灵帝病重，朝廷又以玺书的形式——玺书本是指皇帝的亲笔书信，灵帝既已病危，是否还能亲笔书信？——给董卓下了一道新的诏书（东汉朝廷跟董卓的两次通联，在时间上可以说是前后相接，我们今天都能感受到其中的那份紧迫感）。诏书（玺书）的内容，一是拜董卓为并州牧，另外是"令以兵属皇甫嵩"，就是要董卓把他的军队全部交给皇甫嵩。

董卓又给朝廷回了一封信，他答应去并州履职——实际并没有去，而是"驻兵河东，以观时变"（《董卓列传》）。河东郡在当时属司隶校尉部，在今山西西南——但拒绝把自己的部下兵马交给皇甫嵩。

董卓对朝廷的两次回绝，尤其是第二次，显然已是明确的抗旨不遵。但此时的东汉政府和汉灵帝，已经拿董卓无可奈何，所谓"朝廷不能制，颇以为虑"（《董卓列传》）。

朝廷要董卓把兵交给皇甫嵩，并且被董卓拒绝的事，也传到了皇甫嵩的军营，当时同在军中的皇甫郦对他叔父说：

> 本朝失政，天下倒悬，能安危定倾者，唯大人与董卓耳。今怨隙已结，势不俱存。卓被诏委兵，而上书自请，此逆命也。又以京师昏乱，踌躇不进，此怀奸也。且其凶戾无亲，将士不附。大人今为元帅，杖国威以讨之，上显忠义，下除凶害，此桓、文之事也。（《皇甫嵩传》）

第一句话就将董卓和皇甫嵩放在了一个对等的位置上。皇甫郦看到了皇甫嵩和董卓之间的矛盾，并且认为到了"势不俱存"的境地。皇甫郦同时认为，董卓的抗拒行为，是一种"逆命"，而董卓的"驻兵河东"，更是一种居心叵测的危险举动。皇甫郦希望皇甫嵩能当机立断，铲除董卓。

皇甫郦的建议，被皇甫嵩拒绝了。

皇甫嵩说出的理由很简单，董卓抗命固然有罪，但自己如果擅自征讨，也是一种越权之举。于是皇甫嵩也给朝廷写了一封书信，说明了有关情况。汉灵帝接到皇甫嵩的书信后，"让卓"，就是批评、责备了董卓一番，于是，董卓"又增怨于嵩"。

在事关未来历史走向的关键时刻，皇甫嵩和汉灵帝的举动，看起来更像是轻飘飘、软绵绵的儿戏之举。

不过，从皇甫叔侄的对话来看，人们有理由得到一个印象，即此时此刻的皇甫嵩，似乎仍然握有相当的实力，可以降服，甚至清除董卓，主动权似乎仍在他的手上，就看他的选择了。

皇甫嵩又一次选择了拒绝。

176

如果实情确是如此，那么，这应该是皇甫嵩对董卓最后一次有胜算的机会。从此以后，机会对皇甫嵩来说，就像离岸之船，迅速消失在岸边人们的视野里。以后皇甫嵩再也没有机会对董卓居高临下、胜券在握，甚至连平起平坐的机会，都彻底失去了。

汉灵帝死了，何进听了袁绍的撺掇，引发了东汉宫廷一场空前绝后的大混乱和大屠杀。东汉外戚和宦官前后同归于尽，董卓进京，成为东汉王朝新的实际统治者。

董卓一进京，他和皇甫嵩之间相互的位置和形势，就发生了根本性的大逆转。

经过半年忙碌，董卓坐在新的位置上，想起他的老同事、老上级，也是他暗中积怨已久的那个人来了。

初平元年，乃征嵩为城门校尉，因欲杀之。（《皇甫嵩传》）

在此之前，董卓刚刚杀死了一位城门校尉。

皇甫嵩顿时陷入了生死抉择。

去，还是不去？这是一个问题。

这时候皇甫嵩在哪呢？扶风。

扶风位于长安（今西安）和陈仓（宝鸡）之间，击退王国之后，皇甫嵩应该就一直留在了这个地方，继续坚守他那"回镇长安、以卫园陵"的任务。

董卓召皇甫嵩进京时，关东群雄已经举起讨董大旗。

为了应对关东群雄的讨伐，董卓先是命人毒死了被废黜的少帝，接着将首都由洛阳迁往长安——长安靠近凉州，那是董卓熟悉和起家的地方。不过董卓本人没有随皇帝和朝廷同时西迁，而是暂时留在了洛阳。

这时候，依然手握重兵留在扶风的皇甫嵩，对董卓来说，肯定是一

177

个不能忘怀的人物，何况董卓的心里，早已积攒下了多时的忌怨。

这一点，皇甫嵩的长史（幕僚长）梁衍看得很清楚，皇甫嵩接到来自董卓的召令后，梁衍对皇甫嵩说：

> 汉室微弱，阉竖乱朝，董卓虽诛之，而不能尽忠于国，遂复寇掠京邑，废立从意。今征将军，大则危祸，小则困辱。今卓在洛阳，天子来西，以将军之众，精兵三万，迎接至尊，奉令讨逆，发命海内，征兵群帅，袁氏逼其东，将军迫其西，此成禽也。（《皇甫嵩传》）

这段话有两层意思，前面是说皇甫嵩不能去，去了就有危险，后面一段，可以说是皇甫嵩生平听到的第三次"非常之谋"。简单说，就是梁衍希望皇甫嵩"挟天子以令"，响应正在东边的讨董义举，东西夹击，活捉董卓。这提议应该是东汉历史上"挟天子以令诸侯"的嚆矢。

这一回，皇甫嵩还是拒绝了。他越过长安，去了洛阳。

结果皇甫嵩一到洛阳，就被抓了起来，"有司承旨，奏嵩下吏，将遂诛之"（《皇甫嵩传》）。

关键时刻，儿子救了父亲一命，据《后汉书》记载：

> 嵩子坚寿与卓素善，自长安亡走洛阳，归投于卓。卓方置酒欢会，坚寿直前质让，责以大义，叩头流涕。坐者感动，皆离席请之。卓乃起，牵与共坐。使免嵩囚，复拜嵩议郎，迁御史中丞。（《皇甫嵩传》）

董卓不仅同意赦免皇甫嵩，还任命他为议郎，后转为御史中丞。旬月之间，皇甫嵩的生死命运，在董卓手上翻了个个。

故事至此并没有结束。

178

第二年，也就是初平二年（191 年），董卓也从洛阳回到了长安。对于董卓的这次回长安，《三国志》和《后汉书》的《皇甫嵩列传》与《董卓列传》，都以细致的笔墨，留下了一笔极富现场感的细节描写。通常情况下，像《后汉书》这样的正史，很少会出现带有重复性的细节描写的。

> 及卓还长安，公卿百官迎谒道次。（《皇甫嵩传》）
> 乃引还长安。百官迎路拜揖。（《董卓列传》）

《皇甫嵩列传》的后面还有一句："卓风令御史中丞以下皆拜以屈嵩。"这句话翻译过来就是：董卓暗中指使，让官级在御史中丞以下的（自然包括御史中丞），都要到路边屈身施礼相迎（此"拜"字是否指跪拜，不好确定，但躬身屈体是肯定的），以此让皇甫嵩感受屈辱并屈服。

皇甫嵩有没有屈服呢？后面一段文字是：

> 既而抵手言曰："义真犕未乎？"嵩笑而谢之，卓乃解释。（同上）

"抵手"，大概就是握手或"碰臂"的意思吧。董卓此时的神态，想必是貌似随和亲切的。"犕"在这里是服的意思，义真是皇甫嵩的字。董卓问：嵩哥服没服？——这完全是大哥的架势和语言，直率而略显粗鲁。

皇甫嵩的反应呢？"笑而谢之"。——这时候皇甫嵩脸上泛起了笑意，"谢之"，是皇甫嵩向董卓说"对不起"，不好意思，岂敢岂敢的意思。

"卓乃解释"，是说董卓跟皇甫嵩和解了，他最终放了皇甫嵩一马，并世而立的两位豪杰，就此心照不宣。皇甫嵩和董卓的比较和较量，算是画上了一个句号。

董卓对皇甫嵩取得了完胜。——董卓赢了！

一个"拜"字，定格了董卓和皇甫嵩两人的地位与关系，也顺便回答了本文开篇的那个"谁更高一些"的问题。

关于董卓和皇甫嵩的这场路边相见和对话，史籍中还有两个不同的版本。这两个版本，都见于裴松之注《三国志》：

> 《山阳公载记》曰：初卓为前将军，皇甫嵩为左将军，俱征韩遂，各不相下。后卓征为少府并州牧，兵当属嵩，卓大怒。及为太师，嵩为御史中丞，拜于车下。卓问嵩："义真服未乎？"嵩曰："安知明公乃至于是！"卓曰："鸿鹄固有远志，但燕雀自不知耳。"嵩曰："昔与明公俱为鸿鹄，不意今日变为凤皇耳。"卓笑曰："卿早服，今日可不拜也。"

这个版本与范晔《后汉书》有一些不同的信息，但关于路边见面和聊天的内容，则大体接近，只是更加丰富和生动，颇有文学意味，强化了两人的形象，使之显得栩栩如生、呼之欲出，也平添了一份可信性。不过，魏晋时的史家张璠，却提供了另一种完全不同的说法：

> 张璠《汉纪》曰：卓抵其手谓皇甫嵩曰："义真怖未乎？"嵩对曰："明公以德辅朝廷，大庆方至，何怖之有？若淫刑以逞，将天下皆惧，岂独嵩乎？"卓默然，遂与嵩和解。（以上两则，均见《三国志·董卓传》裴注引）

董卓的姿态和问句是相似的，皇甫嵩的回答却与他本大相径庭，甚至可以说是截然相反，显得义正词严！

关于张璠的这段记载，周天游先生在其所编《后汉纪校注》里有一段案语：

> 按此段《三国志·董卓传》注引《山阳公载记》《范书·皇甫嵩传》注引《献帝春秋》同，而裴注引《张璠汉纪》曰："卓抵其手谓皇甫嵩曰：'义真怖未乎？'嵩对曰：'明公以德辅朝廷，大庆方至，何怖之有？若淫刑以逞，将天下皆惧，岂独嵩乎？'卓默然，遂与嵩和解。"与《袁纪》大异。《通鉴》取张璠纪。然何焯曰："《山阳公载记》之语尤近实。观义真后此，其气已衰，未必能为是言，仅足以避凶人之锋耳。"何说是。

周天游先生的案语是对的。我也认为何焯（清代学者）说得有道理。

那么问题来了，皇甫嵩怎么就从一个横扫千军、所向披靡、力挽狂澜、"威震天下"的第一名将，沦落为一个在路边排队恭候、低头致歉的人？他低头致歉的对象，是他曾经的副手，那个恶名昭彰、天下汹汹皆欲食其肉寝其皮的董卓。两年前，董卓还作为副手跟在他身边，听他讲解如何理解和运用《孙子兵法》。这种人生大逆转的情景剧，是怎么发生和上演的？

很显然，这事得从董卓带兵进京说起。

董卓带兵进京，不仅是东汉历史的一道分水岭，也是董卓和皇甫嵩两人命运的分水岭。

董卓进京前，虽然不能说皇甫嵩对董卓有绝对优势，但至少是并驾齐驱的。事实上，皇甫嵩有两次都是董卓的直接上司。但到董卓一进京，嵩、卓二人的乾坤，就被彻底颠倒了。

什么事情的发生，导致了这种结果的出现？

董卓进京之后，以疾风暴雨的方式，发生了连串密集的重大事件。我们只挑拣几件跟董卓和皇甫嵩有关的事情说说。

首先最容易想到的，自然是董卓身份的变化。

董卓带兵进京时的身份，是并州牧和前将军，所以，《剑桥中国秦汉史》上说：

> 他在朝廷里没有一把正式的交椅。[4]

（本来有的，少府，他没要）

没有就想办法自己弄一个。

> 八月，乃讽朝廷策免司空刘弘而自代之。（《董卓列传》）

司空是所谓"三公"之一，从官秩来说，是万石。董卓这样就从一名地方官，升到了东汉朝廷的最顶层。由此看来，当初不接受少府的任命是对的——纯属多余。而且，按东汉"三公"与九卿的对位管理，少府正好是司空的属下。[5]

但司空肯定不是董卓的目标。

> 九月，卓迁太尉，领前将军事，加节传斧钺虎贲，更封郿侯。（同上）

从名义上说，太尉是"三公"之首，主管军事。这下董卓名正言顺成为全国最高军事首领，统掌兵权，前将军的职务不变，又平添了加节传斧钺虎贲。这里稍解释一下，节指符节，相当于身份证；传指信符、凭证，类似介绍信（其实节传的意思大致相同）；斧钺是军权皇授的标志，表示军权在握，可任意征伐；虎贲是从前王出行时的随身护卫，也是一种特殊身份标志。不仅如此，爵位也从之前的乡侯升为县侯，皇甫嵩最后的一点优势，也被轻易抹平。

一言以蔽之，所有这些，都是董卓新获得的特权标志，但董卓心犹未足。

> 十一月，寻进卓为相国，入朝不趋，剑履上殿。（同上）

两汉四百年，萧何之后无相国，现在董卓把它给恢复了。"入朝不趋，剑履上殿"，在董卓之前，只有萧何和梁冀享有过这种待遇，但董卓的野心和欲望，萧何和梁冀也不能相比，有一回，董卓当着宾客的面吐露自己的心声："我相，贵无上也"（《三国志·董卓传》注引《魏书》），这是公然视天子为无物了。

总而言之，经过一番精心打扮，原来只是一名边将和地方官的董卓，此时已是身价倍倍增！成为东汉王朝事实上的僭主，将仍然在扶风守卫陵园的皇甫嵩甩得远远的不见了踪影，先前所谓的战绩、名声，统统变得一文不值。曾经的"高才生"皇甫嵩，跟曾经的"下手"和配角——如今的董相国相比，刹时间黯然失色，一落千丈。

身份的变化是权位变迁的表现。

到皇甫嵩在长安路边排队迎候董卓之前，董卓的身份再次向上提升：

> 卓讽朝廷使光禄勋宣璠持节拜卓为太师，位在诸侯王上。乃引还长安。（《董卓列传》）

这就相当于从法制上确定了，整个东汉王朝，除了徒有虚名的汉献帝外，董卓已是一人之下、万人之上的那一人。

此外，进京之后，董卓以迅雷不及掩耳之势废少帝，立献帝，杀太后，杀少帝，将朝政牢牢控制在自己手里，一系列的行为和动作，奠定了董卓在京城的绝对统治。

军事上，董卓同样以凌厉的手腕，吞并了何进、何苗兄弟的部队（包括了原来宦官掌握的部队），以及丁原的并州兵。进京之初只有三千人的董卓，此时已是手握数万重兵的绝对强者。

董卓已完全今非昔比、焕然一新。

韩非曾在文章里引用过前辈法家慎到的一句话：

> 贤人而诎于不肖者，则权轻位卑也；不肖而能服于贤者，则权重位尊也。(《韩非子·难势》)

贤不肖的暂且抛开在一边不说，由权位带来的轻重尊卑的巨大落差，在皇甫嵩和董卓身上，得到了清楚的显现。

权位的变化，就是董卓本人进京后最大的变化。

不过，要说皇甫嵩和董卓之间人生的大逆转，仅仅只是董卓进京造成的，又未免把事情说得简单了点。跟董卓先后进京的，还有其他人，比如被吕布杀了的丁原，他的身份和地位并不比董卓低，实力也不差，但却没有成为董卓这样的强者，反而被董卓轻而易举给除掉了。再说，带兵进京本身也是一个结果——为什么董卓带兵进京了，而皇甫嵩没有？董卓进京后，凭什么就能迅速站稳脚跟，并且很快攫取了东汉朝廷的控制权，最后能够稳定地大权独揽、一手遮天？董卓迁都长安，与其说是出于关东群雄的逼迫，不如说更多是出于自身的战略选择。如果不是王允和吕布设计刺杀董卓，董卓政权无疑能维持得更久，以至于皇甫嵩可能要在这个由董卓组建和掌控的政府中终老一生。董卓当政，袁绍、曹操等一干人早早就逃出了京城，为何皇甫嵩没有？——实际上，他应该比袁、曹更有条件这么做——而甘心一直匍匐于董卓的卵翼之下？以上这些疑问，显然并非简单归于董卓带兵进京一事所能解释。一定有更多的、来自皇甫嵩和董卓双方的原因，参与了两人人生际遇的大变化。

这会是些什么原因呢？

先来说说他俩的家庭。

说到汉朝人，尤其是东汉人，尤其是那些有头有脸、被正式载入史册的人物，我们都要对他们的家庭，或者说家族，瞟上一眼，这是东汉社会最显著而重要的特征之一。皇甫嵩的父亲曾任雁门太守，但在正史中没有留下单独的个人传记，有专门传记的是皇甫嵩的叔父皇甫规，著名的"凉州三明"之一。所谓"凉州三明"，是指东汉后期三位著名的凉州边将：皇甫规、张奂和段颎。通过皇甫规的传记，我们知道皇甫嵩的祖父曾任扶风督尉，曾祖父曾任度辽将军。很显然，这是一个标准的军人世家，或者说，将帅之家。从他们担任过的职务看，这还是一个具有相当稳定性的二千石之家，在当时社会明确属于中上层。

董卓的情况跟皇甫嵩基本相似，也是属于军人家庭——但地位相差悬殊。范晔的《后汉书》和陈寿的《三国志》都没有直接提到董卓的家庭——这本身就是一个说明——只是通过裴松之注和李贤注，后人才得以知道一点董卓的家庭背景情况：

> 《英雄记》曰：卓父君雅，由微官为颍川纶氏尉。有三子：长子擢，字孟高，早卒；次即卓；卓弟旻，字叔颖。（《三国志·董卓传》）

纶氏是颍川郡的一个县，县尉大致相当于县公安局长，这跟皇甫氏家族的累世二千石相差甚大，何况还是从微官升上来的。由此可以推断，董卓的家庭，从社会地位来说，偏于中下层。《三国志》和《后汉书》写董卓传记，都写到他早年"尝游羌中，归耕于野"，可见连父亲的微官和县尉都没有继承。这跟皇甫嵩的"初举孝廉、茂才。太尉陈蕃、大将军窦武连辟，并不到"（《皇甫嵩列传》），也是不可同日而语的成长环境了。

也许正是因为身处中下层，董君雅先生给自己三个儿子的取名，无一不以"高"为用意，流露出非要脱颖而出、出人头地、高高在上的心迹，后来董卓算是实现了他父亲的这一强烈心愿。

在《三国志》和《后汉书》的董卓传记中，有一个字眼需要给予特别关注：侠。《三国志》说董卓"少好侠"，《后汉书》说"由是以健侠知名"。侠在整个两汉时期，尤其是汉末，有着不容忽视的特殊意义。华东师大牟发松教授在一篇以侠为题的文章结尾，特意提到说，"汉魏之际的英雄群像中，如三国的创业君主曹操、刘备、孙权，都是一身侠气的人物"[6]。其实，汉末群雄身有侠气者，并非只有曹、刘、孙三人，而是当时的一股普遍风气。董卓不仅是其中一员，而且是较早涌现者。当董卓在凉州"以健侠知名"时，皇甫嵩正处于"以父丧去官"时期。这两种形象差异，折射出不同的家庭社会背景。

这两种不同的家庭，可能面临两种不同的任务，一是维系既有声誉（地位）；二是争取更大光荣（利益）。

说到皇甫嵩和董卓两人的家庭情况，就有必要说到一个相关话题，他俩的文化状况。在东汉，一个人的文化状况，是跟他的家庭、家族状况密不可分地联系在一起的。关于这一点，有众多著名学者作过专门阐述，因为这也是东汉社会一个显著而重要的特征。作为一个军人世家，皇甫家族一方面较为成功和牢固地延续了他们的社会地位；另一方面文化的烙印也在这个军人世家中表现得越来越明显。皇甫规的父祖留在史籍中的官职都是纯粹的武职，到皇甫规兄弟时，就出现了诸如太守（皇甫规还担任过议郎、尚书）等非单纯军职。更引人注目的，是皇甫规对于传统经典的熟稔和高超熟练的语言文字功底，《皇甫规列传》中保留了相当数量的皇甫规给皇帝和太后的上书，从中可以看出皇甫规身上明显的武将文化，或者说是儒化的倾向。在遭受迫害、闲居家乡期间，皇甫规"以《诗》《易》教授，门徒三百余人，积十四年"（《皇甫规传》），俨然已是一副儒学教授的模样。到去世时，皇甫规留下的"所著赋、铭、碑、赞、祷文、吊、章表、教令、书、檄、笺记，凡二十七篇"（同上）。再来看皇甫嵩本人，"嵩少有文武志介，好诗书，习弓马"（《皇甫嵩传》），这里所说的"诗书"，是特指在当时被看作儒家经典的《诗经》和《尚书》，传记作者把它们放在了"习弓马"的前面。自然，作为名将，皇甫嵩对《孙子兵法》等兵书也是烂熟于胸的。

概言之，在皇甫嵩身上，我们能看到两点：一是来自家学的影响；二是他曾经对儒家经典有过专门的学习和研读。

相比之下，董卓身上的文化状况就显得有些特别和复杂。

《后汉书》写董卓时，用了一个词：粗猛，这大概也比较符合董卓在一般读者心目中的印象。无论是正史还是《三国演义》，董卓都的的确确表现出了粗猛的一面。董卓跟人说话，每每有凶悍之气，动不动就威胁说要杀死谁！董卓在马路边问皇甫嵩服没服，就很有点黑社会老大直来直去、无所顾忌的说话口吻。

更能显示董卓粗猛一面的，自然是他那些暴虐横行、无恶不作、杀人如麻的骇人行径。问题是，董卓是否只有粗猛一面？有没有另外一面，比如，显得好像还有点文化的一面？《董卓列传》写董卓说的第一句话是，"为者则己，有者则士"，说实话，这话要没注释，现在能立刻看懂的人大概不多，它的意思是，事情虽然是自己做的，但功劳却要大家共同分享。平心而论，这句话无论从哪个角度看，都说得相当有水平。如果这句话是董卓自己原创，那它不仅说明董卓是个有思想境界的人，有胸襟、有气魄的人，还是一个颇有语言能力的人；如果这话出自某个典故，就说明董卓也是个读书且善读书的人——这还真不是个熟典。董卓跟皇甫嵩在"陈仓之战"中的对话，虽然落了下风，但已足见董卓读过兵书，其中甚至出现了《左传》中的典故。[7]《山阳公载记》所记董卓与皇甫嵩对话如果属实，那董卓就还有可能熟悉《史记》。在《三国志》（含裴注）和《后汉书》中，都保留了堪称大量的出自董卓名下的文书、文件。当然这些文书、文件的绝大多数——如果不说是全部的话——应当都是出自长史主薄等幕僚之手，但如果董卓真是个胸无点墨的粗人，那我们今天看到的这些文件，会不会是这副样子？更具说服力的，是董卓与朝中大臣及文士名流的对话（数量也相当可观），这些对话，除了反映董卓粗猛一面的外，有为数不少体现了董卓言谈的得体与流畅，有雍容大度、进退裕如之风。我们前面说过，在传统史家的笔下，董卓是个十恶不赦、恶贯满盈式的人物，可以说，绝不会有史家愿意给董卓脸上贴金，把他往文化人的美化方向上去涂抹，只有可能相反，因此，我们在史书中见到的董卓形象，从文化形象上说，应该是经过减法而非加法的结果。

像董卓这样暴虐成性的恶魔，也有可能是个有文化的人，这听上去似乎有点出人意表、匪夷所思，却有可能是事实。

因此，我认为方诗铭先生和陈勇先生对董卓在文化程度上的判断，也许是并不准确的。[8]

不过，董卓身上的文化特征，跟皇甫嵩有明显不同。皇甫嵩走的完全是当时通行和盛行的主流道路，无论是家学还是专门性的研读，都体现出了这一特点，所谓经明行修。董卓则完全没有这种情况，而是更明显地体现出博采众长、融化无痕、为我所用的实用特色。皇甫嵩的学习是循规蹈矩、与人无异的，董卓则是打的"迷踪拳"，一种自由自在的拳法，你简直无从判断他的门派源流。

董卓带兵进京，对东汉王朝来说，是一件具有突变性质的大事。那么，董卓是怎么进京的？为什么董卓进了京，而皇甫嵩没有？在董卓进京这件事上，什么东西成了关键因素？

我认为关键因素是名声。

名声跟家庭、家族一样，也是东汉社会最显著而重要的标志性特征，是我们现在谈论东汉历史经常会说到的概念和现象。

名声是东汉社会运转的一根轴心。

话说袁绍鼓动何进清除宦官，却始终过不了太后这一关。于是在袁绍的建议下，何进以大将军的名义，召集部分将领和官员带兵进京，所谓"多召四方猛将及诸豪杰，使并引兵向京城，以胁太后"（《何进传》）。《后汉书》对此留下了一份名单：

> 遂西召前将军董卓屯关中上林苑，又使府掾太山王匡东发其郡强弩，并召东郡太守桥瑁屯城皋，使武猛都尉丁原烧孟津，火照城中，皆以诛宦官为言。（《何进传》）

细心的人会留意到，这份名单上没有皇甫嵩，为什么？这个待会再说。

在袁绍和何进策划召集的这份名单上，董卓是毫无疑问的主角，其他则像是"跑龙套"的配角，何以见得呢？

《三国志·袁绍传》上说得很明白：

> 太后不从。乃召董卓，欲以胁太后。（《魏书·袁绍传》）

《后汉书》里有一段话：

> 绍使洛阳方略武吏司察宦者，而促董卓等使驰驿上，欲进兵平乐观。太后乃恐，悉罢中常侍小黄门，使还里舍，唯留进素所私人，以守省中。诸常侍小黄门皆诣进谢罪，唯所措置。进谓曰："天下匈匈，正患诸君耳。今董卓垂至，诸君何不早各就国？"

（《何进传》）

这两条材料可以证明，董卓是主角。

为什么董卓会是主角？

何进召人带兵进京，既是胁迫太后，更是为了直接和最终威胁宦官，让他们闻声而惧、知难而退，不再成为他的权力对手和障碍。因此，如何解决宦官问题，是袁、何召兵进京的目的。

在《三国志·袁绍传》裴注引《九州春秋》里，有这么一段话：

> 初绍说进曰："黄门、常侍累世太盛，威服海内，前窦武欲诛之而反为所害，但坐言语漏泄，以五营士为兵故耳。五营士生长京师，服畏中人，而窦氏反用其锋，遂果叛走归黄门，是以自取破灭。"

这段话表明，至少首先在袁绍这里，从一开始就清楚明确地意识到，宦官是一群非常难对付的人，窦武之难，殷鉴不远，袁绍不想重蹈覆辙。起初他以为何进可以只手铲除宦官，在明白何进做不到这一点后，袁绍才继而设想出一条新的思路和策略，即召集"猛将豪杰"进京。可以想象，袁绍、何进设想中的"猛将豪杰"，决不会是泛泛之辈，必定是有威名、有威力，可以镇服，甚至是铲除宦官的人。

在当时，谁最有这样的威名呢？

我们会想起皇甫郦的那句话：

> 本朝失政，天下倒悬，能安危定倾者，唯大人与董卓耳。

如果皇甫郦说的是事实，那么，当皇甫嵩缺席时，出场的就只有董卓了。

根据史籍中的叙述，我们知道，董卓在当时确实已经有了这么一种威名，张温的一句话，提供了最好的佐证。

前面说过，董卓曾经在车骑将军张温的手下听命，但董卓对张温并不买账，并且对张温出言不逊，这引起当时在张温身边任参军的孙坚的不满，孙坚劝张温斩杀董卓，但被张温拒绝了，张温说：

> 卓有威名，方倚以西行。（《董卓列传》）

这句话在《三国志》中被表述为：

> 温曰："卓素著威名于陇蜀之间，今日杀之，西行无依。"（《孙破虏讨逆传》）

两相比较，《三国志》的表述具有更丰富的含义。"素著"二字，表明董卓的名声由来已久，并非是一天两天的事。"陇蜀之间"，则具体点出了董卓声名鹊起的地方，也就间接道出了董卓获得声名的时间，说明董卓的声名来自早年在凉州和益州地区的事迹。《三国志》裴注引《英雄记》说："卓数讨羌、胡，前后百余战。"百战成名，说明董卓的威名是从一条血路上打杀出来的，并非是一种虚名。

我认为，正是这种让张温不能、不愿、不敢斩杀董卓的"威名"，成为后来董卓带兵进京的主要原因。

说到这里，必须要补充插入一句，何进最后拍板同意召集董卓等一干人带兵进京，并非就是想要通过武力来解决和消灭宫里的宦官群体。在这点上，何进和袁绍二人虽然是同谋与合作者，但在具体想法上却有所不同。袁绍是抱着彻底铲除宦官的念头的，何进则更多是吓唬和要挟，迫使宦官退却和让步，不再干涉和影响他的权力运行，这点可以从何进对宦官说的那番话中看出。所以，董卓也好，其他什么人也罢，何进真正看重的，主要是他们的名声与威势，而非真刀真枪的军事实力（当然，这两者之间构成了某种正相关的关系）。在这一点上，董卓正是首屈一指的最佳人选。

因为董卓的威名，不是一般的威名，乃是一种恶名。

何进召集兵马进京的决定做出后，随即遭到主薄陈琳、典军校尉曹操和侍御史郑太、尚书卢植等人的强烈反对，但何进不改初衷，力排众议，坚持让董卓等人带兵进京。在众人的反对声中，郑太和卢植的声音最值得注意，因为他们都直接点了董卓的名，指出了董卓的某种特性。

> 进将诛阉官，欲召并州牧董卓为助。公业（郑太）谓进曰："董卓强忍寡义，志欲无厌。若借之朝政，授以大事。将恣凶欲，必危朝廷。"（《郑太传》）

卢植也挺身而出，出言劝阻。

> 帝崩，大将军何进谋诛中官，乃召并州牧董卓，以惧太后。植知卓凶悍难制，必生后患，固止之。进不从。（《卢植传》）

袁宏《后汉纪》的记述是：

> 尚书卢植以为："诛中官，不足外征兵，且董卓凶悍，而有精兵，必不可制。"进不从。（中平六年）

在郑太和卢植的话语里，我们需要留意到几个用词："强忍寡义""将恣凶欲""凶悍"，这是迄今所见史籍中，最早对董卓身上某种突出性格特征的直接道破，其中的核心词素是：强、忍、恣、凶，它们跟恶、虐、暴、残等同类字，共同构成了董卓性格名声的基本特色和本

192

质。如果我们翻开《三国志》，随处可见对于董卓的这种描述和评价，例如：

　　　　董卓乘衅，恶甚浇、殪。（《文帝纪》）

　　　　俾逆臣董卓，播厥凶虐。（《明帝纪》）

　　　　贼卓因危乱之际，威服百寮，此乃汉家小厄之会。（《董二袁刘传》）

　　　　董卓狼戾贼忍，暴虐不仁，自书契已来，殆未之有也。（《董二袁刘传》）

曹丕《典论自序》的开篇即是：

　　　　是时四海既困中平之政，兼恶卓之凶逆。（《三曹集》，岳麓书社1992年版，第174页）

　　所有这些描述和刻画，都具有某种高度的共同性，而最终往往归结为一个字：威。威字不仅常见于他人对董卓的描述，也屡见于董卓的自诩，甚至，它还具有某种"移动性"[9]。

　　虽然以上对于董卓的刻画与描述，基本是针对董卓进京之后而发，但郑太和卢植的话语提示我们，早在董卓进京之前，他身上的这种具有董卓特色的性格和行径，就已经闻名于世了。

　　也就是说，董卓身上这种使他的威名（恶名）得以构筑和传播的性格与行径，在董卓的一生中，基本是前后一致、一以贯之的，其所表现的差异，只在于机会的适合与否。

　　所以，当郑太和卢植等人向何进抛出反对意见，极言董卓为人之恶，不可轻用，何进怎么会接受呢？因为何进想要的，正是董卓身上的这种凶与恶。这种由凶与恶所构成的名声与威势，正好是对付"威服

193

海内"的宦官集团最好的以毒攻毒的良药和利器。

因此，袁绍和何进召董卓带兵进京，并不是临时的抓瞎，而是经过深思熟虑的结果，是针对宦官群体做出的有针对性的决定，一个"打鬼就得请钟馗"的决定。

现在，我们转过来看一下皇甫嵩的情况，来回答为什么皇甫嵩不在带兵进京的名单上。

首先，皇甫嵩的威名我们是知道的，"威震天下"嘛。[10]皇甫嵩的"威震天下"，来自他的平定"黄巾"，所谓"及其功成师溇，威声满天下"（《皇甫嵩朱儁列传》），这跟董卓的威名起源于在并、凉、蜀地的百战一样，两人都是凭借战功而建立获得的。但是，如果我们具体地来察看一下皇甫嵩的名声，我们会发现，皇甫嵩和董卓的威名，在内容上有极大的不同，甚至是截然相反的。

从总体上看，皇甫嵩的威名不是趋向于一种恶名，而是相反，似乎始终在精心维护着一种善名、好名和干净名声。

像早年的"太尉陈蕃、大将军窦武连辟，并不到"，就是一种当时很普遍、很流行、很符合主流价值观的名声。

在镇压"黄巾起义"的过程中，皇甫嵩一直把自己的功劳分让给朱儁和卢植，得到了时人的好评。[11]到"黄巾"平定，皇甫嵩任冀州牧，随即"请冀州一年田租，以赡饥民"，汉灵帝批准了。当地百姓编出民谣来歌颂他，"天下大乱兮市为墟，母不保子兮妻失夫，赖得皇甫兮复安居"。皇甫嵩跟宦官作对，拒不与之同流合污，也可以看作一种对于自身名誉的维护。在自己的军队中，皇甫嵩对待下士卒的态度和做法，同样也为他赢得了良好的声誉和爱戴。在《皇甫嵩传》的结尾部分，叙述皇甫嵩病逝之后，范晔很有意味地补了一笔：

> 嵩为人爱慎尽勤，前后上表陈谏有补益者五百余事，皆手书毁草，不宣于外。又折节下士，门无留客。时人皆称而附之。

尽管"皆手书毁草，不宣于外"，但仍然得到了"时人皆称"的赞美！

这就是皇甫嵩。他的所言所行，看似无一不符合当时的主流价值观。皇甫嵩的名声，始终是跟这样的言行完美匹配的。

这样一种名声，能不能让太后或宦官们闻而生惧、知难而退呢？答案应该是否定的，因为之前皇甫嵩跟宦官有过一次交手，结果宦官的毫毛都没伤到，还被摆了一道，连左车骑将军的印绶都被收缴了。

皇甫嵩在意自己的名声，悉心维护自己的好名声，就像鸟儿爱惜自己的羽毛。阎忠劝皇甫嵩"南面称制"，开头就说："将何以保大名乎。"以此来诱导皇甫嵩进入自己的思维圈，最后皇甫嵩以这样的话语，回绝了阎忠的劝说：

虽云多谗，不过放废，犹有令名，死且不朽。（《皇甫嵩传》）

依旧是回到了名声上面，而且郑重表明，这是一条通往"不朽"的道路。它能立即让人想起《左传》里叔孙豹"三不朽"的典故。皇甫嵩把"有令名"，看作可以跟"立德、立功、立言"相并列和媲美的美德与成就。

直到暮年，在董卓已被刺杀之后，皇甫嵩都一直保持着这种对于良好名声的喜爱和看重。当时在长安有个叫射援的，据《三辅决录注》记载，年轻时就有不错的名声，为此，皇甫嵩把女儿嫁给了他。董卓死后，谋刺董卓的主角之一的士孙瑞，也是当时名重一时的名士，《陈王列传》里说，"每三公缺，杨彪、皇甫嵩皆让位于瑞"。可见这种珍惜名誉、重视名誉的传统行为，皇甫嵩是维持终身的。

反观董卓。董卓不仅不怕自己恶名在外，甚至还嫌此名声不够响亮。最显著的例子，是董卓对皇甫规遗孀（皇甫嵩的婶娘）的强娉。当遭到这位遗孀的拒绝时，董卓大怒道：

孤之威教，欲令四海风靡，何有不行于一妇人乎？（《后汉书·列女传》）

又见"威"字！"威"字常与"名"字相连，所谓"威教"，实即与后来魏晋时期的"名教"相近。"四海风靡"，自是无远弗届的意思。董卓当然清楚自己在干什么，他这句话的意思翻译过来就是：老子要是连个娘们都搞不定，还能摆平天下么！

从"孤"字的自称判断，此事若属实，当是董卓残年所为，但谁又能说，董卓这种不怕自己恶名远扬，是到晚年才有的行径，而不是向来如此？我甚至怀疑，恰如董卓自己所宣称的，他对于自己的恶名，其实是唯恐其散播得不够远、不够响，目的则是怀揣着一种可资利用的策略——正好用来威吓、降服人。

对于皇甫嵩来说，名声就是人生的终极目的，是追求不朽的途径；对董卓而言，名声是可资利用的东西；说得再直白点，它是种可以让人害怕的东西，可以去兑换点别的东西，更实际的东西。所以在他的言行中，每每有一种故意与刻意的放大与强化的倾向与表现。

一个是怙恶不悛、为所欲为，一个是洁身自好、画地为牢。对于自身名声的不同看待和想象，构成了不同人生的内在驱力和行驶方向，展开了不同的人生画卷。

诚所谓：名声不同，命运不同。

董卓召皇甫嵩到洛阳，梁衍劝他不要去，皇甫嵩不听，还是去了。给《资治通鉴》作注的胡三省说，这是皇甫嵩"自揣其才不足以制卓故也"[12]。

"才"在这里是才能的意思，包括了能力和力量——当然主要应该是指军事上的。[13]

这就引出一个问题，皇甫嵩和董卓二人，在军事能力和实力上，谁

196

更强一些?

我们先来说说皇甫嵩和董卓两人的军事能力。

皇甫嵩的军事能力，前面已基本说到了。在比较嵩、卓二人的军事能力之前，我们先来看看两人的军旅生涯，也就是各自与战事直接发生关系的那段岁月。

皇甫嵩的军旅生涯，就是从平定"黄巾"到"陈仓之战"的这段时间。在此之前，皇甫嵩当过地方县令、朝廷议郎，后又到地方当太守。太守虽兼有武将职责[14]，也常常亲自出征，但毕竟不是专职武将。"陈仓之战"后，皇甫嵩听从董卓征召，先是去洛阳，后到长安，一直留在朝廷，再也没有征战沙场的经历。

董卓的情况跟皇甫嵩有明显不同。

董卓的戎马生涯要比皇甫嵩早好多。董卓的父亲在颍川的纶氏当县尉，后来好像没有在当地扎下根来。《三国志》和《后汉书》里的董卓传记，都说他"少尝游羌中"，似乎是说，董卓年轻时就已经回到了——如果不说是他一直就在——他的家乡临洮。临洮位于今甘肃兰州的南边，是羌胡汉族杂居共处的地方。书上说，董卓在这里跟一些羌族首领交成了朋友，同时练成了一身兵马娴熟的本领，"膂力过人，双带两鞬，左右驰射"（《董卓列传》），为此受到州领导的青睐，任命他为负责专门抓捕盗贼的兵马掾，而董卓所抓捕的，又多是他非常熟悉的羌胡族人，因此，屡屡成功得手，所谓"大破之，斩获千计"（《三国志·董卓传》），搞得当地的羌胡人都怕了他——"为羌胡所畏"（《董卓列传》），这应该就是董卓威名的最早起源。

董卓人生的关键第一步，要属桓帝末年（177 年），董卓以六郡良家子的身份成为羽林郎，跟随当时的著名边将张奂征讨汉阳（天水）叛羌，并取得耀眼战绩，从而被朝廷拜为议郎。这是董卓为之摇身一变的时候。此后董卓的仕途就平坦起来，先后当过广武令、蜀郡北部都尉、西域戊己校尉、并州刺史和河东太守，早早就跻身二千石之列，基本实现了他父亲望子成龙的宿愿。

这是董卓在"黄巾起义"前的基本履历。很显然，正是这段戎马岁月，练就了董卓的军事功底，他是凭借自己的军功，一步步上来的。

相比较而言，皇甫嵩早年的"嵩少有文武志介，好《诗》《书》，习弓马。初举孝廉、茂才。太尉陈蕃、大将军窦武连辟，并不到。灵帝公车征为议郎，迁北地太守"。（《皇甫嵩传》）的经历，就能明显看出与董卓的不同。

说起董卓的军事能力，不能不提到关东群雄的"讨董"。

关东群雄高举义旗后，一直未能与董卓发生真正的交战，只有曹操独自领兵进击，跟董卓手下的徐荣打了一仗，结果操军大败，曹操本人也几乎丧命。随后徐荣又与孙坚（孙坚后从南边赶来）发生战斗，同样是徐荣获胜，颍川太守李旻被生擒，算是壮烈牺牲了。不过，能直接体现董卓本人军事能力的，是卓军与联军方面的河内太守王匡的一次战役，史书上是这么说的：

> 时河内太守王匡屯兵河阳津，将以图卓。卓遣疑兵挑战，而潜使锐卒从小平津过津北，破之，死者略尽。（《董卓列传》）

从战术谋略的角度看，这是一次精彩、成功的战役。

之后，董卓更多是出于战略考虑，将首都由洛阳迁往长安。在这种背景下，再加上别的各种原因，战局出现了一些变化。比如，孙坚跟吕布、胡轸交战中，吕、胡不合、内讧，孙坚得以取胜。之后董卓亲自与孙坚交战，也遭到败绩。这两次败仗，除了孙坚部确有较强战斗力外，显然也与董卓在战略上采取后撤战略有关。应该注意的是，董卓方面并没有因此表现出溃败大乱的局面，而是有条不紊地对防线作了周密的布置，"乃使东中郎将董越屯黾池，中郎将段煨屯华阴，中郎将牛辅屯安邑，其余中郎将、校尉布在诸县，以御山东"（《董卓列传》），使得包括孙坚、曹操、袁绍在内的关东联军完全无计可施、止步不前。

可以说，关东联军在讨董行动中，之所以在军事上所获甚微（孙坚可谓一枝独秀！），除去联军本身的鱼龙混杂、同床异梦和分崩离析外，董卓在军事上的强大与稳固，是一个显而易见的主要原因。

其中给人印象很深的一点，是董卓手下的猛将如云，诸如徐荣、牛辅、李傕、郭汜、樊稠、张济、李蒙、杨定、段煨等人，别忘了，吕布也曾是董卓的手下，而张辽是吕布的手下。若单纯从作战能力上说，这些人都是能征善战、足以驰骋疆场的骁勇之将，这充分显示了董卓强将手下无弱兵的一面。

反观皇甫嵩，他的部下有哪些著名战将呢？史书没有记载，我们也无从知晓。皇甫嵩在军事上，更像是独领风骚、一花独放式的人物。

事实上，董卓在军事上构成了一个军事集团，这是皇甫嵩无法相比的。

所以，如果像前面所述，只是把董卓和皇甫嵩放在平定"黄巾起义"和征讨边章、韩遂的背景下来比较，董卓肯定不占上风，或者说，会落在下风，但如果将两人的军事能力，放在一段更长的时间光谱里来看，就不能说董卓一定弱于皇甫嵩了——假如不是得出完全相反的结论。客观公允地说，依据现有史料，董卓和皇甫嵩两人在军事能力上，是各有千秋的。皇甫嵩有智谋，懂兵法，战术规范，善打胜仗。董卓同样充满智谋，而且似乎更得"兵不厌诈"之三昧精髓，虽然屡有败绩，但也凸显出更强的宏观驾驭和应对的能力。

把皇甫嵩和董卓两人放在一起，比较他们的军事实力，还必须要说到他们各自部队的来源与构成。关于这一点，雷海宗先生在其《中国文化与中国的兵》一书中，给予过非常突出的关注和叙述。这也的确是衡量一支军队战斗力不容忽视的一个方面。

先来看看皇甫嵩部队的组成和兵力情况。

以嵩为左中郎将，持节，与右中郎将朱儁，共发五校、三河骑士及募精勇，合四万余人，嵩、儁各统一军，共讨颍川黄巾。（《皇甫嵩传》）

所谓五校，是指北军五营，即中央禁卫军。这些部队经多年承平，豢养于京城，实战经历有限，战斗力颇可怀疑。三河指司隶校尉部下的河南、河东、河内三郡，在首都洛阳的周边，所谓"三河骑士"，也许只是半职业化的军人，但既能骑马作战，当有一定的战斗力。皇甫嵩部队战斗力最强的，我猜想反而应该是召募而来的精勇（刘、关、张就属于召募而来的精勇，三国名将中多有这类召募而来的精勇，虽然他们未必在皇甫嵩的阵营中）。四万人的兵力，皇甫嵩和朱儁各领一军，一般理解可能是均分，但实际上皇甫嵩或许会多得一些[15]，总之，皇甫嵩的部下兵力此时应不少于两万。到"陈仓之战"时，《后汉书》中明确说：

复拜嵩为左将军，督前将军董卓，各率二万人拒之。（《皇甫嵩传》）

仍然是两万。

有关皇甫嵩统帅兵力的最后一次说明，是在董卓带兵进京之后，"时左将军皇甫嵩精兵三万屯扶风"（《盖勋传》）。

由此我们可以判断，皇甫嵩手下的兵力，似乎一直维持在两万到三万之间。相应地，其兵力来源和构成成分，似应不会有太大变化。

再看董卓部队的情况。

"陈仓之战"时，董卓手下也是两万人。董卓带兵进京，只带了三千人，其余部队应该是交给了他的女婿牛辅，留守在三辅一带。进京之后，何进、何苗的部曲主动归附了董卓，这部分兵力具体数目不详，但应当十分可观。随后，董卓指使吕布杀死丁原，吞并了丁原的并州兵，其中包括了张辽的千余人，数量再次大增，并且是当时战斗力最强的凉州兵与并州兵的会合，《董卓列传》上说："卓兵士大盛！"

到关东群雄"讨董"时，关于董卓部队的情况，我们援引一段陈勇先生《董卓进京述论》里的文字：

> "卓兵强，绍等莫敢先进。"当时关东方面总兵力达十万以上，却畏惧董卓而不敢出战，说明董卓军队的战斗力相当强大。另据同书《孙坚传》："卓遣步骑数万人逆坚。"又知董卓的兵力已远远超过刚到洛阳时的三千步骑。

可见，董卓进京之后，其兵力数量当已远在皇甫嵩之上。更可注意的，是董卓军中羌、胡兵的成分。

前面说过，董卓从年轻时起就居住在羌、胡、汉杂居共处的"羌中"（今青藏川陇接壤一带）。羌胡人中有董卓的朋友，同时他们又是董卓抓捕和征讨的对象。可以说董卓从很早起，就跟羌胡族人结成了这种特殊关系。到灵帝驾崩前夕，董卓回信给朝廷，说明他为什么不能去朝廷任职时说：

> 所将湟中义从及秦胡兵皆诣臣曰："牢直不毕，禀赐断绝，妻子饥冻。"牵挽臣车，使不得行。羌胡敝肠狗态，臣不能禁止，辄将顺安慰，增异复上。（《董卓列传》）

在其后的一封回信中，表达了类似的意思。

这清楚表明，在董卓的军中，有湟中义从、秦胡兵和羌胡人士，这些人很可能是董卓兵员的主力。他们不仅具有长期征战形成的剽悍战斗力，而且对董卓十分忠诚，堪称死心塌地、生死不渝，构成了董卓部队的核心与中坚力量。

对此，郑太对董卓说的一番话，作了最好的阐述与证明。这番话虽然是董卓"不悦"之下的缓颊之言，难免有诡谀成分，但通读下来，可以说基本属实，而且层次分明，条理清晰，实是一篇出色的小型论文，甚至含有些文献综述性质，较全面、客观、准确地评述了董卓方面的军事实力及优势所在。我们从中撷取几段文字，听听郑太是怎么评述董军实力的。

明公出自西州，少为国将，闲习军事，数践战场，名振当世，人怀慑服。

关西诸郡，颇习兵事，自顷以来，数与羌战，妇女犹戴戟操矛，挟弓负矢，况其壮勇之士，以当妄战之人乎！其胜可必。六也。

且天下强勇，百姓所畏者，有并、凉之人，及匈奴、屠各、湟中义从、西羌八种，而明公拥之，以为爪牙，譬驱虎兕以赴犬羊。七也。

又明公将帅，皆中表腹心，周旋日久，恩信淳著，忠诚可任，智谋可恃。以胶固之众，当解合之势，犹以烈风扫彼枯叶。八也。（《郑太传》）

在郑太的这份陈词中，七、八两点可谓核心要害所在。而其核心之核心，就在"明公拥之"四字之上！军队与其将帅的关系问题，是一支军队最核心关键的问题。皇甫嵩的军队，虽然堪称精兵，但他们跟皇甫嵩的关系，是"国营单位"和"国家干部"之间的关系，不能说是属于皇甫嵩个人的。而董卓的情况就全然不同，"拥之"二字，表明这些武装力量，是属于董卓个人的，所谓"明公将帅，皆中表腹心，周旋日久，恩信淳著，忠诚可任，智谋可恃"，这样才能成为一支"胶固之众"，即紧密团结在董卓周围的军队，我们看中国历史，每每可以看到，军队和他的将帅之间，这种关系所具有的决定性质。

皇甫嵩之所以没有听从皇甫郦和梁衍的劝言，包括盖勋那场胎死腹中的密谋"讨董"的流产[16]，我猜想，是不是一种经过拈量后的结果？

对两位古代将军进行比较，军事能力和实力也许是最直接的比较，但却未必是最核心的比较。就像人们现在议论一位美女官员，经常会说一句话：她背后有人，或者说，她上面有人——军事能力和实力的背后，也有一种更强有力的存在：政治。

事实上，军事（战争）只是政治的一道影子，一道最浓烈的影子。有句名言叫"枪杆子里面出政权"，但并不是哪条枪杆子都能出政权，而政权一旦建立，也不是哪条枪杆子都能轻易撼动得了的。

董卓在灵帝之后的废墟上扶持建立的献帝政权，是以"枪杆子"为背景下做到的，这毋庸赘言，也于史有据。但董卓建立这个政权，并非是通过一场武装斗争才得以实现的，充其量只能说是一场宫廷政变，虽然先后杀了几个人，比如太后和少帝，从总体上看，其实是近于一场"和平演变"的。随后的董卓与皇甫嵩关系的变化与固定，同样不是来自一场军事斗争的结果，董卓是以兵不血刃的方式，就让皇甫嵩按自己的意愿放弃武装，来到了自己控制下的首都洛阳。此后直到董卓被刺杀，皇甫嵩从未对董卓有过半点对抗的表现。

因此，皇甫嵩不是（直接）输给了董卓的军事实力，而是输给了董卓的政治权势。

如果对皇甫嵩和董卓二人政治上的表现作一番比较，我们会看到什么呢？

作为累世二千石之家出身的皇甫嵩，显然并不缺乏政治敏感性。"黄巾起义"刚爆发，皇甫嵩即率先提出解除"党禁"，这除了体现皇甫嵩公忠体国的一面，也反映了他的政治敏感。平定河北"黄巾"后，皇甫嵩"奏请冀州一年田租，以赡饥民"，同样说明皇甫嵩不仅是一名能征惯战的名将，也确实能留心地方政事（毕竟当过太守）。阎忠来劝他"南面称制"，遭到皇甫嵩的断然拒绝，以及跟宦官首领的过节，都反映了皇甫嵩在政治上的某种意识和立场。

但所有这些，都在正常范围，如果拿来跟董卓相比，只能说是"小巫见大巫"了。皇甫嵩和董卓在政治上的表现，从当量上说，完全不可同日而语。

皇甫嵩一生的军旅生涯比董卓要短，但却更像一位纯粹的军人和将军，董卓一生的军旅生涯比皇甫嵩更长，却不是一位单纯的军人或将军。在董卓身上，堆聚了浓厚斑斓的政治油彩，有过并非一面的政治面貌和行为，虽然好像从没有人愿意称董卓为政治家。

我认为董卓是一位可以也应该从政治角度去打量的人物，是一位曾经很有想法、热心尝试，却浅尝辄止，开局不错，却终究半途而废的政治"新手"。在不足三年的时间里，董卓的政治历程，明显可分为前后不同的两个部分，尽管最终堕入罪恶与失败的泥淖，成为恶人政治的典范，并使自己丧命其中，但董卓同样留下了他的一份政治遗产，一份斑斓驳杂、狼藉不堪的政治遗产，其中却也不乏有令人沉思的东西。

要知道，从历史的纵向来看，董卓之前——至少是秦汉帝制建立以来，我们几乎找不到跟董卓完全相类似的人物[17]，然而自董卓之后，董卓之人前后相继、层出不穷，可以说是贯穿了其后全部的中国历史——距董卓最近的一位，就是曹操。照今天的视角来看，曹操正是董卓的成功复制版——所以，即使单单从这点来说，董卓也不应被摒除在政治史之外，而只是简单潦草地赋予一个恶人的名谥，痛骂、谴责一番了事。

董卓的政治生涯，尽管不过转瞬即逝，成过眼云烟，却理应是一篇专题论文，或者说论著要表达的内容。这里只能就嵩、卓二人的比较与较量角度，简略叙述一、二。

董卓的政治能力和表现，自然首先集中于带兵进京前后的那段时间。

"陈仓之战"后，朝廷征董卓到京城任职，董卓拒绝了。灵帝临终前以玺书形式，任命董卓为并州牧，要他把兵交给皇甫嵩，董卓再次拒绝之后，没有去并州赴任，而是"驻兵河东"。从这里开始，董卓的政治用心，就正式揭开了一角。但这只是第一步，董卓也不可能知道接下来会有什么事情发生，自己会经历什么样的事情，一切都需要"随物赋形"，随机应变。到何进召董卓带兵进京的命令发出，董卓的机会才算真正响锣。请注意，《后汉书》在此的记述是："卓得召，即时就道。"（《董卓列传》）

"即时"二字，颇为传神。

董卓得召后，"即时就道"的同时，做了一件事，"并上书曰"（《董卓列传》）。董卓是给谁上书呢，当然不是何进（没这个必要），是给少帝和何太后。为什么呢？《后汉书》说何进召董卓带兵进京时，有这么一句，"乃私呼卓将兵入朝"。为什么说是"私呼"？因为是背着太后这么做的（要"胁太后"么）。奏章的内容专讲宦官如何为害，表示自己愿为清除宦官祸害出力，"今臣辄鸣钟鼓如洛阳，请收让等，以清奸秽"。这样，尽管已经有了大将军何进的征召令，董卓仍然为自己的带兵进京，作了一份政治背书。史书中这个容易为人忽略的细节，让我们看到了董卓作为一名近于职业化的军人首领，其细腻谨慎的政治敏感。

董卓的政治天赋和能力，我认为首先表现在他对自身政治行为节奏的把握上，即：

1. 不疾不徐，张弛有度；

2. 迅疾如电，干净利落。

两者在董卓手里做到了如水乳交融、并行不悖，体现了董卓高超、娴熟、老道的政治心理和素质，是董卓能制胜一时的"必杀"法宝。

董卓是受大将军何进之命带兵进京的，并非自己擅自行动，但以何进的表现和能耐，他能把握得住董卓么？想想只在几个月前，董卓对汉灵帝和朝廷的公然拒绝和抗命，董卓会真心听命于何进的指挥？董卓拒绝汉灵帝的玺书后，就"驻兵河东，以观时变"，说明董卓对首都局势早就有了觊觎之心，何进进京的命令对董卓来说，可谓正中下怀，是送上门来的好事。本来就有所谓"将在外，君命有所不受"的说法，况且此时皇帝年幼，朝廷主政者是一个妇人。如果董卓接到命令后直趋京城，大概也没人能阻止他，但董卓没有，而是颇有耐心地听从何进的指令，何进让他进他就进，叫他停他就停，表现出相当的自控。此时的董卓，就像一只老练的潜伏在河滩边的巨鳄，小心翼翼地接近自己的目标。当一直狐疑不定、犹豫不决的何进，在董卓带兵已临近洛阳时，突然派谏议大夫种劭来阻止董卓的前行，董卓几乎要把持不住自己，但在种劭的强硬怒叱下，最终选择了让步。董卓明白，还不到真急的时候。

到董卓进京时，京城已发生巨变，形势之急转直下，出乎所有人的意料，董卓成了一场"血腥宴会"的迟到者。但此时的董卓，依然没有立即采取简单、暴烈的方式，来直接攫取东汉政权的最高权力——自然，毋庸赘言，这有形势和环境制约的一面——而是仍然采取有条不紊、按部就班的方式，不疾不徐地推进自己的政治行动，以较为平缓的姿态，从取代司空开始，而不是直接一步登天，迈出了自己政治步伐的第一步。董卓这种做法明显带有谨慎和试探的意味，当发现没有出现强烈阻碍时，他才突然展开了自己迅疾的后续动作，快速向前推进，随即将自己的身份提升为太尉和相国。张弛有度的同时，是快步走，决不给转瞬即逝的时机，留下丝毫错失的缝隙。董卓在极短的时间内，对大混乱之后的首都实现了如此有序而沉稳的控制，即使你对董卓怀有再大的偏见和仇视，你也不能不承认，他的行动是成功、完美和滴水不漏的。

董卓迅速在洛阳实现了反客为主和为我独尊。

董卓进入洛阳之后的政治行动（主要在半年内完成的），基本可概括为三个方面：

首先是自身身份的更新和地位的确立。

这点前面已经说了。

其次是以迅雷不及掩耳之势，废少帝，立献帝，弑太后。这里要特别指出，这些非常事件，是董卓在进京之后一个星期之内完成的！[18] 董卓完全不给他的对手、潜在对手和旁观者，以任何可乘之机。当然，这里有一个前提，此时的董卓已经吞并了何进、何苗和丁原的部队，"兵士大盛"，武力成为董卓政治行动的重要后盾，但在手法上，董卓的行为方式，跟之前的何进形成了最强烈鲜明的对比。董卓按自己的意志，建立了一个崭新的军政府，他成为东汉朝廷的实际领导人。

这一切都完成得如秋风扫落叶，没有一丝一毫的拖泥带水。

若从以往历史道德的评价角度说，董卓以上的所作所为，都是他遭受谴责的罪恶行径的一部分，但从政治行为的分析角度看，却是表现了董卓过人的政治天赋和手腕。

最后，是董卓与当时朝廷和社会上世家大族和名流士人的关系。

董卓能在四个月的时间内，以威胁、利诱、笼络、杀戮的方式，流氓性与亲和力并用，商议与翻脸随时迭现，建立起一个全新的军政府，将首都和全国形势掌握在自己手里，董卓与世家大族和名流士人之间的统战策略和合作关系，在此起了至关重要的作用。虽然这段关系的存续时间有限，内容也比较暧昧、混杂，但它在最初的时间里，确实起到了重要的支撑、构筑作用，是董卓军政府得以迅速而平稳建立的关键。关于这一点，我们迄今所见的史籍材料，其实是存在着某种程度的巨大扭曲和遮蔽的，但所存的客观材料，仍能透露出不可阻挠的真实信息。

董卓带兵赶到京城时，宦官已全部被杀光了，连召董卓进京的何进也死了。按理说，董卓进京的正当前提已不存在了，董卓应该立即退兵才是，但董卓既然已经来到这个时间和空间点上，他怎么可能回头呢？当前太尉崔烈尝试着要求董卓退兵时，董卓给了他一个恶狠狠的威胁，之后就再也没有人敢对董卓提出这种要求了。

而董卓也懂得顺水行舟。

尽管宫廷宦官已悉数被灭，但董卓为了顺应人心——当然主要是世家大族和士人官僚集团之人心——继续推行反宦官路线，大力清除宦官流毒，行拨乱反正之举，最具标志性的，是为窦武和陈蕃事件平反，为此董卓赢得了士人和官僚阶层的拥护和肯定，也是董卓带兵进京后，没有即刻涌现"反董"浪潮的重要原因。

为"陈蕃、窦武之难"正名平反，是历史送给董卓的一张顺手政治牌。

同时，董卓大量起用士人（其中多有之前被禁锢的"党人"）为官，除了身在朝廷和京城的，还任命大批地方士人名流，其中包括了多位后来举旗讨董的地方州牧、刺史和太守等，所谓：

> 灵帝崩，董卓秉政，以汉阳周毖为吏部尚书，与靖共谋议，进退天下之士，沙汰秽浊，显拔幽滞。进用颍川荀爽、韩融、陈纪等为公、卿、郡守，拜尚书韩馥为冀州牧，侍中刘岱为兖州刺史，颍川张咨为南阳太守，陈留孔伷为豫州刺史，东郡张邈为陈留太守……（《三国志·蜀书八·许麋孙简伊秦传》）

反倒是"卓所亲爱，并不处显职，但将校而已"（《董卓列传》）。

这些举动充分显示了董卓极力讨好、顺从士人之意的用心。士人官僚集团遭外戚，尤其是宦官集团长期压制和迫害，董卓不失时机地利用了这支政治力量的合作与支持，尤其在其初来乍到、立足未稳之际。

在此过程中，董卓以极富董卓特色的方式，展现了他对士人求贤若渴、从善如流的一面，我们可以在董卓与荀爽、蔡邕、司马朗、赵戬、盖勋、朱儁、皇甫嵩、陈纪、王允等人物的关系中，最清楚不过地看到这一点。[19]

董卓以一名并未实际到任的并州牧，带领三千士兵进京，在身份和实力上，与其他几位进京者相比——比如丁原，并没有绝大的优势。当时同时带兵进京的骑督尉鲍信，都动了要干掉董卓的念头，说"及其初至疲劳，袭之可禽也"（《三国志·董卓传》），但董卓能在短短四个月内，就把京城乃至全国形势基本掌握在自己手里。就这一点，别说在当时——想想当时东汉宫廷乱成了什么样子，血流成河！——就是放在历史上的任何一个时候，都非得有杰出、狠辣的政治手腕不行，而董卓做到了。

一个显而易见的事实是，董卓在政治上表现出的复杂、强悍与多面，其对东汉历史直接的巨大影响——也可以说是对其后数百年中国历史的某种影响——是决非皇甫嵩所能望其项背、与之相提并论的。皇甫嵩在政治上的那些举动，跟董卓相比，就历史影响而言，会立刻显得无足轻重，反而显出几分平庸和苍白。

结　语

皇甫嵩、朱儁并以上将之略，受脤仓卒之时。及其功成师克，威声满天下。值弱主蒙尘，犷贼放命，斯诚叶公投袂之几，翟义鞠旅之日，故梁衍献规，山东连盟，而舍格天之大业，蹈匹夫之小谅，卒狼狈虎口，为智士笑。岂天之长斯乱也？何智勇之不终乎！（《皇甫嵩朱儁列传》）

这是范晔写在《皇甫嵩朱儁列传》末尾《论曰》中的一段话，其中的"犷贼"，肯定说的是董卓无疑。最后一句，"何智勇之不终乎！"，道出了范晔——或许是范晔前后，直到今天很多人的内心感慨和疑问，为什么？为什么"威震天下"的皇甫嵩（朱儁是个次要角色），最后在董卓面前，会表现得如此前后判若两人？

本文前面的文字，就是想尽可能地来回答一下这个"范晔之问"，想给出一条复原其逻辑关系的因果链条。

范晔有此尖声一问是不难理解的，因为皇甫嵩与董卓两人，从"争雄""不相上下"到握手言和，彼此和谐，不仅是关乎这两人命运的事，而是关乎当时东汉大势，乃至其后中国百年间历史走向的事——当然，这仅是指一种可能性。

而皇甫嵩一再选择了消极、拒绝和放弃，最终"狼狈虎口，为智士笑"，其中的看点究竟在哪里？

关公战秦琼的要点（笑点），不在两人武功的比较，而在于时间的错位。皇甫嵩和董卓的比较，要点也在时间。

尽管他俩是同时间人[20]，但却是朝向不同时代的两个人。

赫拉克利特说，"人不能两次踏入同一条河流"；他的弟子克拉底鲁说，"人一次也不能踏入一条河流"。透过皇甫嵩和董卓的比较，我们可以看到，即使身处同一段时间河流，其所投下的时代阴影也会完全不同。

怎么说？

如果站在皇甫嵩的角度，看皇甫嵩所处的时代，人们也许会有一种感觉：一切都是正常的（或许这就是皇甫嵩本人对他所处时代的感觉？）虽然皇帝被变更了，但以前一直有皇帝被非常态地变更；太后被杀了，以前也有过太后被杀；"黄巾起义"被后世认为是影响东汉历史走向的大事，但当时的人未必都这么看，骚乱和叛乱一直没有停息过，再说不是很快被平定了么。董卓专权又怎么样，之前不也有过梁冀，再早还有过窦宪么？他们都曾是"威震天下"的人物，有什么理由认为，出了个董卓，东汉就要完了呢？再说董卓后来也被杀死了。至于迁都长安，至少皇甫嵩本人对此没有发出一点异议。

鲁迅说过一句话：

时间永是流驶，街市依旧太平。(《华盖集续编·纪念刘和珍君》)

无论身处什么时代，身经何种事情，那种一切照旧的感觉，始终会是某些人群的心理状态。

但如果从董卓的视角看，人们的观感就有可能完全不同。

无论是后人从历史的角度来看，还是对于当时的人来说，董卓都是以一个异类的形象，出现在洛阳的政治舞台上的。不管是对于东汉，还是秦汉以来的历史来说，董卓在洛阳的出现，都是个新现象，一件新鲜事物，一个中国历史上第一次出现的"科西嘉的怪物"。如果说汉灵帝、"黄巾起义"和董卓是东汉走向三国的三大主导要素，那董卓就是最直接摁下按钮的那个人。从董卓开始，东汉历史就真正进入了急剧弯道，随后，东汉就一步步不再是东汉。陈寿的《三国志》，除了被作者奉为正朔的曹氏一家的男男女女外，董卓是开篇第一人，这不仅是自然时间上的顺序，也是历史时间上的位置，换言之，董卓是三国的揭幕人。

方诗铭先生在《论三国人物》的《前记》结尾处特地说明：

本书是从董卓开始的，他似乎不能算作三国时期的人物，但陈寿的《三国志》中，除皇帝后妃外，第一篇即是《董卓传》。

方诗铭先生的话语有些勉强和无奈解释的味道，其实这恰恰道出了董卓在从东汉到三国历史转折处的位置和意义。

董卓和皇甫嵩的最大不同，也在这里。

皇甫嵩像是停留在过去时光里的人物，一切世事的变幻莫测，到了皇甫嵩这里，都重新归于静止和不变了；董卓则朝前跨了一步，以暴烈的方式，打开了新时代的闸门。

因此，皇甫嵩与董卓的较量，其实是暗含了两种不同时代的较量，皇甫嵩站在河这边，董卓则渡河而去。

也许正是这种具有标杆性的"过渡人"的位置，决定了董卓表现出比皇甫嵩更为复杂、深邃、有力的个性。在董卓身上，更能体现出那个即将到来的新时代的气息，一种搅动与颠覆，激荡与厮杀的气息。

暴力必然地成为这一新时代来临的标志和象征，它也是董卓身上的一大特色。

董卓身上的暴力倾向和表现，除了确实来源于一种习性（基于天性和地域的成分），我觉得更多的时候，它的背后站立着政治的背景。那些带有骇人听闻性质的暴力行径，那种故意的、快意的，无所顾忌的滥施淫威的行为，其实反映了董卓政治处境和心理的某种失衡，也显示出他一惯的对于暴力的信仰和依赖。他相信暴力可以帮他实现梦想，给他带来他想要的东西。这其实是一种政治失能和迷惘的表现，也可以说是一种政治图谋上的失策，以为恐惧可以慑服人心，结果却适得其反。

当然，从具体的视角来看，董卓在洛阳带有突然性的暴力行动，跟当时士兵的性需求和经济物质上的需要有关。然而闸门一旦打开，洪水将不可遏止，成为董卓前后政治历程的分野线与转捩点。

不过，要是认为暴力是董卓与皇甫嵩之间的区分，那就可能是种误解了，皇甫嵩在镇压"黄巾起义"时表现出的暴力，一点不亚于董卓，长社之战，斩首数万级，东郡斩首七千余级，与张梁战，获首三万级，赴河死者五万许人，与张宝作最后的决战，首获十万余级，总之，死于皇甫嵩之手的"黄巾"，总数在二十万以上。在张角先已病死的情况下，皇甫嵩"乃剖棺戮尸，传首京师"。镇压张宝"黄巾"后，更以十万"黄巾"尸体，"筑京观于城南"（《皇甫嵩传》）。

也许有人会说，这是一种战争或战场行为，跟董卓的滥杀平民，完全不应相提并论。是的——但战争或战场就一定要多杀戮吗？后来三十万青州"黄巾"归降曹操，也许提供了一个不太一样的例子。

所以，说到暴力，皇甫嵩于董卓其实是不遑多让的，绝非一个心慈手软之人。

但就这么个皇甫嵩，当他面对董卓时，却完全像是换了一个人。皇甫嵩听从董卓征召，从扶风越过长安去到洛阳，那时候汉献帝和东汉朝廷正被迫向西而来，跟前往洛阳的皇甫嵩相向而行、擦肩而过。皇甫嵩被董卓免死，还先后被任命为议郎和御史中丞，当董卓回长安时，皇甫嵩已在路边恭候，就是说，皇甫嵩接受董卓的任命后，一个人又从洛阳返回了长安。当董卓对皇甫规的遗孀极尽逼迫与凌辱，规妻最后死于董卓暴力之下，那时皇甫嵩在哪呢？不管怎么说，从名分上讲，这位烈性女子都是他的婶娘。反倒是在董卓被吕布刺杀后，一直处于静默状态的皇甫嵩，突然冒了出来，"使皇甫嵩攻卓弟旻于郿坞，杀得母妻男女，尽灭其族"（《董卓列传》）。这件事，连范晔都好像有点不太好意思把它放进《皇甫嵩传》，只在《董卓列传》里马虎潦草地塞了这么一句。当时，"卓母年九十，走至坞门曰'乞脱我死'，即斩首"（《三国志·董卓传》裴注引《英雄记》）。此时，那个一直隐身不显的皇甫嵩好像突然"满血复活"了——恢复了他在镇压"黄巾起义"时的那股狠劲。

所以，暴力并不是皇甫嵩和董卓的"识别码"。要说有什么不同，那应该看到董卓不仅没有杀掉皇甫嵩，反而让他做了御史中丞，在东汉，这还真是个不错的官。[21]皇甫嵩却在董卓死后，灭了董卓家族。

能看出皇甫嵩和董卓之间不同的，是他俩与士人群体的关系。

至少从皇甫规开始，皇甫家族就极力把自己往士人，甚至是党人圈子里靠，这在《皇甫规传》里有详细、精彩的描述。皇甫嵩本人在这方面的表现，史籍中同样有清楚呈现。可以说，皇甫嵩最后成功融入了士人群体，成为其中一员。

董卓也曾一度跟士人群体——更确切地说是关东士人名流，表示过由衷的亲热，希望能结成亲密的关系，但最终却失败了，并且死在了士人首领王允之手。董卓与（关东）士人的关系，可用一句话来概括形容："我本有心向明月，奈何明月像刀锋！"士人群体对董卓，可以说是一直是暗怀图谋的，而董卓则多少属于被迫反击。曹操后来的"宁我负人，毋人负我！"，仿佛是从董卓这里得到了教训，受到了启发。

董卓和皇甫嵩与（关东）士人群体的不同关系及其结局，其实是反映了两人与士人群体在文化和利益沟通上的合流与冲突。虽然皇甫嵩和董卓同为凉州武将，但皇甫家族从武将角度说，早已文化，或者说儒化，从地域角度说，则早已中原化；董卓却是融而不入，始终保留着浓厚的西凉色彩。皇甫规的遗孀在痛斥董卓时，说他是"羌胡之种"，这与其说是种族区分，不如说是文化的蔑视。文化及其背后的思想倾向，正是皇甫嵩和董卓较量的真正枢纽。对此，范晔在《儒林列传》——请注意，是《儒林列传》——的结尾处，用一段话语，给出了最好的脚注：

> 至如张温、皇甫嵩之徒，功定天下之半，声驰四海之表，俯仰顾眄，则天业可移，犹鞠躬昏主之下，狼狈折札之命，散成兵，就绳约，而无悔心。暨乎剥桡自极，人神数尽，然后群英乘其运，世德终其祚。迹衰敝之所由致，而能多历年所者，斯岂非学之效乎？故先师垂典文，褒励学者之功，笃矣切矣。不循《春秋》，至乃比于杀逆，其将有意乎！

范晔认为，皇甫嵩的选择，是遵循主流意识形态教育和学习的结果。

注释：

[1] 除北地太守外，《皇甫嵩传》李贤注引《续汉书》，说皇甫嵩还曾当过霸陵令和临汾令，霸陵在长安附近，临汾距长安稍远。

[2] 参见百度百科"皇甫嵩"条。

[3] [英] 崔瑞德、鲁惟一编：《剑桥中国秦汉史》，中国社会科学出版社 1992 年版，第

373 页。

　　［4］同上书，第370页。

　　［5］见《东汉会要》卷十九《职官一》，徐天麟撰，上海古籍出版社2006年版，第289页。

　　［6］牟发松：《侠儒论：党锢名士的渊源与流变》，《文史哲》2011年第4期。

　　［7］李贤在《皇甫嵩列传》中"卓曰：'困兽犹斗，蜂虿有毒'"后加注说："皆《左氏传》文"。案："困兽犹斗"，分别见于《左传·宣公十二年》和《定公四年》，"蜂虿有毒"见于《左传·僖公二十三年》。

　　［8］《方诗铭论三国人物》中说："对内地的传统文化格格不入，属于低文化层人物。李催如此，董卓也应该如此。"陈勇《董卓进京述论》一文，没有将矛头明确直接指向董卓，而是用了"董卓诸将"这么一个模糊而闪烁的说法。方、陈二人的表述方式本身，都有意无意地显示了董卓本人的某种文化状态。（方诗铭《方诗铭论三国人物》，上海古籍出版社2006年版，第3页；陈勇《董卓进京述论》，《中国史研究》1995年第4期。）

　　［9］吕布刺杀董卓后，高顺对他说："将军躬杀董卓，威震夷狄。"（《三国志·吕布（张邈）臧洪传》）吕布杀人多矣，不是杀谁都可以获得"威震"效果的，杀丁原就没有。这其实是在暗示，"威"像是董卓身上一件特别附属物，不仅活董卓是威的，董卓死了，他的威灵还可以"转至"他人身上。

　　［10］查一下《三国志》和《后汉书》，"威震天下"一词一共被用在了六个人身上：窦宪、梁冀、皇甫嵩、董卓、张温和曹操，除张温有点名实不副外，其余五人可谓名实至名归。

　　［11］见《皇甫嵩朱儁列传》和《卢植传》，其中分别有"嵩乃上言其状，而以功归儁"和"及车骑将军皇甫嵩讨平黄巾，盛称植行师方略"等句子。

　　［12］《资治通鉴》卷五十九，献帝初平元年。

　　［13］《后汉书》《三国志》中屡见"才武"一词，《三国志·董卓传》有"卓有才武"句。

　　［14］《续汉书·百官志五》：省诸郡都尉，并职太守。

　　［15］《朱儁传》中有一句，"儁与荆州刺史徐儁及秦颉合兵万八千人围弘"，据此可认为，朱儁当时领兵不足两万。

　　［16］《盖勋传》："时左将军皇甫嵩精兵三万屯扶风，勋密相要结，将以讨卓。会嵩亦被征，勋以众弱不能独立，遂并还京师。"当时盖勋在长安地区任京兆尹，跟皇甫嵩联络应当十分方便，再说，如果盖勋的密谋只是脑子里的一个念头，后世史家当不会如此叙述，所以可以认为，这也是一次未遂事件。

[17] 吕后死后的齐哀王刘襄，"七国之乱"时的诸王，王莽末年的义军首领，也许是能列举出的几个稍稍近似的人物，但只消一眼，就能识别出他们之间明显的、本质的不同。

[18] 据《孝灵帝纪》和《孝献帝纪》，以及饶尚宽编著《春秋战国秦汉朔闰表》（商务印书馆 2006 年版）推算。中平六年（189 年）八月戊辰（二十五），何进被杀。辛未（二十八），袁绍杀尽宦官。张让、段珪等，或被杀，或投河。辛未（二十八），帝还宫。九月甲戌（初一），董卓废帝为弘农王，刘协即皇帝位，迁皇太后于永安宫。丙子（初三），董卓杀皇太后何氏。《后汉书》以上记事，无论是否完全确凿无疑，从中已能看出事情进程与变化之速。

[19]《孔融传》里有段话，很好地显示了当时董卓对于士人（尤其是名士）极力笼络和展现其宽宏大量的一面，"会董卓废立，融每因对答，辄有匡正之言。以忤卓旨，转为议郎。时黄巾寇数州，而北海最为贼冲，卓乃讽三府同举融为北海相。"

[20] 现存史书中没有明确记载皇甫嵩和董卓两人的生年，只有卒年是清楚的。《后汉书》记皇甫嵩生平第一件事，是"初举孝廉、茂才。太尉陈蕃、大将军窦武连辟，并不到"。陈蕃为太尉，窦武为大将军，是在灵帝初年，即 168 年。按李贤注引《续汉书》说，此前嵩父已去世，皇甫嵩本人也已当过霸陵令和临汾令，故年龄不应太小，但也不应太大，不应超过三四十岁，否则以皇甫嵩的家世情况，史书于此前对皇甫嵩几乎无事可记的状况，就显得不尽合理。因此，假如暂定皇甫嵩 168 年的年龄为 35 岁，则已知皇甫嵩逝世于 195 年，故其享年 63 岁，即（133—195 年）。

《三国志》和《后汉书》记董卓生平第一件有确切时间可知的事，是"桓帝末，以六郡良家子为羽林郎，从中郎将张奂为军司马，共击汉阳叛羌"。据《张奂传》，此事在 168 年（与陈蕃和窦武辟皇甫嵩同时）。此前，董卓"少尝游羌中"。跟随张奂征羌之前，董卓已"为州兵马掾""为羌胡所畏"，所以年龄不应太小，但超过四十的可能性似乎也不大。若同样按 35 岁计算，则董卓被杀时（192 年），为 60 岁。其母时年九十，似乎也较合理。故董卓的生卒年，或为（133—192 年）。

[21] "光武特诏御史中丞与司隶校尉、尚书令会同并专席而坐，故京师号曰'三独坐'。"（《宣张二王杜郭吴承郑赵列传》）

九　东汉皇帝和他们的生母

东汉十四帝（包括两位在位不久的少帝），有十四位生母。这些生母的命运，以及她们与其皇帝儿子的关系，套用一句托尔斯泰的话说：幸福的母子自有它的幸福，不幸的母子各有各的不幸。

汉和帝在永元九年（97年）以前，一直不知道自己的真实身世，他不知道自己的生母是谁，也许根本没见过她，对她完全没有任何印象。这一切源于多年前的一场宫廷阴谋，史书上说：

（建初）四年，生和帝，后养为己子。（《皇后纪上》）

生下和帝的是小梁贵人，"后"指的是汉章帝的窦皇后。

从这两句话之间没有任何间隔和说明，我们可以猜测，和帝可能一生下来，就被窦皇后给抱养了。

《梁统传》中的说法十分相似：

小贵人生和帝，窦皇后养以为子。

同样是无缝对接。

另外，《章帝八王列传》的诏书里有这样的话：

> 皇子肇保育皇后，承训怀衽。

"皇子肇"就是日后的汉和帝刘肇，"怀衽"是襁褓之中的意思，同样是说，刘肇早早就到了皇后手里。

所以我们有理由怀疑，刘肇刚一生下来，就被抱到了皇后的身边。如果是这样，当时刘肇有可能连眼睛都还没完全睁开。

至于梁家人后来给和帝的上书中说，"梁贵人亲育圣躬"，这里的"亲育圣躬"，说的应该是受孕，怀胎十月，并使之降临人世。如果小梁贵人曾经抚养过一阵汉和帝，这就只能更增添她生前和死前的痛苦。

小梁贵人死于窦皇后亲自设计的一场宫廷阴谋。

窦皇后是汉章帝的皇后，她深得章帝宠爱，却没有生育，宫廷中，这很容易刺激一个女人"活火山式"的妒忌心，尤其是对那些为皇帝诞下龙种的女人。在设计陷害梁贵人之前，窦皇后和她的兄长窦宪联手，已经设法除掉了一对宋贵人姐妹。宋贵人和梁贵人一样，也是姐妹俩同时入宫，这是汉朝宫廷的一个悠久传统和习俗。大宋贵人生下皇子刘庆后，刘庆很快被立为太子，这就不可避免地点燃了皇后心中的熊熊妒火。经过对章帝不断的枕边吹风，宋贵人姐妹俩最终双双被迫自杀，太子刘庆也被废为清河王。恰在此时，小梁贵人又生下了刘肇，并随即被皇后抱养。于是刘肇取代刘庆成为太子，并在日后成为汉和帝。

刘肇刚被皇后抱养时，梁家人还暗自庆幸，以为将来定能有所依靠和沾光。谁知好梦刚做，皇后的计谋便接踵而至，梁家突遭飞来横祸，几陷灭顶之灾，梁贵人姐妹同时忧郁而死。

从此，刘肇就一直跟在皇后身边长大。他是否知道自己并非窦皇后亲生，史书上没有明说，但他不知道自己亲生母亲是谁，这是确定无疑的。《梁统列传》里有句话："宫省事密，莫有知和帝梁氏生者。"这显然是皇后有意控制的结果。

此事的真相，一直要到永元九年（97 年），才由梁家人在给和帝的上书中揭开。这年窦太后驾崩，而此前的永元四年，太后那权倾天下的兄弟窦宪及其整个窦氏家族被清除。从此，汉和帝才知道自己还有一个生母，她是谁，是怎么死的。得知一切详情后，按照皇家典制和惯例，和帝对这位自己完全没有印象的生母的身后事以及生母的家族，重新做出了追认和补偿性的安排。对于生母一位劫后余生的姐姐，也表示了出于骨肉亲情的亲近，算是对冥冥之中生母的折射之爱。

汉和帝知道自己身世的时候，是 19 岁，他总共活了 27 岁，基本上，他度过了一个没有生母的一生。

相比于汉和帝有些凄凉的身世，他父亲汉章帝的故事，则呈现出另一番不同的样貌。

在母子关系上，章帝和和帝这对父子有一个共同点，即他们都是由当时的皇后抚养大的，抚养汉和帝的是窦皇后，抚养汉章帝的是马皇后。不同的是，窦皇后抚养和帝，是在一场阴谋之后，马皇后抚养章帝，则是出于汉明帝的直接命令："帝以后无子，命令养之。"（《皇后纪上》）这里的"之"，就是出生未久的汉章帝刘炟，为此汉明帝还说了一句至今仍很闪亮的话：

谓曰："人未必当自生子，但患爱养不至耳。"（《皇后纪上》）

马皇后和窦皇后一样，都没有生育。东汉十五位皇后（称号属荣誉性追赠之类的不算），只有三位有过生育。这是个有点惹人注意的现象，不知道在整个帝制时代有没有普遍性。不过，马皇后和窦皇后虽然都没有生育，但在史书记载中，两人的形象却大相径庭。窦皇后可以说是东汉王朝走上"邪路"的关键人物，马皇后则一直被奉为后宫楷模，特别是在嫉妒心的比较上（这是衡量一个女人道德水准的重要指标，尤其在帝制时代，仅仅因为这一条，一个女人就可以被合礼合法地休弃出门），两人表现得更像是南北两极。窦皇后为了维护自己"宠幸殊特，专固后宫"的地位，不惜频频施以阴谋致人于死地的手段，最后在后宫中造成"自是宫房慄息，后爱日隆"的"情色恐怖"。反观马皇后，《后汉书》里有段话，饶有趣味：

> 后常以皇嗣未广，每怀忧叹，荐达左右，若恐不及。后宫有进见者，每加慰纳。若数所宠引，辄增隆遇。永平三年春，有司奏立长秋宫，帝未有所言。皇太后曰："马贵人德冠后宫，即其人也。"遂立为皇后。（《皇后纪上》）

这段话什么意思？翻译一下，大致如下：

马皇后（这里说后，自然是从日后的身份来说的，当时还只是贵人，但已经操的是皇后的心了）经常因为明帝生的儿子不够多而忧心忡忡、唉声叹气。（明帝后来总共生有九子十一女）为此她不时给明帝推荐自己左右知根知底的"闺密"，生怕耽误了最佳"配合"时光。如果后宫中有哪一位幸运地被皇帝"御用"了，马氏会马上去主动安慰，表示友好。如果有宫女嫔妃多次被皇帝幸御（就是频繁同房），马氏更会表现出对她的特别看重和友好！所以，到了要考虑正式选立皇后时，明帝本人还没开口表态，他妈妈（就是那个著名的阴丽华）说：马贵人无人可比，就是她了吧。这样，马贵人就成了马皇后。

单凭这一点，可以断定，汉和帝生母的命运，绝不会落在汉章帝生母的身上。也就是说，章帝的生母，绝不会因为生下了章帝而遭不测，致有性命之虞。

汉章帝从小跟随马皇后长大，他们之间建立亲密无比的母子关系：

后于是尽心抚育，劳悴过于所生。肃宗亦孝性淳笃，恩性天至，母子慈爱，始终无纤介之间。（皇后纪上）

这是一幅动人的养母与养子的亲情伦理图。

那么，章帝跟他的生母之间，又是怎样的呢？史书上是这么说的：

贾贵人，南阳人。建武末选入太子宫，中元二年生肃宗，而显宗以为贵人。帝既为太后所养，专以马氏为外家，故贵人不登极位，贾氏亲族无受宠荣者。及太后崩，乃策书加贵人王赤绶，安车一驷，永巷宫人二百，御府杂帛二万匹，大司农黄金千斤，钱二千万。诸史并阙后事，故不知所终。（《皇后纪上》）

汉章帝生下来后，从什么时候起被马皇后抚养，这个不很清楚，但据上述话语，自从被皇后抚养后，汉章帝就认皇后家为自己的母家了。跟和帝不同，章帝是知道自己有一个生母，并且知道她是谁，住在哪里，但他既然"专以马氏为外家"，那么，生母及其家庭、家族在他心目中，又是怎样的呢？"贵人不登极位"，"贾氏亲族无受宠荣者"，或许还可以说是出自当时宫廷制度的制约。等到太后（马皇后）驾崩，给生母本人那点身份待遇和物质钱财的赏赐，多少给人一种聊胜于无的例行公事的感觉，所以史书中接下来的一句话是，"诸史并阙后事，故不知所终"——"不知所终"！这是什么情况？这是纯粹不再有任何来往的节奏啊。

总不会是以一种隐秘到诸史都没法或没有记载的方式来往吧？

相比之下，在同一篇史书记载中，史家不惜笔墨地以大量文字，叙述了章帝与其养母马太后之间，围绕是否要封赏马家舅舅们以爵位之事，进行的各自论述，其间引经据典，长篇大论，好一番热闹景象。总之，章帝要封，太后不听，母子之间，你来我往，各抒己见。最后，章帝还是听从了他皇太后妈妈的意见。

这里要顺便说明一下，史书对于章帝生母贾氏的记载，虽然只有寥寥数语，而且最后还归于"不知所终"，但这并不意味着她是一个来历不明的人，或者是出自于某个微不足道的家族，或者是有什么问题的家族，事实上，贾贵人是马皇后的近亲，这一点史书记载得倒是很清楚，"时后（马皇后）前母姊女贾氏亦以选入，生肃宗"（《皇后纪上》），而且从她姓贾，又是南阳人来看，我猜想她有可能是"云台二十八将"之一（排名第三）贾复的家人或族人。

汉章帝本人在东汉历史上，是个以儒闻名的人。《肃宗孝章帝纪》开篇就说："少宽容，好儒术。"汉章帝不仅爱好、尊崇儒学，还曾会集朝臣武将儒生于白虎观，亲自"称制临决"，最后形成一部法典性的《白虎奏议》，即《白虎通义》，被认为是中国政治思想史和儒学发展史上的一桩盛举和大事。在位期间，汉章帝还曾发布过一道"胎养"诏书，内容是专门为怀孕妇女考虑，并对孕妇本人及其丈夫施行优惠政策。章帝晚年，还亲自处理过一桩母子"更相诬告"的案件，并说："《甫刑》三千，莫大不孝。"（《宗室四王三侯列传》）在范晔的笔下，这是一个"宽厚长者"和"尽心孝道"的人。（《肃宗孝章帝纪》）

总之，在历史上，汉章帝是一个颇有儒家思想文化气象的皇帝。

但他的生母在他治下的太平盛世里，"不知所终"。

章帝和和帝的生母，都出自名门大家，但也有皇帝的生母，属于身份微贱之人。

综合一生来看，在已知东汉所有皇帝的生母中，汉顺帝的生母，应该是身份最卑微的一个。

她是个宫人，姓李。按照东汉后宫制度规定，六宫有不同的称号和等级，即皇后、贵人，以及美人、宫人和采女。采女大概相当于实习生和临时工，宫人算是有正式编制的正式工了，但实际上，宫人和采女恐怕都接近于奴隶。《后汉书》中有"宫人隶役"和"宫人奴婢"的说法，可见其身份、地位之卑微。采女生子，日后当上皇帝的，我们没有见到（其实采女也属宫人一种），宫人生子，其子日后荣登大位者，也仅李氏一例。《皇后纪》记载："帝幸宫人李氏，生皇子保。"听这意思，似乎是一次偶然的临时起意的房事，结果偏偏就有了顺帝刘保。这看似极其幸运的一次房事，对于刘保的生母来说，却是一次断送性命的祸事。同样被皇帝宠爱，也同样没有生育的皇后阎姬，被这位地位低下的竞争对手的运气给激怒了。在嫉恨心的驱使下，阎皇后采取了比当初窦皇后更为简单直接的方法，"遂鸩杀李氏"。显然，阎皇后采用这个方法，应该跟李氏的身份地位有关，用不着像窦皇后对宋贵人和梁贵人那样，阴谋设计曲里拐弯地间接致其于死地。之后阎皇后也没有像马皇后和窦皇后那样，亲自抚养年幼的顺帝刘保。从这种差异中，我们也许能窥到一缕东汉宫廷政治游戏变化的痕迹，一切都变得更直截了当，无所顾忌了。

如果从民间的视角来看，汉顺帝与阎皇后之间，显然存在着直接的杀母之仇。中国人有句俗话：杀父之仇，夺妻之恨。可为什么只是单说"杀父之仇"？"杀母之仇"又怎么说？

阎皇后在毒死李氏后，也像当年的窦皇后一样，通过向安帝吹"枕边风"，最后让安帝将刘保的太子给废除了。当年章帝废掉刘庆的太子身份，随即将刘肇立为太子，可刘保是安帝唯一的男嗣，废了刘保的太子，并没有人可以立即接替为太子。汉安帝当时是怎么想的？莫非他认为自己还能再生出个太子来？可没多久，安帝就死了，阎姬随即由皇后升级为皇太后。经过一番短暂而剧烈的宫廷内斗，阎太后和她的家族以及党羽遭到完全的失败，被彻底清洗，太后本人也被迁往离宫，这表明她完全丧失了权力和权势。

此时新登基的顺帝刘保和阎太后之间，显然又多了一重直接的权力恩怨。然而我们看到，尽管太后已经失势，对于太后当年毒死李氏，特别是李氏死后，被草草埋葬（史书用了一个"瘗"字，有随便和草草埋了的意思），仍然没有人敢告诉顺帝。直到阎太后驾崩，才有人道出实情，刘保这才知道自己的生母被埋在了哪里，于是亲临葬母之地，重新安排了生母的葬礼，上尊谥曰恭愍皇后，并将其迁葬到父亲汉安帝的墓旁。还做了一份档案文件，藏在世祖庙里，以示郑重其事。

汉和帝当年遭遇的情况，与此相似。

和帝在铲除窦宪集团后，开始"躬亲万机"。这意味着窦太后"临朝称制"的正式终结，也意味着窦太后在事实上陷入了失权、失势的状态。然而此时仍然没有人敢对和帝说出当年事情真相，告诉他他的生母是谁，怎么死的，一直等到窦太后驾崩，梁家人才开始呈"陈贵人枉殁之状"，并得到朝中大臣的帮助，和帝这才知道自己还有个生母。

从这里我们看出，东汉皇帝与其生母和皇后（尤其是后来成为太后的皇后）之间，存在着一种紧密、紧张的生存关系。在这种"三角"关系中，生母只是作为皇帝的"诞生器"而存在（这让人想起后来有人对孔融的指控，说孔融曾放言：子之于母，亦复奚为？譬如寄物缶中，出则离矣。见《孔融列传》），皇后则是其中命运演变的"核心引擎"，至于皇帝，倒像是一个集任人摆布与坐收渔利于一身的混合物。

也许与此有关，在平定由皇后（太后）制造的宫廷危局和乱局之后，有人向已坐稳皇位、大权在握的皇帝进言，一则说要剥夺窦太后的尊号，剥夺她与先帝（汉章帝）合葬的资格；一则说阎太后跟皇帝没有母子之恩，应该给她另外弄一个地方住，以后永远别再跟她见面了。确实，要说起来，两位太后跟两位皇帝之间，都存在着直接的杀母之仇，提议也得到了朝中多数大臣的附和，但最终却没有获得皇帝的首肯。和帝本人亲手书写了一份诏书，表明自己的态度，最后要大家"其勿复议"。顺帝在另一位大臣的建议下，亲自去看望了幽居的阎太后，让她在临终前获得了一份安慰和关怀。

也许对一位皇帝来说，自身肉身的来源，并非是人生中最重要的事情，相比于最高权力场中的现实需要和实际考量，它更多只是个道德政治象征性的话题，杀母之仇云云，还是扔给民间去玩吧，它不适合高层游戏。

有更多的事例证明，至少在皇宫之中，肉身来源并不那么重要，重要的是生下来以后的命运。

另一位身份原本应该更为卑贱的皇帝生母，是汉顺帝的父亲汉安帝的生母，她叫左小娥。不过跟李氏宫人相比，左小娥的命运曲线，有着不一样的风景。

李氏宫人的一生，也许只有过那一回性生活，之后就被人给毒死了。左小娥是在连续不断的宠爱中，度过了她最后短暂而美满的人生。

左小娥是怎么跟皇宫和王府发生关系，并成为一位皇帝生母的？《后汉书》中说：

> 汉法常因八月算人，遣中大夫与掖庭丞及相工，于洛阳乡中阅视良家童女，年十三以上，二十已下，姿色端丽，合法相者，载还后宫，择视可否，乃用登御。（《皇后纪上》）

可左小娥是四川犍为人（蜀女），也不是"良家童女"，她的入宫，走的是另一条路径。

她的伯父左圣说了不该说的话——"坐妖言"，被朝廷给处决了。随后，左小娥的一家都被"没官"，就是成了"国有财产"，实际就是国家奴隶的意思。于是，左小娥跟她姐姐左大娥一道，在几岁的时候，就进到了皇宫的掖庭。（东汉姐妹同行的宫廷习俗，真是根深蒂固，经久不衰。难怪千年以后，王洛宾的歌里还会写，"带着你的妹妹，赶着那马车来"。事实上，姐妹同行之外，还有姑侄同行）可见，左小娥打小起，就是一个戴罪之身，属于奴隶阶层。这在东汉的皇帝生母中，可

225

谓绝无仅有。

掖庭是皇宫里的"女生宿舍"，也就是皇帝性用品的特供超市。不过在被皇帝看上之前，这些掖庭里的女子，可不像超市里的货品那样，只是静静地待在柜台或货架上，她们得承担宫里的劳役（除非是那些来路硬、背景好的女子，她们转眼就会升迁飞上高枝）。

小娥的美貌、天赋和才华——当然，还有些运气，拯救了她。据史书记载，左小娥写得一手好字，而且业余时间还喜欢阅读汉朝的流行文学作品：辞赋。我们看《皇后纪》，像小娥一样能写字、会读书的，只有马皇后、邓皇后和梁皇后，但她们看的书，多偏向于当时主流的政治思想性读物，《易》《春秋》《周官》《董仲舒书》《诗》《论语》，只有马皇后说还喜欢《楚辞》。而且这几个喜欢读书的女子，像小娥这样有"才色"的，又只有邓皇后。汉灵帝的王美人，虽然"丰姿色，聪敏有才明"，不过"能书会计"而已，跟小娥的文学情趣和艺术修养相去甚远。

左小娥命运的转机，是在她离开皇宫掖庭，进入清河王府之后。《后汉书》中说，"和帝赐诸王宫人，（娥）因入清河第"，"清河第"就是被废太子刘庆的清河王府。《章帝八王列传》中说，"及大将军窦宪诛，庆出居邸，赐奴婢三百人"。这两次的"赐"，想必应该是同一次吧。

史书说，刘庆"初闻其美，赏傅母以求之"——听说她的美，立即打赏小娥的保姆，以求得跟小娥一见（这可是在清河王府自己的地盘上啊，可见是受限于礼制，但又不甘心受限于礼制）。这里的"其美"，恐怕不仅是外貌的美，更是一种综合性魅力，我猜想它还包括了小娥的特别身世，戴罪之身，更容易激发出特别的性吸引力（尤其是在王府），何况她还会写字，喜欢辞赋。

在范晔给小娥写的传记里，接下来的一句话是，"及后幸爱极盛，姬妾莫比"。

什么叫"幸爱极盛"？现在只能付诸想象了。——大概除了死去活来和心无旁骛，也难找到其他的形容词了。

总之，汉安帝刘祜，就是这"幸爱极盛"的产物。

这种幸福热烈的生活持续了多久，史书再次付之阙如。紧跟在"幸爱极盛，姬妾莫比"后面的，就是"姊妹皆卒，葬于京师"。东汉皇宫、王府里的姐妹同行，堪称生死与共。

左小娥在清河王府里生下了汉安帝，汉安帝生了汉顺帝，汉顺帝生了汉冲帝，这种既顺理成章又出人意料的生命因果链，恐怕不是小小年纪就随家"没官"的左小娥所能想象的，也不是被无辜剥夺了太子之位的刘庆能想象的，当然也同样不是被宠幸了一下，生下唯一的儿子之后，就被毒死了的李宫人所能想象的，命运有时真像是一场善恶难分的玩笑。

左小娥死的时候，清河王刘庆还一直住在首都洛阳。和帝驾崩，殇帝继位，刘庆和其他诸王被要求住到自己的封国去。刘庆后来死于清河。临终前，刘庆想起自己枉死的生母（大宋贵人），于是向当时掌权的邓太后要求，自己死后能葬在生母身旁，邓太后没有理会刘庆的请求，却把原本已安葬在洛阳的左小娥的遗骨，送回到清河，跟刘庆一块合葬了。

> 太后使掖庭丞送左姬丧，与王合葬广丘。（《章帝八王列传》）

左小娥没能见到自己的儿子成为皇帝，可能连想都没想到，自己会在王府里，生出个皇帝儿子来。但同样出生于王府（准确说是侯府）里的汉桓帝的生母，见到了自己的儿子成为皇帝，还实实在在过了几年皇母的好日子。

桓帝生母姓匽，名明，是蠡吾侯刘翼的媵妾。刘翼是河间孝王刘开的儿子（刘开是汉章帝的第六子，章帝八子，算下来，正好有八个子孙当过皇帝），曾过继给汉和帝长子刘胜为嗣子，后来遭诬陷，被遣返回河间。父亲刘开那时还在，主动提出从自己的王国中分出蠡吾一地给已流离失所的儿子，这样刘翼就成了蠡吾侯。据史书记载，刘翼在儿子刘志登基当皇帝前，已经去世了。

但刘志的生母匽明一直活着。

刘志当上皇帝三个月后，先是追尊了祖父母和父亲以皇和后的称号。一个月后，又尊生母匽氏为孝崇博园贵人（原本只是媵妾）。前面三人是追尊，即已不在世；生母匽明仍在世，所以是尊。不知是否出于这个原因，他们得到尊号的时间是错开的。

此时，当初拍板让刘志当皇帝的梁太后还在世。四年后，梁太后驾崩。又过了三个月，刘志改尊生母为孝崇皇后（由贵人再到皇后，又升了一级）。

我们在此再次看到皇帝与太后和生母之间这种细致微妙的相互关系。

元嘉二年（152年），匽明驾崩——现在她有资格用"崩"这个词了。汉桓帝按照之前汉和帝对待其生母的礼制，安排了生母的葬仪。

汉桓帝和匽明这种母子俱平安无事、共享荣华，并且两人还都寿终正寝的人生，在东汉其他皇帝与其生母中，只有汉明帝与其生母阴丽华做到了。其余的，要么生母早死，要么皇帝早死，要么有一方"不知所终"。像汉殇帝刘隆和少帝刘懿的生母，史籍中连提都没有提到，压根不知其为何人。

汉桓帝的生母虽然在生前和死后都享受到了远超侯国（而且还是有点"来路不正"的蠡吾侯国）媵妾所能享受到的最高规格的崇高待遇，但在如今所能见到的史籍记载中，她却是一个完全沉默、暗淡的形象，不仅没有任何的言语记录，连真正属于她个人的行为举止也没有，她只是一个尊号、物质和礼制的承受名词而已。事实上，史籍之中，东汉所有皇帝的生母，如果按说话和行为来划分，可以分为两类：一类是有言行的；一类是全然无声无息，就像一道影子，桓帝的生母属于后者。

说话还是不说话，有声音还是没声音，有行为还是没有行为，其实是一个人政治状态的直接反映。

"母以子贵"是汉朝宫廷一直正式标榜的理念和做法，但和帝和顺帝的生母，生下皇子的同时，生命的帷幕也就被合上了，献帝的生母王美人也是这样，这可以叫作"母以子死"。

"母以子贵"与"母以子死"是宫廷母子政治的一币两面。

"母以子死"是皇宫里的常规游戏，最有名的要算汉武帝的"钩弋故事"，但其实至少吕后已经首开先河。[1]而作为制度性的"母以子死"被明确，则流行于南北朝时的北魏。

不过，情形也有相反的，即皇帝本人早早死了，生母却一直活得好好的，比如汉冲帝和汉质帝的生母。

汉灵帝熹平四年（175 年），小黄门赵祐、议郎卑整联合上书，说了这么件事：

> 《春秋》之义，母以子贵。隆汉盛典，尊崇母氏，凡在外戚，莫不加宠。今冲帝母虞大家，质帝母陈夫人，皆诞生圣皇，而未有称号。夫臣子虽贱，尚有追赠之典，况二母见在，不蒙崇显之次，无以述尊先世，垂示后世也。（《皇后纪下》）

汉冲帝是汉顺帝唯一的儿子。冲帝两岁即位，在位不足一年即夭折，他的生母是虞美人。按东汉后宫制度，真正算得上的称号只有皇后和贵人，像美人、宫人和采女，不能算是正式名号，充其量只是宫中"二奶"和"备胎"，没名没分，不过零花钱和礼物是有的，"并无爵秩，岁时赏赐充给而已"（《皇后纪上》）。

冲帝之外，虞美人还给汉顺帝生了一女，舞阳长公主。看来当年顺帝与她，有过一段缠绵时光。

本来，按照惯例，作为皇帝生母，就算是之前身份卑微，生下皇子（更别说太子，并且是日后正式的皇帝）之后，理应也该重新配以尊称，但冲帝夭折，彼时朝政掌握在梁冀手中，梁冀自然不希望有人跟他分享权力（哪怕只是一个按惯例而来的虚头巴脑的称号），所以给虞美人以尊号的事，一直没人敢提，就当作不记得了吧。

汉质帝刘缵和他生母，情况又有所不同。

质帝的父亲是千乘贞王刘伉的孙子刘鸿，刘伉是汉章帝的长子。汉质帝的生母称陈夫人，夫人在王府里是什么身份？是否是王宫正妃？还是只不过是个含糊笼统的称谓？[2]

冲帝夭折，自然无子，于是刘缵被梁冀和他的太后妹妹选定为皇帝。刘缵即位，年已 8 岁，能够明白人事了，由于不满梁冀的强横，背地里偷偷说了一句"这个跋扈将军"，结果被梁冀给毒死了。

《后汉书》说到刘缵生母时，有一句，"亦以梁氏故，荣宠不及焉"。儿子都被毒死了，作为生母还敢奢望什么"荣宠"？能保命活下来，就已经是阿弥陀佛了。"荣宠不及"，对这两位生母来说，不是遗憾和不幸，而是活命的生路。

从冲帝和质帝的先后夭亡，到赵祐、卑整上书，时间已过去了整整三十年，如果她俩是在 20 岁之前生的儿子，此时也已年近五十，这个年纪，比好些个太后都更高寿。

她俩就像两件早已被人遗忘的物品，忽然又被人从寂静的后宫中给考古一般地打捞出来。史书对于她俩的记载，只有这一次，如萤火一闪，而仅仅这一次，在司马光的《资治通鉴》里，也给省略了。

汉灵帝同意了赵、卑二人的提议。

乃拜虞大家（大家也只是个普通称呼，不带有任何政治身份

的含义在内）为宪陵（汉顺帝刘保陵）贵人，陈夫人为渤海孝王
妃，使中常侍持节授印绶，遣太常以三牲告宪陵、怀陵（冲帝
陵）、静陵（质帝陵）焉。

顺便说一句，如果此前所说质帝生母为"陈夫人"，是指王府里的
正妃，那这里的"渤海孝王妃"，从荣誉角度说，就看不出有多大提升
的意味。所以我怀疑之前所谓的"陈夫人"，可能连正式王妃都算不
上，也就是王爷身边的一个女人而已。

此事过后没多久，东汉就进入了纷乱动荡的末世状态。两位原本默
默无闻的女子，重新回归到她们默默无闻的生活中。她们就像两个完成
任务的"生育瓦罐"，被人们遗忘。虞贵人还纯属"搭顺风车"地在史
籍中被顺带提及了一次[3]，至于"渤海孝王妃"的陈夫人，则是彻底
地"不知所终"。不过，此时的不知所终，倒真像是一种福分了。

冲帝和质帝的生母因没有卷入权力角逐而得以全生，灵帝的生母董
太后，却完全相反，她以一种积极主动的姿态，硬行挤入酷烈的权力角
逐，最终命丧其中。

董太后不仅要钱，还要权，可谓全面出击。

在皇帝的生母中，她不属于无声无息那一种，她属于张牙舞爪的那
一类。

其实，从正式称号上说，灵帝生母是董皇后而非董太后。

董氏是解渎亭侯刘苌的夫人。刘苌是河间孝王刘开的另一个儿子刘
淑之子。所以从血缘上说，汉灵帝刘宏是汉桓帝刘志的堂侄（只隔一
代）。建宁元年（168 年），刘宏即位，随后追尊父亲刘苌为孝仁皇，陵
曰慎陵。按惯例，生母董氏被尊为慎园贵人（从夫人到贵人，不仅升
了一级，而且意味着有了正式身份）。当年十月，大将军窦武和太傅陈
蕃意图诛灭朝中宦官集团，反遭宦官清除，这就意味着之前也"临朝

称制"的窦太后失去了最高权力权势。于是第二年，汉灵帝派人将自己的生母董氏接到首都洛阳，改尊号为孝仁皇后（从夫人到贵人到皇后）。皇帝与太后和生母之间这种对应互动关系，再一次地清楚显现。

孝仁皇后，是灵帝生母董氏正式的最终尊号。

但在电视剧《三国演义》里，灵帝的生母分明被称为"董太后"。电视剧自然是依据小说《三国演义》而来，我们翻开《三国演义》，其中对董氏的称呼，也是董太后。那么，《三国演义》是在凭空演义吗？不是的，它也有史为据，《后汉书》中确实有多处称董氏为董太后，如：

> 董太后自养协，号曰董侯。（《皇后纪下》）
> 时，董太后姊子张忠为南阳太守，因势放滥，臧罪数亿。（《徐璆列传》）
> 卓以王为贤，且为董太后所养，卓自以与太后同族，有废立意。（《董卓列传》）

这是怎么回事？其实也不难理解。

董氏的皇后身份，就像她起初被尊称为慎园（刘苌的陵园名称）贵人一样，是相对于灵帝父亲解渎亭侯刘苌来说的——刘苌被追尊为孝仁皇。这跟汉安帝在邓太后驾崩后，追尊父亲刘庆为孝德皇、生母左小娥为孝德皇后一样。同时汉安帝对祖母（大）宋贵人的尊称，也是敬隐皇后——这里的皇后称号，自然是相对于汉章帝的皇帝身份而言的。

但是从作为儿子的汉灵帝的角度来说，董氏的身份显然应该是太后而非皇后，道理很简单，因为她是当今皇帝的妈妈。所以董太后的这个太后身份，应该是从习俗角度，而非从正式制度层面来叫的。[4]这就是为何在《后汉书》这样的正史中，会出现董太后的称呼。而有了《后汉书》的先例，小说和电视剧《三国演义》里称董太后，就更是自然而然的事了。

董太后不仅是汉灵帝的生母，她还是少帝刘辩与献帝刘协如假包换的祖母，是整个东汉王朝唯一的祖母太后。从这个角度来说，称太后显然又多了一重理由。

不过，虽说如此，《三国演义》中对于董太后其他方面的叙述，就与《后汉书》多有不符了，譬如，小说和电视剧里说董太后死于家乡河间，而且是被何太后兄长何进派人给鸩杀的，还说董太后死后"举柩回京，葬于文陵"，这些都与范晔所书不同。虽然《后汉书》确实说到何进要让董太后重回河间，但由于董太后任骠骑将军的侄子董重很快被何进逮捕，并随后自杀，董太后惊吓之余，"疾病暴崩"，所以还没有启程回国，就死在了京都洛阳，"鸩杀"以及"举柩回京"云云，皆为子虚乌有。而且文陵是汉灵帝的陵墓，母子合葬，似也极度罕有（合礼制吗？），应该还是《后汉书》说的"合葬慎陵"（慎陵是刘苌的陵墓）更合乎常情。

另外，作为外藩入继的皇帝，灵帝当初将生母董氏接到京城居住，也是没有先例的做法。

> 莽欲颛国权，惩丁、傅行事，以帝为成帝后，母卫姬及外家不当得至京师。（《汉书·外戚传下》）

同为外藩入继，安帝生母早死，少帝刘懿（北乡侯）的生母情况不明，况且刘懿迅即崩殂，质帝刘缵的情况与刘懿相似，其生母来到京城的可能性不大。桓帝刘志的生母匽明，史书记载她一直留在蠡吾的博陵，只是在扳倒梁冀之后，刘志历数梁冀罪状，其中一条是：

> 诏曰："永乐太后（桓帝生母匽明）亲尊莫二，冀又遏绝，禁还京师，使朕离母子之爱，隔顾复之恩。"（《孝桓帝纪》）

这事其实是怪不得梁冀的，揆诸两汉史实，"蕃后故事不得留京师"，似乎确实是惯例实情。

汉灵帝将生母带到京城皇宫，想必是出于一片孝心，然而却陷其母于宫廷欲望与争斗的旋涡激流之中，并最终殒命其间。

一个乡下女人，哪里经得起如此巨大顶级的权势与财物的刺激和诱惑，她被它们吞噬和融化了。

董太后是在与何太后的争斗中败北而一命呜呼的。这是一场真正的婆媳之战，董太后是汉灵帝的妈妈，何太后是汉灵帝的老婆（皇后），结果媳妇战胜了婆婆，真正的太后战胜了假名的太后。

何太后虽然在婆媳大战中取得了胜利，但她的最终结局一点也不比她婆婆要好，事实上，何太后的结局更惨，更让人唏嘘。更重要的，她的结局，紧紧伴随着即将到来的整个东汉王朝的结局。

在东汉几乎所有的宫廷女人——我甚至觉得，在整个东汉一朝的人物中，何太后都算得是命运最为起伏跌宕、最为波谲云诡的一个，她是一个有故事的女人。

何太后是一位真正的皇后，也是一位真正的太后，而不是像她的家庭成员兼政治对手董太后那样，只是被尊为皇后，被称为太后。

同时，她又是全部东汉历史上，既是皇后，又是皇帝生母的两个人中的一个——另一个是著名的阴丽华。阴丽华和何氏可以说都是平民出身。[5]说来凑巧的是，从成为皇后的角度说，她俩又都属于"二婚"，即在她们之前，她们的皇帝夫君，都曾有过一任皇后，就是说，阴丽华和何氏在政治婚姻上，都有一个前辈。

何氏的家庭背景在东汉皇后群中，显然非常特殊，她出生于屠夫之家。李贤注引《风俗通》说，何家是通过金钱贿赂当时的主办者，才使得何氏能够入选宫中。看来屠户在当时，已是一种相当来钱的行当。

关于何氏，范晔书中没有介绍她的相貌，只说她"长七尺一寸"，大概有如今一米六三到六四的样子，这在当时应该算得高挑身材（光武帝刘秀的身高不过七尺三寸）。总之，何氏在掖庭众女之中得到了与灵帝同房的机会，并幸运地生下皇子刘辩，随后被拜为贵人。在前任皇后被废后，何氏顺利当上了新皇后。后来灵帝驾崩，刘辩继位，何氏又顺理成章成为太后，并且"临朝称制"。

从屠户之女到贵人到皇后到皇太后，何氏的人生看来相当的一帆风顺。然而，正如古希腊著名政治家梭伦说过的一句话："神往往不过是叫许多人看到幸福的一个影子，随后便把他们推上了毁灭的道路。"[6]何氏的人生，准确地印证了这句话的无比正确。

东汉一共有六位太后"称制临朝"，何氏是其中唯一一位皇帝生母。

何氏的儿子刘辩，是由汉灵帝亲自确定的接班人（太子），虽然中间经过与董太后的争斗，加上何氏自己的惹事——她毒死了汉灵帝的王美人——差点使太子易位，但之后总算是有惊无险，刘辩保住了太子之位，并继位为皇帝。然而随着董卓的领兵进京，一切重新发生逆转，刘辩被废为弘农王，弟弟刘协成了皇帝。

从正式的太子到正式的皇帝，在皇位上被废黜，刘辩是东汉皇帝中的唯一一位。由于在位时间短（其实殇帝在位时间也同样短），后世诸多东汉世系表中，甚至根本没有刘辩的名字。身份正宗、正统有什么用？不过黄粱一梦，还是一场噩梦。

刘辩被废的当月，生母何太后被董卓鸩杀。第二年，刘辩也被董卓毒死。

作为皇帝生母和皇帝本人前后被杀，在东汉史上也是唯一一对。何氏还是东汉唯一被杀的皇太后。

何氏当初鸩杀献帝生母王美人，到头来，自己也被更强有力的人鸩杀。

王美人当初怀上刘协时，因畏惧何皇后的威势，曾想用打胎药把自

235

己肚子里的孩子给打掉，但大概药效有限，没有成功，否则，中国历史上也就没有建安年了。生下汉献帝后，王美人就被何皇后毒死。何皇后毒死王美人，引发灵帝大怒，差点废了何皇后，幸亏一帮宦官帮忙说话，何氏这才保住皇后身份。灵帝后来还写了两篇辞赋来悼念他心爱的王美人。

如果当时何氏皇后身份被废，刘辩也就几乎可以断定不必去当那几天倒霉的皇帝，其母子的命运也就应该不至于有后来的悲惨结局。

联系到此后董太后与何氏发生"婆媳争锋"而"暴崩"，如此一来，何氏就是唯一一位让另外两位皇帝生母以直接和间接的方式丧命的皇帝生母。董卓鸩杀何太后的借口，说"（何）太后蹴迫永乐太后（董太后），至令忧死，逆妇姑之礼，无孝顺之节"，果然还是拿婆媳关系说事。

其实从史籍记载来看，董后之死，纯属争权夺利，主动挑衅，咎由自取。

何太后被毒死后，董卓命令"公卿白衣会"——什么意思？就是不按太后身份来给何氏办丧事，所谓"不成丧"。何氏起于平民，经历一段完整的最富贵生涯——她的另一位兄长何苗说："始共从南阳来，俱以贫贱，依省内以致贵富。"（《何进列传》）最后不仅死于非命，连丧礼规格仪式也被剥夺，像个普通人，辞别了这个纷扰残酷的人世，这算不算从终点又回到起点？

可以说，何氏是以宫廷核心人物的身份，卷入宫廷争斗的旋涡中的。这是东汉历史上最为疾风暴雨、也最为严重的一次宫廷争斗，它直接导致了东汉政权的覆亡。何氏的两位兄长，以及她的母亲（其父早死），都在这次宫廷内乱中被杀身亡。

何氏的一生，充满了这种颠倒错乱、非比寻常的事。

初，太后新立，当谒二祖庙，欲斋，辄有变故，如此者数，竟

不克。时有识之士心独怪之，后遂因何氏倾没汉祚焉。(《皇后纪下》)

最后一句，很有点说她是"祸水"的意思。其实，她哪里是什么"祸水"，她不过是水面上的一点泡沫而已。

最后，我们来说说汉明帝和他的生母阴丽华。

在东汉所有皇帝与其生母中，这也许是唯一一对说得上幸福的母子，这种幸福由刘秀与阴丽华的爱情沿袭而来。

刘秀与阴丽华的爱情故事，在历代文人的笔下，一直熠熠生辉，光采焕然。

他们结婚时，只是"打工仔"，即使后来受命前往河北"镇慰"，也只能算是个光杆"区域总经理"。当初刚刚爱上阴丽华，说出那句既豪迈又青涩的"仕宦当作执金吾，娶妻当得阴丽华"，刘秀更只是个初出茅庐的乡下小伙。不过这一切恰恰表明，刘秀与阴丽华的婚姻，从一开始说，只是一桩普通、单纯的婚姻。两位青年人谁也不会想到，他们日后会成为皇帝和皇后（太后）。是命运把他俩放在了一个特殊的历史拐点上。

刘秀后来跟郭圣通家族联姻时，有没有说明自己已婚？有必要说吗？说了会影响到自己这一次的婚姻进行吗？

刘秀后来在犹豫多年以后，终于下定决心废除郭圣通，将皇后的桂冠戴在了阴丽华的头上。废、立之际的那份诏书，对于郭圣通的几句话，很有点"欲加之罪、何患无辞"的味道，反映出刘秀内心积蓄已久的某种心理。

郭圣通接受了，阴丽华也不再推辞。

刘秀废郭圣通转而立阴丽华为皇后，在一般人眼里，似乎只是出于爱情的缘故，但事情显然不可能这么简单而浪漫。刘秀作为皇帝，而且是开国皇帝，他的一举一动，很难说是他个人的私事，何况废后、立后，更是牵一发而动全身的国家政治生活中的头等大事。阴丽华与刘秀同为南阳人，南阳是刘秀的家乡，也是刘秀初举事之地，东汉建国初期众多的谋士功臣，均出自南阳。郭圣通是河北王室嫡亲，而河北是刘秀真正意义上的龙兴之地。郭圣通及其家族，在刘秀崛起的过程中，起到了至关重要的作用。在郭圣通的背后，同样屹立着一大批、数量甚至更多的功臣战将。废郭圣通立阴丽华，无论是从刘秀个人的主观意愿还是从客观情势来说，都难以摆脱政治背景的考虑。

有时候，爱情就像一幅美丽的挂轴，在它的背后，往往另有门洞。

好在这两个女人都是能摆正自己位置的女人，她们没有给刘秀制造麻烦。之所以会如此顺利，也并不完全出于两个女人的天然品性，这其中必定存在着形势比人强的因素，也就是开国之初的那种气象与气势，它们有一种看不见的作用力和影响力。

说到阴丽华的个人形象，从现有史料来看，说得好听点，颇有些蒙娜丽莎的味道，很朦胧，也有点神秘。说得直白些，有点像"木头美人"。

我们之前说过，如果按说话和不说话来划分东汉皇帝的生母们，基本可以把她们分为两类，阴丽华属于"不说话"的一类，整部《后汉书》中，阴丽华只留下一句话，就是确定马援之女为皇后时说的，"马贵人德冠后宫，即其人也"。事实上，这句话我们也不能肯定就是阴丽华的原话。不过这句话很有点干脆利落、简洁冷隽和不容质疑的味道，倒的确与范晔所说"少嗜玩，不喜笑谑"的阴丽华形象颇为吻合。

也许，这种不苟言笑的形象，是帝制时代人们普遍期待与认可的皇后形象，所谓：人们希望他（她）是什么样的，他（她）就会是什么样的，所以我们今天就看到这么一副形象了。

郭圣通也基本是这种形象。

思想尖刻怪僻的明朝李贽说阴丽华"手段不减武才人"（《史纲评

238

要》），但好像没人搭理他。

父亲去世以后，继位而为汉明帝的刘庄跟自己的母亲又一起生活了七年，这七年是阴丽华作为皇太后而度过的余生。跟她之后众多皇太后相比，阴丽华没有表现出更多特别和特殊的地方。阴丽华的一生，虽然总体上比较顺利，但生活中遭遇的打击与波折，也一直没有间断，从新婚离别，到刘秀再婚；从母弟被劫杀，到四子（刘衡）夭亡。晚年，三子刘荆和弟弟阴就不停地惹事惹祸，最后刘荆自杀，阴就之子杀死郦邑公主刘绥（刘秀女，其生母不详，应该不是阴丽华）后，被处死，阴就夫妇随即自杀，乱得足以叫人崩溃！但我们在史书记载中看不到阴丽华有半点特别表现，看不到她有心情波动的地方。

究竟是见惯风雨，还是天性如此？

这真像是个风雨不变其色的女人。

顺便说一句，阴丽华 7 岁丧父，28 岁丧母；刘秀 9 岁丧父，28 岁丧母，战乱年代的患难夫妻，其中还包含了这一层的同病相怜。

汉明帝永平七年（64 年），在以原配妻子的身份，做了十七年侧室，又当了二十四年皇后，以及七年皇太后的阴丽华在位驾崩，享年六十岁。

她度过了波澜起伏而又处变不惊的一生。

刘庄对其生母的那份怀念是很好理解的，作为著名美女，除了能让丈夫感到自豪，也同样可以让儿子觉得骄傲。当然更重要的，是刘庄的皇位完全来自母亲。如果郭圣通还是皇后，刘庄就是庶长子。随着母亲身份的变化，刘庄也随之由庶长子升为嫡长子，并顺利登上皇位。肉身之外，自己的最高政治生命，也来自这个女人。换言之，阴丽华既是刘庄的生母，又是他的嫡母皇太后，而且，两人还都做到了颐享天年、寿终正寝。不像何皇后与她的儿子，历经曲折，却是昙花一现，死于非命。

明帝与丽华母子的命运，如此融洽和谐，如此完美无缺，这就是传说中的天意。

所以，阴丽华去世十年后的某一天，汉明帝梦见自己的父母了，"夜梦先帝、太后如平生欢"（《皇后纪上》）。"欢"字在这里的意思，就是我们今天电视上津津乐道的幸福。梦醒后的汉明帝"悲不能寐"。第二天清早，明帝率领百官一起来到父母的陵园，将树上的甘露采集了，奉献给在梦中出现的父母。随后，明帝趴伏在父母用过的卧床边，看着母亲化妆盒里的用品，再次悲不自抑，他让人重新将化妆盒填满，就像冥冥之中的母亲，还可以像生前一样使用。这时，左右跟随的人，也都跟着哭了起来，一个个都脸庞朝下。

第二年，年仅48岁的汉明帝也驾崩了。

> 秋八月壬子，帝崩于东宫前殿。年四十八。遗诏无起寝庙，藏主于光烈皇后更衣别室。（《显宗明帝纪》）

注释：

[1] 见《汉书·外戚传上》。

[2]《光武十王列传》李贤注，"夫人，盖小侯之母也"。"盖"字表明，注者也不十分清楚"夫人"一词的明确所指。史书中夫人一词，究竟是一种正式身份，还仅仅只是一种称呼，很模糊。而"母"字到底是指嫡母，还是包括庶母和生母，也很含糊。《汉书·外戚传》："汉兴，因秦之称号，帝母称皇太后，祖母称太皇太后，嫡称皇后，妾皆称夫人。"这里说的是帝的各种关系，是否也同样可移用于小侯？

[3]"光和二年，时顺帝虞贵人葬，百官会丧还。"（《酷吏列传》）顺便说一句，汉代宫廷里皇子或王子生母的"不知所终"，似乎不是个罕见的现象，《孝明八王列传》开头一句就有"孝明皇帝九子：贾贵人生章帝；阴贵人生梁节王畅；余七王本书不载母氏"；同样，《章帝八王列传》的头一句是"孝章皇帝八子，四王不载母氏"，都超过半数以上。"不载"的意思究竟是什么呢？是不值得提及记载，还是已经完全不知其人为谁？想想一生下来就被抱养的故事，那就有可能从一开始就不知道她是谁，就跟汉和帝一样。据说原始社会和人类文明早期，流行"知母不知父"，可有人会想到，在中国汉代宫廷，皇子或王子生母的"不知所终"，竟然不是个别现象，实际上近似于"知父不知母"的意思了。

［4］实际上，《皇后纪》对董太后的称呼，一直是"皇后"或是"后"，而非"太后"，如"孝仁董皇后讳某"，"孝仁皇后"，"永乐后"（居永乐宫），"后自养皇子协"等。

［5］阴家虽然在西汉宣帝时"暴至巨富，田有七百余顷，舆马仆隶，比于邦君"（《樊宏阴识列传》），也只是富有田产奴仆而已；至于何氏，"家本屠者"（《皇后纪下》）。

［6］希罗多德《历史》第一卷，转载于周辅成编《西方伦理学名著精选》（上卷），商务印书馆1964年版，第37页。

附：东汉皇帝与其生母一览表

生母 / 皇帝	姓名	家庭出身	最初身份	谥号尊号	结局
光武帝刘秀	樊娴都	庄园地主	县令夫人	不明	病卒
明帝刘庄	阴丽华	豪门	皇后，太后	光烈皇后	寿终正寝
章帝刘炟	贾氏	豪门	贵人	无	不知所终
和帝刘肇	梁氏	豪门	贵人	恭怀皇后	以忧卒（或为自杀）
殇帝刘隆	不明	不明	不明	不明	不明
安帝刘祜	左小娥	官奴	王姬	孝德皇后	卒
少帝刘懿	不明	不明	不明	不明	不明
顺帝刘保	李氏	不明	宫人	恭愍皇后	鸩杀
冲帝刘炳	虞氏	官僚	美人	宪陵贵人	不明
质帝刘缵	陈氏	少以声伎入孝王宫	夫人	渤海孝王妃	不明
桓帝刘志	匽明	不明	蠡吾侯媵妾	孝崇皇后	崩
灵帝刘宏	董氏	不明	亭侯夫人	孝仁皇后	忧怖，疾病暴崩
少帝刘辩	何氏	屠户	皇后，太后	灵思皇后	鸩杀
献帝刘协	王氏	官僚	美人	灵怀皇后	鸩杀

十　东汉宦官的分化与生死内斗

东汉宦官的分化，是由东汉宦官的发展而来的。

东汉宦官的发展，可以划分为几个阶段：郑众、蔡伦算是起点，既是过门，也是序曲。李闰、江京、樊丰等人的出现，是东汉宦官发展的第一次高潮；孙程暴动打断了这次高潮，成为东汉宦官发展中的一道重要分界与桥梁，标志着东汉宦官的发展由上游进入中游，由第一次高潮进入第二次高潮，但这次发展进程很快被外戚梁氏（尤其是梁冀）家族的兴起所阻断和湮没。当梁冀被以"五侯"为首的宦官终结后，东汉宦官迎来了发展的第三次浪潮——也是最后一次和最高潮。这最后的高潮，中间经历两次"党锢之祸"——包括夹在其间的"窦、陈之难"——的刺激与激荡，将东汉宦官的政治势力，推上了登峰造极、无以复加的地步。

伴随着东汉宦官跌宕起伏式的兴起与发展，宦官间的分化与内讧也随之出现——发展就意味着分化，分化也是一种发展——并呈现出频繁激烈与残酷无情的一面。可以说，东汉宦官的每一次兴起与膨胀，都会引发宦官自身的分化与内斗，其中尤以宦官与外戚的交替掌权和彼此缠斗，成为诱发东汉宦官分化与内斗的一道突出背景和原因。

此外，也还有别的背景和原因。

要说东汉宦官的分化，得从蔡伦说起。

东汉宦官在蔡伦以前基本是个相对平静的整体，但在蔡伦以后，情形发生了很大的变化。

蔡伦的死，画出了一道标志线。

蔡伦自杀，我们不清楚背后是否有其他宦官的身影，但蔡伦活着的时候，看起来更像是一个独来独往的逍遥派。史书上说，"（伦）每至休沐，辄闭门绝宾，暴体田野"（《宦者列传》）。虽然这里只是说

邮票上的蔡伦像（孙传哲设计）

"每至休沐"，而且他"闭门绝宾"，绝的是些什么宾，也没有明确说，但透过这句话，以及整篇的蔡伦传，我们得到的印象是，蔡伦是个偏于独来独往的人。在有关蔡伦的叙述中，你几乎见不到有其他宦官名字和身影的出现。这一点，跟日后东汉宦官动辄成群的景象，形成了绝大反差和对照。蔡伦之所以会是独自一人的形象，原因之一，也许是他很忙。蔡伦是个宦官，还是个著名的发明家和身兼多职者，除了众所周知的"蔡侯纸"，蔡伦还曾负责监造皇家兵器，而且同样是"莫不精工坚密，为后世法"（《宦者列传》）。他还负责过监典皇家图书馆的图书校对。此外，蔡伦还要参与宫廷政事，还负责审案，汉章帝时的宋贵人案件，就是蔡伦负责审理的，结果宋贵人姐妹双双自杀，后来这成了蔡伦自杀的由头，听起来有点佛家因果报应的意思。

这么忙的一个人，大概是很难得有空去跟什么人，包括他那些宦官同事们，来来往往的。所以，我猜想《宦者列传》里那句"闭门绝宾"的"宾"，应该包括了蔡伦的宦官同僚。而"闭门"与"绝"两个动

词，在不动声色中，体现出主观选择的意思。蔡伦这么做，我想除了他很忙以外，更有可能跟蔡伦的某种气质特征有关。在蔡伦的身上，似乎有一种清洁自傲的东西（当然他有这个资本）。除"每至休沐，辄闭门绝宾，暴体田野"外，当蔡伦一听说汉安帝要他"自致廷尉"，就是去办案中心投案自首，蔡伦立马"乃沐浴整衣冠，饮药而死"，因为他"耻受辱"。

蔡伦这种独来独往的形象，除了独特气质和没空外，还可以找到另一个原因，这就是蔡伦所处的时代。

蔡伦在明帝末年"始给事宫掖"，基本生活于章、和、安帝三朝。这个时期，正是东汉王朝，特别是东汉宫廷政治转向的大关节，也是东汉宦官出现重大变化的时期，变化的主要原因，是范晔在《宦者列传》里说的：

> 自明帝以后，迄乎延平，委用渐大，而其员稍增，中常侍至有十人，小黄门二十人，改以金珰右貂，兼领卿署之职。邓后以女主临政，而万机殷远，朝臣国议，无由参断帷幄，称制下令，不出房闱之间，不得不委用刑人，寄之国命。手握王爵，口含天宪，非复掖廷永巷之职，闺牖房闼之任也。（《宦者列传》）

章帝以后，窦太后和邓太后先后"临朝称制"，导致宦官使用的扩大和势头的上升，但范晔在这里对"邓后以女主临政"的特意强调，仍值得注意，因为这才是东汉宦官发展变化的一道重要分界。在此之前，除郑众外，没有出现其他具有独立形象的宦官，但郑众的出现（指其终结窦宪一事），多少带有偶然和孤立的味道，只有在邓绥当政以后——邓绥临朝当政前后长达十六年，直到她驾崩为止，这是个不可忽略的关键因素——东汉宦官才从整体上获得了真正的更具纵深和持续性的历史发展机遇，蔡伦也正是在这段时间，得到了邓太后的青睐。

元初元年，邓太后以伦久宿卫，封为龙亭侯，邑三百户。后为长乐太仆。（《宦者列传》）

蔡伦是继郑众之后，第二位封侯的东汉宦官。长乐是两汉皇太后的宫名，后来就成为皇太后系统官称的前置定语。长乐太仆是所谓"太后三卿"之一，担任这个职务的，既有宦官，也有非宦官的其他知名人士，其地位甚至要高于朝廷九卿之一的太仆，由此可见太后邓绥对于蔡伦的亲信。

正是邓绥对于蔡伦的亲信与重用，使得蔡伦在当时的宦官群体中脱颖而出，跻身于重要权臣之列，为此竟成为某些人暗中愤疾，甚至想加以清除的目标。[1]

从以上叙述、分析可以看出，蔡伦的独来独往，其实是东汉宦官发展与分化的结果，是东汉宦官分化的最初表现。换言之，它是蔡伦所处时代映照下的特别现象。而东汉宦官分化的最初动因，在于利益与权力的附加和扩张，它们成为分化的催化剂。权力与利益的非常态重置，打破了以往宦官环境的自然常态，使之趋于异化和分解。这一点，跟教科书上所说的原始社会的瓦解有所相似。原先是集体中安静、平常的一分子，由于某种机遇的偶然出现，或个人能力的特殊表现，率先从群体中结晶出来，成为令人瞩目或高高在上的人物。郑众和蔡伦可以说是东汉宦官的两个先进典型，属于先"贵"起来的两个人，他俩最早以宦官之身，获得宫廷中的尊显地位和特殊权力。不过，郑众与蔡伦虽然基本同时，却要早死七年，因此相比于蔡伦，距东汉宦官公开的大裂变，就还有一段时间。

蔡伦则完全处在了东汉宦官大裂变的前夜，成为东汉宦官历史变迁中的过渡人物，他的一只脚已踏进时代转换的车辙中。说起来，蔡伦的死，背后是否有其他宦官的身影，始终暗藏着一层迷雾。

就东汉而言，蔡伦的死，像一个铰链，它连接着两头，一头是相对平静的古典社会；一头是充满风暴与急流的动荡时代。蔡伦之前，郑众以外，史籍中极少出现有名有姓的宦官[2]，蔡伦死后，有名有姓的宦官，像雨后春笋一样，突然成群地一下子冒了出来。

东汉宦官史上的第一件大事，是孙程暴动。

延光四年（125 年），就是蔡伦自杀后的第四年，东汉宫廷内发生了一起从未有过的大冲突，据《孝顺帝纪》记载：

> 十一月丁巳，京师及郡国十六地震。是夜，中黄门孙程等十九人共斩江京、刘安、陈达等，迎济阴王于德阳殿西钟下，即皇帝位，年十一。

上面出现的人名，除济阴王（汉顺帝）外，全都是宦官。另有几名宦官，我们下面会说到。可以说，这是一场以宦官为主角的冲突。东汉宦官第一次公开的大冲突，就显示出人多势众的特点，还有就是暴力。

这场暴力冲突是怎么来的？它为何会成为一起以宦官为主角的冲突事件？

前面说过，邓太后临朝称制时期，因为是女主当家，不得不大量起用宦官。宦官在作用、地位、权力、形象以及利益上的骤然提升，肯定会大大激发宦官的自我意识和欲望的活跃与表现。不过邓绥在世时，她毕竟是一位有一定控制意识和控制能力的女主，宦官很难获得自行其是、越界扩张的机会。到邓绥病危、弥留之际，一些聪明有心思的宦官，开始主动寻求自己的政治机会。李闰、江京和樊丰成为率先冲刺在前、跑得最快的三个人，成为这段时间宦官的三个代表。他们不再像郑众和蔡伦那样，单凭自身品德或一技之长，来坐等赢得皇帝或皇后（皇太后）的信任与重用。他们都是自我发动者，是积极主动、哪怕是不择手段去攫取自己权益的追逐者，按照某种习惯说法，你也可以把这叫作"宦官的自觉"。

并且，他们也不再像郑众和蔡伦那样，始终是独自一人、独来独往的形象[3]，而是以四处结盟的形式，跟皇帝身边的其他亲信，诸如安帝的乳母王圣和她的女儿，皇后阎姬及其家族成员，皇帝的嫡母兄长耿宝，以及黄门令刘安和钩盾令陈达，加上几个附势其中的官员，共同形成了一个皇帝的私人政治小团体。

这个混合型的政治小团体的形成，显然跟安帝以往的政治处境有关。邓绥当政前后十六年，朝廷内外几成邓氏江山。到安帝接手时，他不可能不首先使用和依靠自己身边熟悉、信得过的人，也就是王夫之在《读通鉴论》里说的："十五载见郊见庙之天子，不能自保，大臣弗能救也，小臣越位孤鸣而置之死也，舍保母宦寺而谁依邪?"（《安帝》）

长期遭受压抑的汉安帝，在切实尝到权力的滋味后，他所表现出的政治风格，就是开放与自由（以他的远行巡游为代表，最后死在南巡的路上），来作为过往压抑岁月的一种逆向补偿。于是这就给宫廷中的新生力量，尤其是几位特有活力的宦官，打开了一道奔涌的闸门，提供了激活与成长的现实环境。以宦官为骨干的政治小团体的形成，正是这种激活与成长的变态反应和自然结果。

通过这个政治小团体，通过政治组团的方式，东汉宦官迎来了它发展中的第一个小高潮。安帝亲政的四年里，三件大事的前后发生，集中凸显了宦官势力高潮的到来。

第一，清除邓太后的政治遗留；

第二，逼迫太尉杨震自杀；

第三，废除太子刘保。[4]

李闰、江京和樊丰等几位宦官，参与并主导了这几件大事的发生，成为其中的核心主角。不过，具体到每个人的参与情况，又各有侧重不同。

李闰主要参与了邓氏政治遗留的清除。

早在邓太后的政治晚年（其实际年龄刚刚四十而已），时为中黄门的李闰，就已经跟乳母王圣一道，着眼于太后与皇帝之间的矛盾，有所言语和挑动，并借此成功进入安帝的视线。史书上说：

> 时邓太后临朝，帝不亲政事。小黄门李闰与帝乳母王圣常共谮太后兄执金吾悝等，言欲废帝，立平原王翼，帝每惄惧。及太后崩，遂诛邓氏而废平原王，封闰雍乡侯。（《宦官列传》）

通过对邓氏政治遗留的清除，李闰迅速获得了向上攀升的捷径，一路由中黄门而小黄门，小黄门而中常侍，升到了宦官权位的顶峰，成为继蔡伦之后，东汉第三位宦官封侯者，成了当时的宫中"红人"和要人。后来的大将军，时任大鸿胪的皇帝舅舅耿宝，为了李闰兄长的推荐之事，曾亲自跑去找太尉杨震托人情，并且说：

> "李常侍国家所重，欲令公辟其兄，宝唯传上意耳。"（《杨震列传》）

言语之间，很有点假传圣旨的味道（未必是假的），李闰当时的权势，由此可见一斑。

如果仔细观察一下李闰的政治发迹过程，就会发现他跟之前郑众和蔡伦的路径有所不同。郑、蔡二人皆因为皇帝或皇后（皇太后）的看中而崭露头角，李闰则完全是靠自己的主动表现而出人头地。郑、蔡行动都属于上级指示和组织安排的性质，李闰则是自我捕捉机遇，带有自主创业型宦官特色。如果不是李闰的主动表现，安帝未必会给他一个什么特别的任务和安排，充其量不过是提供一个任其发挥的环境和机遇而已。我们站在今天的角度看李闰，实在难以说出他本身的重要性和特色究竟何在，但在当时，放在东汉宦官日后的发展线上来看，李闰却是真正的起步第一人，王夫之说："宦寺之终亡汉，李闰、江京始之也。"（《读通鉴论·安帝》），这就是李闰的意义所在。显然，在东汉宦官发展与分化的道路上，李闰是个标志性的人物。

然而，出于某种不是很清晰的原因，李闰后来跟安帝的私人政治小团伙，有点渐渐疏离的意思，除了清除邓氏政治遗留外，在当时发生的诸多其他连串政治事件中，我们很少再见到李闰的身影，但这不是说，李闰就完全退出了这个政治小圈子。

当李闰在政治上表现出趋于静态和有所止步时，江京的表现则大相径庭。从一开始在政治舞台上亮相起，江京就展现出一种彻底投身的姿态。从史籍记载来看，江京在宫廷政治中的起步，并不比李闰晚，却被李闰抢了先机。[5] 不过江京很快证明，我江京才是当今宦官第一人。江京继李闰之后，成为东汉宦官第四位封侯者，与李闰同时升为中常侍，并兼任了大长秋，成为宫廷之中地位最高、最具活力的宦官人物。

江京在官场政治中的快速崛起，显然跟他在政治作为上的积极姿态，甚至是激进表现有关。除杨震自杀外——杨震之死，主谋推手是跟江京关系极为密切的中常侍樊丰——江京几乎参与了当时所有的政治大事。他的身影出现在各个政治敏感和重要地带，是一个十足的政坛活跃分子。清除邓氏政治遗留有他，废除太子刘保，江京更是核心主谋之一。安帝南巡，路途驾崩，江京与阎皇后及其兄长阎显，还有樊丰等人一道，当即确立应对措施，成功摆脱"道崩"危机，将北乡侯刘懿立为皇帝。这就意味着，江京本人以无缝接轨的方式，由先前安帝政治小团体中的一员，转身成为以阎氏家族为核心的新贵集团中的一员，而且是铁杆成员和绝对核心，从而稳固了自己在风云变幻的最高权力场上的地位。

如果我们把蔡伦和李闰、江京放在一起加以观察，就能看出东汉宦官历史变迁中的某种演变，或者说进化的轨迹。蔡伦的形象基本是独来独往，其身上更多体现出专业和职业技能特色。到李闰时，除了带有越界性质的政治参与，我们在他身上看不到更多别的东西，然而相比于稍后者如江京、樊丰之流，李闰在政治上的表现与行为，又仍带有某种前现代或古典时期偏于保守和谨慎的特点，显示出某种程度的知所进退（李闰后来的保命，当与此有关），跟江京等人把自己完全"扔"出去的做法，有明显不同。江京则已是日后东汉宦官主流行为方式的楷模与范本，不顾一切、翻江倒海是他的基本行为特征，这是一个在宦官事业上狂奔迅跑的人，直到命丧刀刃之下。

从江京开始，东汉后期宦官的行为模式，开启了。

但孙程的出现，突然终结了江京异常活跃的政治生命。

《后汉书》对孙程早先情况的介绍，只有一句："安帝时，为中黄门，给事长乐宫。"（《孙程列传》）孙程从安帝什么时候起为中黄门的？那时候李闰和江京又是什么情况？如果我们能知晓这一点，或许会有助于我们对于孙程暴动的认识，可惜现在已无从推想了。我们只知道直到暴动时，孙程还是个中黄门。不过这里说的"给事长乐宫"，很明确是指邓绥为太后时的事。就是说，孙程和蔡伦曾经都属于邓太后系统的宦官，或许蔡伦还可以说是孙程的老上级和老领导。这样一来，李闰、江京等人参与主导的清除邓氏政治遗留，就有可能在孙程的心里埋下过阴影和痕迹。

因此，孙程领导的宫廷暴动（或者说宫廷政变），看似十分突然，其实并不突然。刘保的无辜被废，无疑是其中最核心、最重要的引线。而北乡侯的病危与病逝，则给了孙程一个绝佳的行动契机。

况且孙程是个敢想敢干、敢作敢当的人，用今天的话说，是个相当任性的人，但却不是个鲁莽用事的人，他像他的前辈郑众一样，"谨敏有心几"。在正史的记载中，孙程以一种带有电视剧情节的方式，策划、组织、实施了这场惊天动地的宫廷暴动。

同时，当时的宫廷状况，也是孙程挺身而出的重要原因。

后人对东汉宫廷，向有三大政治集团之说，所谓外戚、官僚和宦官。孙程暴动前夕，外戚一方不必多说，已是阎氏天下；官僚集团呢，自从杨震自杀和来历抗议失败，其遭受重创与无能为力的一面，就已显露无遗。此外，阎姬立北乡侯为帝，随即照例任命一批高官，也使得阎姬当政期间，高层官僚一时万马齐喑，冷眼旁观成为普遍状态，更遑论有所行动。[6]于是三方之中，只剩宦官，而宦官权势，尽在江京、李闰、刘安、陈达等人掌握之中，几乎整个宦官中上层，都已是阎氏一党或其同盟。即便不是公开站在阎氏一边的上层宦官，孙程也决不敢轻易贸然去向他们表明心迹。孙程所能试探联络的，只能是那些像他一样的下层宦官。孙程后来邀集起事的同志，除了长乐太官丞王国（也是下层宦官）一人以外，其余十七人，全都是清一色的中黄门。

这就使得孙程暴动，多少有了阶层对抗的性质。

《宦者列传》详细叙述了孙程暴动的具体经过：

> 四日夜，程等共会崇德殿上，因入章台门。时江京、刘安及李闰、陈达等俱坐省门下，程与王康共就斩京、安、达，以李闰权势积为省内所服，欲引为主，因举刃胁闰曰："今当立济阴王，无得摇动。"闰曰："诺。"于是扶闰起，俱于西钟下迎济阴王立之，是为顺帝。（《孙程列传》）

孙程他们一动手，上来就把江京、刘安、陈达直接砍死在刀剑下，没有丝毫的犹豫不决，这种做法在中国宦官史上，也是开天辟地头一回。如此斩钉截铁、干脆利落的政治暴力行为，我认为跟孙程他们的中黄门身份有关。[7]

至于他们刚一动手，就率先直扑李闰、江京等人，说明，李闰、江京一伙在敌对阵营中，居于核心和高端位置，对他们的攻击，带有直击要害、"擒贼先擒王"的性质。同时，因为同是宦官，情况相对熟悉，信息掌握完备，也就更易得手。但更直接、主要的原因，是为了快速掌握、控制尚书台。[8]只有这样，才能最迅速、顺利地确保济阴王刘保登基为帝。

结果他们成功了。

孙程暴动发生时，曹节应该是个十几、二十岁的青年宦官。在那个天崩地裂的夜晚，他肯定在宫里的某个地方，经历目睹了这场宫廷巨变。因为《宦者列传》上说，"顺帝初，（节）以西园骑迁小黄门"。据此可以推断，曹节在安帝时期，就已是宫里的一员，否则没可能在顺帝即位之初，就由西园骑升为小黄门。因此，那个夜晚发生的那场前所未有的血腥冲突，一定给年轻的宦官骑兵侍卫，留下了不易磨灭的印象。半个世纪后，我认为他说出了一句跟他早年记忆有关的话，这句话是：

　　我曹自可相食。（《酷吏列传》）

这话是曹节在王甫的惨死现场说的。

光和二年（179 年），司隶校尉阳球趁中常侍王甫在家休假的机会，把他弄进了大牢，并在牢里直接打死，然后，"乃僵磔甫尸于夏城门，大署榜曰'贼臣王甫'"（《酷吏列传》）。

这一幕，刚好被经过夏城门的另一位中常侍曹节看到了。曹节震惊、气愤得浑身发颤，一边抹泪一边说了一句：

　　我曹自可相食，何宜使犬舐其汁乎？（同上）

曹节的话里有两层意思。

一是表达了物伤其类的痛心与愤慨，表达了一种身份与类别的认同，即所谓"我曹"。"我曹"是东汉时的一个习惯用语，各种人都会说会用的，但东汉宦官对这个词的使用，还是给人留下了特别印象。余华青在《中国宦官制度史》里说："由于宦官存在共同的生理缺陷，彼此之间很容易产生强烈的认同感。"又说，"东汉时期，宦官的群体意识大大增强，宦官之间常以'我曹''我曹种族'相称"。这应该也就是范晔在《宦者列传》里说的"同敝相济"的意思。

东汉宦官对"我曹"的习惯使用，是其某种内在心理和主观意识不经意的流露，或有意识的强调。

说起东汉的三大宫廷势力，宦官的集团性无疑是最强的，这是东汉宦官最为突出的群体特征之一。东汉宦官把跟他们作对的官僚士人一概称为党人，发动过两次著名的"党锢之祸"，但党这个词，其实是三大政治集团之间相互指责、攻击的通用词，也是当时和后世之人对东汉宦官的常见评语。《后汉书》等史书中，随处可见诸如"中官相党""专树党类""黄门协邪，群辈相党"之类对于宦官的指控，所以，要说"党"，宦官其实是最"党"的。《中国宦官制度史》里一再指出宦官的这一特性，所用的词是"结党自固"，并说："结党自固，是为历代宦官的通病。"[9]

宦官之间的"结党自固"，除了基于共同的生理状况外，更与其职业特点和工作方式密切相关。

当然，宦官的所谓"党"，并不只局限于宦官之间，它同样是一种广泛的、跨身份同盟，但不管是怎样的同盟，宦官之间的团结，必然是其核心所在，否则任何所谓同盟，都将成为无本之木，无源之水。

东汉宦官之所以能在历次宫廷斗争中取得最终胜利，除去别的原因，其犹如"群狼战术"的团体作战方式和能力，是获胜关键之一。从李闰、江京的结伙到孙程暴动，都展示了这一点。曹节和王甫的联手，更是东汉宦官结合与合作的典范。基本上，在《后汉书》里，你看到曹节，就会看到王甫，反之也一样，他俩堪称形影不离。

所以，面对王甫的惨死，曹节会发出痛心疾首的悲鸣，悲痛于"犬舐其汁"！

但曹节话里还有另一层意思：自可相食。

东汉宦官虽然是个集体感（或者说团伙性）特别强的特殊群体，但不是说它就是铁板一块。所谓有人群的地方就有差异，就有矛盾和冲突（现在的流行说法：有人的地方就有江湖），宦官虽然失去了正常男性的功能，但也有人性。宦官也是人，是人就有共同性。东汉宦官多次与外戚和官僚集团作殊死斗争，从而赢得了自己的权力和地位，但东汉宦官自身内部的分化与冲突，其频繁激烈与血腥残酷程度，一点也不亚于他们和官僚、外戚的对峙与厮杀，往往也是毫不留情的生死之争，孙程暴动证明了这一点。

因此，谈论东汉宦官，谈论东汉宦官的分化与内斗，就不能不先看到东汉宦官团结的一面，它构成了宦官相残的背景板。正是在对"我曹"强调的映照下，"自相食"的图像才会显得愈加清晰和醒目。所谓越是团结，越是强调团结的群体，其内部的分化与冲突，就越会引起人们的兴趣和注意，也就越能看出其中的奥妙和深意。

"我曹自可相食"，这话像是从曹节的嘴里脱口而出的，但脱口而出不代表就是信口开河，相反，那绝对是种有感而发，因为在曹节算得上高寿的一生中，他经历过太多宦官间的"自相食"（有没有看到蔡伦自杀？），距离他说话最近的一次，是郑飒之死。

这事跟曹节和王甫直接有关。

熹平元年（172 年），在外征战多年的名将段颎回到京城。回来后不久，段颎就接手处理了一桩大案，所谓"勃海王刘悝谋反案"。这起案件的结果，是勃海王刘悝自杀，受牵连而死的超过了百人，其中有一名叫郑飒的中常侍。

在以往有关东汉人物（包括东汉宦官）的各种叙述中，郑飒充其量只是一个被顺带提及的名字，跟同样史上留名的那些宦官相比，郑飒是一个容易被后世读者忽视和遗忘的人，从没有人对他有过单独的留意和叙述，他的生死也从未引起过谁的兴趣。

既然郑飒是死于一桩谋反案，怎么又说是死于王甫和曹节之手呢？

要回答这个问题，我们得先了解一下郑飒其人，尤其是他跟曹节和王甫的关系。

郑飒的名字第一次出现在史籍中，是陈蕃在灵帝即位初年（168年）任太傅时，给皇太后的一封奏章中，其中有一句：

> 今京师嚣嚣，道路喧哗，言侯览、曹节、公乘昕、王甫、郑飒等与赵夫人诸女尚书并乱天下。（《陈蕃列传》）

郑飒的名字赫然在列，跟曹节、王甫并列一起，紧排在王甫之后。可见，很可能在灵帝即位之前，至少在灵帝即位之初，郑飒已是当时的出名人物——被大家议论的在当时社会上有影响的人物。不过，他跟曹节和王甫的实际关系，仅凭这句话，还看不太清楚。

陈蕃上书后没多久，东汉历史上的重要一幕，"窦武、陈蕃之难"就发生了。在这次重大历史事件的发生过程中，郑飒是个关键身影。

建宁元年（168年）八月，当大将军窦武从侍中刘瑜那里得知形势有些不妙时，他先是任命了几位重要官员，然后就"乃奏免黄门令魏彪，以所亲小黄门山冰代之。使冰奏素狡猾尤无状者长乐尚书郑飒，送北寺狱"（《窦武列传》）。

北寺狱是东汉时期专门由宦官管辖的监狱，桓、灵期间，曾经关押过大批所谓"党人"。现在，本是宦官关押"党人"的地方，宦官郑飒被党人之友窦武给关进去了。

陈蕃听说郑飒被抓后，立即说，"此曹子便当收杀，何复考为!"意思是，这家伙抓到就应该立马杀了，还审什么审?! 但窦武没有听陈蕃的，他让由他刚刚任命的小黄门山冰和尚书令尹勋、侍御史祝瑨一道审讯郑飒，结果郑飒在供词中说到了曹节和王甫。根据这一点，联系之前陈蕃给皇太后奏章中的那句话，我们可以推断，郑飒跟曹节、王甫等人，极有可能是确有来往的，因为这样才能有具体事实内容供出来，否则所谓供词，就只能是间接，甚至是想象、捏造之词了。

山冰、尹勋得到供词后，立即要求抓捕曹节等人，窦武则连夜将情况向内廷（皇太后和皇帝）报告。

结果消息因此走漏，宦官抢先发难。

曹节成为宦官反击战的总指挥和总舵手。他先是劫持了登基未久、此刻正睡意蒙眬的汉灵帝。然后，以刀剑相逼，通过尚书台任命王甫为新的黄门令——曹节没有起用被窦武免掉的黄门令魏彪，而是"矫诏以长乐食监王甫为黄门令"（《宦者列传》），可见两人关系，关键时候用关键的人。同时，这也就意味着窦武任命的黄门令山冰被作废了。新官上任的王甫立即带人赶往北寺狱，宣布逮捕尹勋和山冰。山冰拒不接受王甫的命令（两个新旧黄门令的较量），被王甫当场格杀，尹勋也随后遇害，关在牢里的郑飒被释放出狱。

然后王甫和郑飒一道，前去劫持了皇太后，"夺玺书"，这样就将皇帝和皇太后全都控制在了宦官手里。随后，郑飒连同侍御史和谒者等人，前往逮捕窦武。窦武反抗，当场射死使者，但郑飒却没事。最后的结果是，窦武和陈蕃等人悉数殉难，曹节、王甫和郑飒等宦官反击成功、大获全胜。

整个事件经过，我们看得很清楚，从头到尾，在几个紧要环节上，郑飒都是关键人物。在这次生死攸关的重大历史关头，曹节、王甫和郑飒可以说是生死与共、携手并肩、力挽狂澜，王甫更是亲手将郑飒从北寺狱中解救出来，一道挫败、终结了窦武、陈蕃的致命图谋。事后，王甫和郑飒两人都升为中常侍。

通过这件事情，我们现在可以确定无疑地说，郑飒和王甫与曹节之间，存在着非同一般的关系，鲜血凝成的关系（窦武和陈蕃等人的鲜血），这份关系，就是生死与共的关系。

但是没过几年，郑飒就死在了王甫（还有曹节）的手上。

从表面上看，郑飒的死，是由于卷入了"刘悝谋反案"，所谓：

> 初，迎立灵帝，道路流言悝恨不得立，欲抄征书，而中常侍郑飒、中黄门董腾并任侠通剽轻，数与悝交通。王甫司察，以为有奸，密告司隶校尉颍。熹平元年，遂收飒送北寺狱。使尚书令廉忠诬奏飒等谋迎立悝，大逆不道。（《章帝八王列传》）

这里没有写到郑飒的死，只是说把他收送了北寺狱——郑飒再次被送进北寺狱！一个宦官，一个有社会影响和知名度的高级宦官，前后两次被关进由宦官专门管辖的特种监狱，郑飒是东汉两百年里独一个，而且这次把他送进去的，正是上次亲手把他从里面救出来的（"密告"一句，清楚显示了王甫幕后操纵的形象）——但"谋迎立"和"大逆不道"两个词，已足以让人郑飒死无葬身之地。

《皇甫张段列传》则明确记载了段颍投靠王甫，诛杀郑飒之事。

> 颍曲意宦官，故得保其富贵，遂党中常侍王甫，枉诛中常侍郑飒、董腾等，增封四千户，并前万四千户。（《皇甫张段列传》）

这句话直接写明了，郑飒的死，背后主使是王甫。

王甫为何要置郑飒于死地？郑飒是不是因为卷入"刘悝谋反案"，从而导致了他的丧命？

这事暂且先搁置一下，回头再说。

"窦、陈之难"的夜晚，细心的人一定注意到了那个叫山冰的宦官，他拒不受命，被王甫当场格杀，显示了对窦武的誓死忠诚。

身为宦官，因为跟外戚的关系，死于其他宦官之手，山冰不是第一个。

像孙程暴动，从表面上看，很像是一场宦官间的冲突（发动者是宦官，首当其冲者是宦官，死的多的是宦官，宦官一被杀，大局就基本定了），但从根本上说，仍是一场宦官与外戚的冲突，作为外戚的阎氏家族，是冲突另一方的真正主角。因此，江京、刘安、陈达，以及小黄门樊登，可以说都是因为跟外戚的关系而死的。[10]

宦官与外戚的冲突，是东汉宫廷政治的一个基本面相，从郑众协助清除窦宪起，这一脉络几乎贯穿了此后东汉的全部历史。同时，宦官与外戚的冲突，也是引起宦官之间龃龉、内斗的一道主要背景和导火索，孙程暴动是典型事例，其后的张逵事件和蹇硕之死，也应当归于此类。

孙程暴动成功后，东汉宦官迎来了新一次的发展机遇，也就是东汉宦官的第二次发展高潮。这可以从几个方面看出来。首先十九名宦官同一时间集体封侯，就是前所未有的事（此前东汉百年，受封为侯的宦官，只有郑众、蔡伦、李闰、江京四人）。与此同时，史籍中有名有姓有事迹的宦官，一下子多出好多来，其规模与活跃程度远超李闰、江京和樊丰时期。[11]如果说这只是表面现象，那么孙程死后，宦官养子袭爵成为定制，就必须看作东汉宦官史的大事，它为东汉宦官今后的突破式发展，奠定了一项重要的制度基础。另外可证明宦官势力获得大发展的，是敌对势力不断发出的批评与指控声，从顺帝即位到"张逵事件"期间，先后有李固、张纲、王龚等官员，相继对宦官势力的膨胀提出质疑与批评，并引起了宦官阵营的强势回击。

宦官势力之所以能获得如此发展，除了孙程暴动成功为其提供了一个新的起点平台外，另一个重要因素——外戚的缺席，无疑也是原因之一。顺帝是在阎氏外戚被铲除的情况下登基的，即位时年方十一，四年后"帝加元服",又三年后,立皇后梁氏。有了皇后,才有了当时意义上的外戚。这是自阎氏家族消亡后,当家外戚在东汉宫廷的重现。阳嘉四年,两件只相隔一月的大事接踵而至,分别是"听中官得以养子为后,世袭封爵"和"执金吾梁商为大将军"(《孝顺帝纪》)。这样,孙程暴动后,原本几乎一直由宦官独占的宠信位置,开始有了一个新的、更强有力的竞争对手,"张逵事件"就发生在这个时候。

据《梁统传》记载:

> 永和四年,中常侍张逵、蘧政,内者令石光,尚方令傅福,冗从仆射杜永连谋,共谮商及中常侍曹腾、孟贲,云欲征诸王子,图议废立,请收商等案罪。帝曰:"大将军父子我所亲,腾、贲我所爱,必无是,但汝曹共妒之耳。"逵等知言不用,惧迫,遂出矫诏收缚腾、贲于省中。帝闻震怒,敕宦者李歙急呼腾、贲释之,收逵等,悉伏诛。

引文中的几个人名,除中常侍张逵、蘧政、曹腾、孟贲明确是宦官外,内者令石光、尚方令傅福和冗从仆射杜永,应该也都是宦官,这又是一起以宦官为主角的冲突事件。

站在后世旁观者的角度看,"张逵事件"有种让人匪夷所思的奇异感。事件发生前,张逵等人向汉顺帝表明了自己的想法,却遭到皇帝明确、断然的否定。张逵等人的攻击目标,首先,当然是外戚梁商,而梁商既是皇帝的"岳父",也是皇帝亲自树立(以恳请的方式,详见《梁商传》)的辅政大将军,可以说,在当时的情况下,这是一个完全不具有攻击性的人物目标。其次,张逵等人不敢直接拿梁商下手,就转而绑架、扣押了同为中常侍的曹腾和孟贲。孟贲的详细情况不清楚,曹腾又是何许人也? 曹腾不仅是东汉屈指可数的宦官政治家,还是汉顺帝当太子时的"读书伴郎","特见亲爱。及帝即位,腾为小黄门,迁中常侍"

（《宦者列传》）——张逵等人这不纯粹是"哪壶不开提哪壶"？张逵等在后宫中扣押曹腾和孟贲，这一劫持的目的到是什么？他们接下来想要干什么？还能干什么？除了迫使皇帝承认他们的想法和做法外，也只有换掉皇帝一途了，这可能吗？这完全是一桩正常人干不出来的事啊！它似乎证明，自古以来的"宫斗"，有时就像大街上的"小三战争"一样，充满了盲目和冲动。不过要是联想到此前，已经有过窦氏、邓氏和阎氏外戚的强势崛起，他们最终无一不是被宦官所终结和清算，事情也就有了些可理解的地方。只是这副政治"吃相"也稍嫌急迫了点，最后的结果是龙颜大怒，派一名宦官将张逵等人悉数拿下，然后全部处死。

这件事情标志着外戚梁氏的正式兴起和走向稳固，也标志着东汉宦官第二次高潮的至此结束。

梁氏的兴起，除引发张逵等宦官的拼命反弹外，还直接带动了宦官群体的分化。如上所示，曹腾、孟贲被张逵视为梁商的政治同伙，成为张逵等人的攻击目标。在更早前，也许是鉴于宦官势力的强大，新兴的梁氏家族曾主动向宦官人士有意示好，"而（商）性慎弱无威断，颇溺于内竖。以小黄门曹节等用事于中，遂遣子冀、不疑与为交友"（《梁商列传》）。尽管曹节后来并没有在"张逵事件"中出现（全程目睹是肯定的），梁氏兴起带来的宦官分化，已是一目了然，其后更一直延续到梁冀垮台。[12]

如果说"张逵事件"是一场事先张扬，且貌似盲动的"飞蛾扑火"，蹇硕的死，就是一起不折不扣的"借刀杀人"，它的关键词是：出卖。

汉灵帝临终前，先后把军事和托孤两项至关重要的事权，托付给了宦官蹇硕。乍一想，这事着实有点让人觉得蹊跷费解。首先，事权与托付对象完全不相称，俨然一副"小马拉大车"的架势。其次，灵帝平日极度宠信的高层宦官都在，包括声称"张常侍是我公，赵常侍是我母"的张让和赵忠，著名的"十常侍"也都在，灵帝怎么偏偏会对小黄门蹇硕另眼相看，委以重任？不管怎么说，汉灵帝的这一终极选择，在他死后，将蹇硕与外戚大将军何氏摆到了针尖对麦芒的位置上，使双方处在了势不两立、你死我活的境地。当蹇硕没能在灵帝驾崩后第一时间除掉何进，完成灵帝的政治嘱托，蹇硕随即发现自己已陷入危局。于是，势单力孤的蹇硕，开始向他的宦官阵营（"我曹"）求援，结果不但没有得到援助，反而落入了最干净彻底的出卖：

> 蹇硕疑不自安，与中常侍赵忠等书曰："大将军兄弟秉国专朝，今与天下党人谋诛先帝左右，埽灭我曹。但以硕典禁兵，故且沈吟。今宜共闭上阁，急捕诛之。"中常侍郭胜，进同郡人也，太后及进之贵幸，胜有力焉。故胜亲信何氏，遂共赵忠等议，不从硕计，而以其书示进。进乃使黄门令收硕，诛之，因领其屯兵。（《何进列传》）

为什么会这样？

首先当然是宦官集体盘算的结果。

以郭胜和赵忠（还有张让）为首的高层宦官，基于自己个人与何氏家族的私人关系——特别是郭胜和张让与何家的私人关系，以及对于当时形势实力的判断，做出了自以为明智、务实的选择。相比于范晔略显概括的笔触，东晋袁宏的《后汉纪》留下了更具细节过程的叙述。当常侍们把蹇硕要求联手除掉何进的信件转给何进后，何进随即暗示众常侍跟他一道联手除掉蹇硕。当有人表示，"硕，先帝所置，所尝倚仗，不可诛"，郭胜的回答是："进，我所成就，岂有异乎？可卒听之。"（《孝灵皇帝纪》中平六年）

经过这么一番异议和权衡，蹇硕的命运就此被决定。

有人说，托孤顾命者的命运结局多不太好，好像是真的。

"十常侍"的"反水"式选择和决定，除去与何氏家族的私人关系外，还有其他原因。事实上，何进最初并没有想要除掉所有宦官，何太后更是明确反对清洗宦官的计划。因此，以"十常侍"为首的宦官自然容易认为，如果出卖掉一个蹇硕，就可以换来跟皇后家族关系的和平与稳定，那又何乐而不为呢？但宦官群体没想到的是，"螳螂捕蝉、黄雀在后"，在袁绍等人的背后撺掇下，何进最终还是选择了跟宦官集团来一场鱼死网破（这是后话）。

蹇硕遭遇突如其来的出卖，除以上原因外，是否还有别的因素在起作用？蹇硕以一名小黄门的身份，被汉灵帝直接摆放在权位顶层和核心位置，这对于那些一直饱受宠信、资历深厚、位居高层的宦官们来说，会引起一种怎样的心理反应，从人（尤其是宦官！）之常情的角度揣测，大概不难想象。政治原本也是一种情感游戏，嫉妒（信任）与排斥（合作），就像在爱情游戏中一样无处不在，如影随形。灵帝在世，大家自然会懂得做人，一切均可顺其自然，包括携手合作，现在灵帝已死，还需要再给这个小黄门什么面子吗？

身份资历的畛域，新旧权贵的敌意，之前再怎么装作若无其事，相安无事，也总有暴露和发作的一刻。

何况是在这种重大利益抉择的生死关头。

窦武和陈蕃一死，窦太后就遭难了。

于是，这又牵动起宦官间或明或暗的风波。

熹平元年（172年），东汉宫廷召开了一次隆重的会议。

会议的主题是关于窦太后的下葬问题。

与会的有中常侍曹节、王甫，太尉李咸和廷尉陈球，以及公卿百官。

会议主持人是中常侍赵忠。

"窦、陈之难"后，曹节、王甫出于对窦武、陈蕃的仇恨，在事情过后的几年里，一直迁怒于已经失去权力、迁居南宫的窦太后。他们无视窦太后曾经当过他们的"保护伞"，对窦太后不依不饶、百般设难。黄门令董萌为维护窦太后的权益，直接被曹、王二人下狱弄死。董萌死后不久，窦太后也死了。

窦太后死后，曹节和王甫依然百般刁难，先指使人"遂以衣车载后尸，置城南市舍数日"（《张王种陈列传》）；后又提出要按贵人而非太后的规格来举办丧礼，被灵帝给否定了。到下葬时，曹节、王甫又说要另葬窦太后，改以冯贵人与汉桓帝合葬，灵帝似乎不便再直接否定，于是有了熹平元年的专题廷议。

主持人赵忠在会上的表现，成为我们关注的焦点。

据《后汉书》记载，廷议的过程是这样的：

廷尉陈球率先发言，认为皇太后理应与桓帝合葬。

赵忠一听，马上笑着说，陈廷尉应该把意见当场写下来。

> 忠笑而言曰："陈廷尉宜便操笔。"（同上）

陈球立即写下一大段书面意见，否定了曹节和王甫的提议，赵忠看后，做出这样一种反应：

> 忠省球议，作色俯仰，蚩球曰："陈廷尉建此议甚健！"（同上）

这话是理解赵忠在会上表现的关键。但这句话究竟是什么意思？是夸奖，是讥讽？还是另有他意？

经过陈球一番慷慨陈词和明确表态，会场上其他人也都纷纷表示赞同。曹节和王甫见状，当场跟众人争执起来，争执不了了之。会后，太尉李咸直接向灵帝面陈意见，灵帝听后对曹节、王甫说：

> "窦氏虽为不道，而太后有德于朕，不宜降黜。"节等无复言，于是议者乃定。（同上）

算是一锤定音、尘埃落定。

那么，在这件事中，赵忠的立场到底是站在哪边的？许多人都认为赵忠是站在宦官（曹节和王甫）一边的，认为赵忠对陈球所作反应，全都暗含讥讽和敌意。网说不宜为据，我们看看蔡东藩的《后汉演义》里是怎么说的。

在写到汉灵帝派赵忠监议时，作者特意用一行小字，以自注的方式插了一句："用阉人监议，可见曹节等势力。"这话表明，作者认为赵忠充当监议，并不是，或不完全是，出自灵帝本人的意志。

赵忠看了陈球的书面意见后，《后汉演义》的叙述是：

> 惟赵忠面色陡变，强颜语球道："陈廷尉创建此议，可谓胆略独豪。"

这句话基本符合《后汉书》原意，只是原文中的"蚩"字，被作者理解、转译成了"强颜"一词。

真正明确反映作者对原文理解的，是下面这段话：

> 球应声道："陈窦已经受冤，皇太后尚无故幽闭，臣常痛心，天下亦无不愤叹；今日为国直言，就使朝廷罪臣，臣也甘心！"这数语更拂忠意，顿时扬眉张目，欲出恶声。咸至是不能再忍，便起语道："臣意与廷尉陈球相同，皇太后不宜别葬。"群僚听着，方才同声附和道："应如此言！"忠自觉势孤，未便多嘴，乃

悻悻入内。

这是完全把赵忠放在陈球、李咸等人的对立面了，但是对比原文可以看出，《后汉演义》这里对于赵忠的几处描写，只能说是演义本色，基本属于文学的夸张、想象和虚构。

这些都反映了蔡东藩对赵忠在廷议上表现的基本判断和理解。这种理解对不对？我觉得大可商榷。

首先，灵帝特派赵忠监议，是不是出于曹节等的势力？而非灵帝本人意志，我觉得蔡东藩先生的断语，至少是缺乏依据的。

汉灵帝12岁登基，到熹平元年（172年）已有十六七岁。这个岁数在今天，或许有人会说还未成年，但对一位古代皇帝来说，却早已不是年少无知的年纪。事实上，中国历代皇宫里的皇帝，普遍存在一种早熟现象，关于这点，史事多有，不烦列举。说到汉灵帝，据《孝灵帝纪》，建宁四年（171年）——就是熹平元年的头年——正月，"帝加元服"；同年秋七月，"立贵人宋氏为皇后"，这都是灵帝成年的标志。因此，对于熹平元年汉灵帝作为皇帝的意志，我们不宜过于低估和无视。

更足以为凭的，当然是汉灵帝在窦太后生前身后所表现出的实际态度和行为。

"窦、陈之难"后，曹节和王甫对窦太后百般迁怒、不依不饶，但是灵帝始终有自己的看法和表现，"帝犹以太后有援立之功，建宁四年十月朔，率群臣朝于南宫，亲馈上寿"（《皇后纪下》）。董萌为窦太后说话，灵帝"深纳之，供养资奉，有加于前"（同上）。窦太后驾崩，曹节、王甫"欲用贵人礼殡"，被灵帝直接否决。曹、王要将窦太后"别葬"，灵帝不得已启动廷议方式，特派赵忠监议，最后灵帝一番话，"节等无复言"，可以说，一切还是回到了灵帝的思维轨道上。

这些都说明，汉灵帝在窦太后一事上，有自己的主见，也能坚持自己的主张。

因此，特派赵忠监议，如果确应看作灵帝本人的意志，而非曹、王的势力，那么，作为灵帝特派员的赵忠，他能不能领会灵帝的用心？他有没有可能或必要去违背灵帝的用意？从而跑偏走岔，站错队伍？

实际上，从整个廷议过程看，我们也看不到赵忠跟曹节、王甫之间，有任何的同声通气。别说这次廷议，就是在现有史籍记载中，我们也见不到赵忠与曹节、王甫之间，有任何直接的言语或实际交往。这次公派廷议，是赵忠与曹节和王甫唯一一次在公开场合的集体亮相，这就不能不提醒我们，赵忠与曹节和王甫之间，到底是一种什么样的实际关系？

把同为（同时为）中常侍的赵忠和曹节、王甫放在一起，加以对比，我们能看出些什么来？

从年辈上说，赵忠应当比曹节要低，而跟王甫比较接近；从政坛出道的时间说，赵忠比王甫还要稍早些。

赵忠政治履历上的最早事迹，是他也参与了清除梁冀集团，不过不是作为核心骨干，只能算是其中的边缘人物，所以事后只是被封为乡侯，而不像"五侯"那样是县侯。

真正值得我们给予特别注意的，是在随后不久发生的两件重大政治事件中——"窦、陈之难"和"党锢之祸"（第二次"党锢之祸"）——都没有出现赵忠的身影，而曹节和王甫却是两件大事的绝对"主创"与领导，这说明什么？起码说明，赵忠和曹节、王甫并非是同舟共济、合作紧密的政治同路人。这一点对于我们辨明赵忠与曹节和王甫的政治关系至关重要，尤其是考虑到赵忠的政坛出道时间还在王甫之前这一点。

此外，赵忠和曹节、王甫之间——尤其是和曹节之间，还呈现出另一种差异，一种带有时代感的差异。在曹节身上，更多展示出的，是一

266

种宦官政治家式的风范。如果暂且不将吕强这个特殊人物考虑在内，那么在整个东汉一代的济济宦官中，具有这种纯宦官本色的政治家风范的，首推（或者说唯有）曹腾和曹节二人。他们更多的精力与才干，体现在权力的经营与较量上。反观赵忠，虽然同样在政治权力上不甘寂寞、劣迹斑斑，但展现更多的，却是个钱字！——尤其是对于房地产（包括墓穴）的置业能力，简直到了傲视群雄、独步天下的程度。[13]这种展现在权与钱之间的分别（这种分别当然是相对而言的，权与钱从来难分难舍），不仅是赵忠和曹节两个人的差异，也可以说是东汉前后期宦官群体的某种不同。从总体上看，前者更偏重于权力利益的争夺，后者则日益沉溺于经济利益的诱惑（王甫则似乎两者兼具，带有过渡性质）。

窦太后的身后事，不过是权力斗争的剩余纠缠和末了发泄，看不出有任何实际利益成分在内，因此对于赵忠来说，也就没有任何非要卷入其中不可的动力和兴趣。如果不是灵帝的特派，赵忠又怎会出现在这个场合？他又有多大必要，非要违背灵帝的旨意，而去附和曹、王的心意？

但灵帝的这次特派，对赵忠来说，却又是次难得的机会。据史书记述，赵忠在桓帝时被封为乡侯，后被"黜为关内侯"（《宦者列传》），是在灵帝即位后，赵忠才升为中常侍，并重新被封为列侯。赵忠再次被封为列侯的具体时间，已无法确知，但无论是在熹平元年之前还是之后，这次"监议"对赵忠来说，都意味着某种的"东山再起"。纵观两汉，宦官监议，乃是极罕见的事，因此对赵忠来说，就绝对是次特别的机遇和暗示。从史书所记载的赵忠生平来看，正是从这次监议之后，赵忠的政治生涯就逐步变得热闹、亮眼起来，开始走上了政治舞台的前沿，除继曹节死后接任大长秋（宦官最高职位）外，更被灵帝宣称为"赵常侍是我母"。

在这样一个时刻，赵忠会不会不清楚自己的行动方向？窦太后一事，灵帝与曹节、王甫的主张，始终南北分驰，这是明摆的事，身为中常侍的赵忠会没有这道眼力？还是他会故意选择跟自己的前程背道而驰？

在此我们不妨把视野再放宽一点。

汉灵帝以河北乡下一个穷困的小侯爷身份，忽然被人接到京城洛阳当皇帝，我猜想他直到被迎进京城的那一刻，脑子里都是糊里糊涂的。对于这个尚在童年的小男孩来说，京城和皇宫里的一切都是陌生的，可以说是一无所知，更别提复杂激烈的宫廷权斗了。可偏偏坐上皇位没多久，就碰上了"窦、陈之难"和"党锢之祸"，前面说过，曹节和王甫是这两件事的主创人员。尽管"党锢之祸"在灵帝的手上延续了十几年，但从本源上说，"窦、陈之难"和"党锢之祸"跟汉灵帝其实并没有太大的直接关系，灵帝在起初一大段时间里，都是个懵懵懂懂被蒙蔽、被恐吓、被利用、被裹胁的被动角色（当然这不是说，汉灵帝跟"党锢之祸"就没关系了）。这是灵帝始终坚持要善待窦太后的原因之一，也是"黄巾起义"刚爆发，汉灵帝就听从了吕强等人的建议，果断终结了"党锢"的部分原因所在。

明了这一点，对于我们更准确、切实地看清灵帝与曹节、王甫的实际关系，大有帮助。

以往至今，一说起东汉，一说到汉灵帝，人们就会说到汉灵帝宠信宦官，到了无以复加的地步。从总体上看，这当然没错，只是稍嫌笼统。这种稍嫌笼统、一言以蔽之的概括，很可能遮蔽了一个不易察觉的事实，即汉灵帝对于宦官，尤其是对那些居于政治核心和首要位置的宦官，有一种不断"取舍"，或者可以称为"以新汰旧"的做法，请看下面这份名单：

侯览→曹节、王甫→吕强→张让、赵忠（十常侍）→蹇硕

这些都是在灵帝即位以后，曾经红极一时、炙手可热，或鹤立鸡群的宦官人物，然而他们的最终结局，是这样的：

侯览（兄弟）自杀（172 年）；王甫死于狱中（179 年），曹节差点步王甫后尘，侥幸得以寿终正寝；吕强自杀（184 年）；张让、赵忠及"十常侍"在灵帝临终前（189 年）被弃置不用，身份偏低的蹇硕跃升为上军校尉和托孤者。

看清这一演变过程，我们再来端详灵帝与曹节、王甫的关系，会发现，熹平元年对于曹节和王甫来说，很有可能是个特殊的年份。正是在这一年，曹、王的势力达到了旁若无人的顶峰，但也有可能从这年起，曹、王的势力出现了转折的倾向（跟灵帝的成年密切相关）——熹平元年的这次廷议，正好显露了某种端倪。当然它最多也只是个转捩，曹、王的势力会依据惯性继续有所伸张，还会持续一个过程，然而某种变化的苗头，已然悄悄出现。

如果真是这样，那灵帝特派赵忠监议，就不仅不是蔡东藩先生所说的，是曹节等势力的结果，相反，倒有可能是曹节等势力步入拐点的标志。

赵忠要想平稳上位，取而代之，他能不能洞察到这一时势？

最后，说起赵忠这个人，好像天生有种跟宦官（"我曹"）"过不去"的劲。蹇硕的死，赵忠是主谋之一，下面要说的吕强的自杀，赵忠更是直接的加害者，还带着一股赶尽杀绝的狠劲！

以为宦官就一定会站在宦官一边，这想法未免简单了点。

吕强，东汉宦官中最特立独行的一个。

一个最不像宦官的宦官，而且，还是个中常侍。

赵翼在《廿二史札记》卷五里，罗列了一堆他认为是贤者的（东汉）宦官，吕强也在其中，但这种泛泛的排列，并不能凸显出吕强的特色。

吕强在东汉宦官里是独一无二的。

首先我们注意到，吕强之外的东汉宦官间的冲突，绝大多数都带有突然性和瞬间性，甚至纯粹是单方面的，即其中一方事先完全没有意料，或来得及做出反应，事情就已发生或结束了，像孙程暴动、张逵事件、蹇硕之死、郑飒之死，莫不如此，王甫格杀山冰，也是发生在一场突发事件的背景下。至于赵忠在熹平元年廷议上的表现，如果确如本文所分析，它所展现的，也只是一种宦官间的自然分化，一种带有潜伏性质和代际特征、不动声色的隐形分化，内斗与冲突是完全谈不到的。

吕强的情况就大不一样。

吕强和其他宦官的矛盾与冲突，是完全公开和持续的，相互之间具有攻击与反击的性质。据《后汉书》的记载，至迟从光和二年（179年）起——有可能还要更早——一直到"黄巾起义"爆发之初（184年），起码在五年的时间里，吕强跟其他宦官的对立、冲突，始终是公开的，毫不掩饰，无所避忌。

也就是说，吕强跟其他宦官的对立冲突，具有完整意义上的冲突性质，给我们提供了一个难得的、几乎是孤本范例的经典标本。

说起来有些奇异，事情的起因，竟然是从吕强拒受封侯引起的。

灵帝即位后，按照某种历史惯例，照旧给一些上层和重要宦官封侯，吕强也在其中，但皇帝的这份好意，被吕强给拒绝了——东汉是个推辞的时代，无论是民间还是官场都屡见不鲜，推辞的内容也五花八门，但宦官推辞封侯，吕强是独一个——不仅如此，吕强还乘机发难，以上疏的方式，向自己身处其中的宦官阵营，甚至皇帝本人，发起了让人瞠目结舌的攻击。

臣闻诸侯上象四七，下裂王土，高祖重约非功臣不侯，所以重天爵明劝戒也。伏闻中常侍曹节、王甫、张让等，及侍中许相，并为列侯。节等宦官佑薄，品卑人贱，谗谄媚主，佞邪徼宠，放毒人物，疾妒忠良，有赵高之祸，未被轘裂之诛，掩朝廷之明，成私树之党。而陛下不悟，妄授茅土，开国承家，小人是用。又并及家人，重金兼紫，相继为蕃辅。受国重恩，不念尔祖，述修厥德，而交结邪党，下比群佞。陛下或其琐才，特蒙恩泽。又授位乖越，贤才不升，素餐私幸，必加荣擢。阴阳乖刺，稼穑荒蔬，人用不康，罔不由兹。臣诚知封事已行，言之无逮，所以冒死干触陈愚忠者，实愿陛下损改既谬，从此一止。（《宦者列传》）

这里对曹节、王甫和张让等人指名道姓的攻击，就先不说它了，像"宦官佑薄，品卑人贱"，这种明显带有人身攻击性质的字样，也不值得惊讶，甚至交织其中对于皇帝本人的直接指责，也可以说是东汉的常态（考虑到吕强是名宦官中常侍，这些句子还是相当震撼而刺激），这段话中真正让人觉得触目惊心的，是"有赵高之祸，未被轘裂之诛"——一股杀气扑面而来！吕强上来就将对宦官的攻击音调，调到了最高点，这是一种你死我活的架势。

吕强之所以将对宦官的攻击，跟对皇帝的批评结合起来，在于他毕竟是宦官中人，深知宦官的权力与作为，归根结底来源于皇帝，宦官不过是皇权众多代表（代理人）中的一个，而且是最贴己的那一个。吕强对宦官攻击的同时，将矛头指向皇帝，分明有要斩断宦官权势之根的意图。

身为宦官，对宦官施以如此猛烈、决绝的攻击，吕强之外，别无他人。

吕强这种尖锐、强悍的发声，跟他所处的时代密切相关。吕强涌现的时代，东汉宦官的发展与分化（分化的原因多种多样，包括宫廷之外各种意识形态的影响，譬如"太平道"）达到了最顶点，同时也是东汉社会政治矛盾总爆发的前夜。从某种意义上说，吕强和蔡伦分别处在东汉（宦官）历史的两个端点上：一个是即将爆发式展现的前夜；一个是即将爆发式终结的前夜。站在这个错综复杂、大厦将倾的历史节点

271

上，吕强以自己的方式，从体制内部的最深处（最高处），发出了想要力挽狂澜的呐喊。

在此我们注意到吕强身上的另一个特点。东汉宦官之间的内斗与冲突，绝大多数都有一个比较具体的原因和背景，出于某种比较具体而明确的权益之争，如孙程暴动、张逵事件、蹇硕之死，以及其他等，但吕强的情况又有所不同。吕强与其他宦官的矛盾与冲突，起初并没有什么具体的权力与利益的纠葛与冲突——直到吕强的攻击触及、冲撞、损害到其他宦官的既得利益和权力。吕强与其他宦官的矛盾与冲突，基本是源于某种观念的矛盾和冲突，属于思想的冲突，用今天的话说，属于"三观"的冲突。我们看看《后汉书》所引述的吕强上疏，就会明白这一点。吕强始终是站在朝廷、国家和社会民众的立场和利益——而非个人的私利，来思考和发声的。

这就使得吕强看上去，不像一位典型的宦官，倒像一个标准的官僚士大夫，像一位官僚政治家，或政治批评家。事实上，吕强的确是东汉高层宦官中罕见的一位具有政治家胸怀、眼光和风范的人物。正如他的名字——吕强字汉盛（寓意汉朝强盛）——所标示的，这是一位货真价实的爱国者，一位地地道道的爱国宦官，吕强在自杀前说的最后一句话是：

> 吾死，乱起矣。丈夫欲尽忠国家，岂能对狱吏乎！（《宦者列传》）

国家，是吕强念念不忘、念兹在兹的中心。

这一点，显然跟吕强的阅读有关。

东汉是个推辞的时代，也是个学习的时代，两者互有关联，且都蔚然成风。不过要说到宦官的学习和文化，尽管其中也不乏有知识、爱学习的例子，但总体来看，宦官的文化修养应该是偏低的，然而吕强又是个例外。在读书和文化修养上，吕强绝对说得上是一位鹤立鸡群的佼佼者，堪称饱读之士。从《后汉书》所引吕强上疏中，我们可以看出，吕强博览群书、引经据典、运用自如的一面。除直接引用《周易》《谷梁传》和《尸子》外，文中用典还涉及《诗经》《春秋》（《公羊传》《左传》）、《说苑》《韩非子》等典籍（后来赵忠、夏恽指控吕强读《霍光传》，如果属实，那吕强的阅读物中就还包括《汉书》）。读这样一份上疏，我们会不由产生一种恍惚、疑惑感，这是一位宦官写的吗？难道它不更像是出自一位官僚士大夫的手笔？事实上，吕强的这份上疏，跟此前陈蕃的一份上疏如此相似，无论是内容、文字还是风格，都有惊人的雷同。这到底是源自"抄袭"？还是英雄所见略同？抑或出自别的原因？

总之，从《后汉书》提供的形象看，吕强不像是我们熟知的宦官中常侍，而更类似于李膺、陈蕃、朱穆、范滂一路的人物，甚至有过之而无不及。从吕强犀利、刺耳、充满正义的措辞看，吕强非常近似于今天所说的左派激进人士，像一名宦官中的左翼斗士。如果把吕强放入东汉那批激进无畏、前赴后继、殉道而死的士大夫群体中，可以说绝无半点违和感。有人说北宋宦官中有一种士大夫化的倾向[14]，如果这种说法成立，追本溯源，吕强就是开此风气之先的那个人。

说到吕强身上的士大夫气质，不能不说到吕强与"党人"的关系。

"黄巾起义"爆发前，尽管吕强言辞激烈，对高层宦官，甚至皇帝本人，都多有抨击，但并没有直接明确涉及"党锢"，只是在某些地方，以或明或暗的方式，间接侧面地显示出对"党锢"，或"党人"的态度，如上疏中的"放毒人物，疾妒忠良"，及"贤才不升，阴阳乖刺，稼穑荒蔬，人用不康"等语，都容易让人联想到侯览、曹节、王甫迫害"党人"的情形。吕强与陈蕃上疏的惊人雷同，自然也是惹人遐想的事例，甚至吕强的辞爵，都像是陈蕃辞爵的翻版。最后，吕强的死，也被挂在了"党人"的铁钩上。

　　如果说"黄巾"爆发前，吕强跟"党人"之间是一种隐晦而曲折的关系，在"黄巾起义"爆发后，吕强就直接明确地踏入了"党人"这个敏感险地。

　　"黄巾起义"刚一爆发，吕强迅速提出建议，要求"大赦党人"（《宦者列传》），并说："党锢久积，人情多怨。若久不赦宥，轻与张角合谋，为变滋大，悔之无救。"（《党锢列传》）字里行间，透露出吕强对"党锢"一事的萦绕于心和深思熟虑。如果不是此前对"党锢"事件在内心抱有自己的看法，恐怕很难在"黄巾"爆发之初，就有如此知微见著、洞若观火的见识与话语。

　　纵览东汉一朝，宦官多次因皇帝、皇后（皇太后）和外戚的缘故，发生内斗与冲突，但在吕强之前，宦官之间因为官僚士大夫而发生冲突的情形，只有孙程廷上怒斥张防一例。吕强在"黄巾起义"爆发之初，立即提出解除"党禁"，不仅使他成为在重大历史关头影响时局走向的人，客观上也让他成为"党人"的同情者与解放者。

　　解除"党禁"，标志着延续了十几年的"党锢"的结束，某种程度上，也宣告了对于"党锢"的否定，这就相当于直接冲撞了宦官集团的政治形象和利益。

　　更有甚者，吕强同时还要求对宦官大开杀戒。

　　　　中平元年，黄巾贼起，帝问强所宜施行。强欲先诛左右贪浊者，大赦党人，料简刺史、二千石能否。（《宦者列传》）

　　这里说的"左右"，其实就是指宦官，所以才会有后文：
　　于是诸常侍人人求退，又各自征还宗亲子弟在州郡者。
　　吕强的提议，成为后来何进和袁氏兄弟屠戮宦官的先声。
　　这怎能不引起宦官的强烈反弹？
　　"黄巾起义"爆发时，王甫和曹节都已死去，以赵忠和张让首的

"十党侍"，成为当时的集体首席大宦官，吕强的命运，将终结在他们的手上。

> 中常侍赵忠、夏恽等遂共构强，云"与党人共议朝廷，数读《霍光传》。强兄弟所在并皆贪秽"。帝不悦，使中黄门持兵召强。（《宦者列传》）

"与党人共议朝廷"，现在已无法断定它的虚实真伪。灵帝虽然同意解除"党禁"，但这不意味"党人"就是个可以让他感到安稳的词，更让灵帝紧张、发怒的，自然是"数读《霍光传》"（李贤注：言其欲谋废立也），于是吕强没有因为在上疏中直批皇帝而死，却因为赵忠、夏恽的一句话，结束了他过于慷慨激昂的生命。

然而，不管吕强跟"党人"之间，到底有种什么关系，他为"党人"说过什么样的话，吕强始终是一名宦官，一名上层宦官。也不管吕强曾经对宦官发出过多么激烈、骇人的抨击言辞，甚至欲置之死地而后快，吕强也不是要否定整个宦官群体，更不可能是要全盘推翻宦官制度。在袁宏《后汉纪》里，我们看到，"黄巾起义"爆发时，灵帝向吕强请教对策，吕强的回答是这样的：

> 上内忧黄巾，问掖庭令吕强何以静寇，对曰："诛左右奸猾者。中常侍丁肃、徐演、李延、赵裕、郭耽，朝廷五人，号为忠清，诚可任用。"（《中平元年》）

既有需要诛杀的，也有"忠清，诚可任用"者，这才是吕强对于宦官的完整态度。吕强所说"五人"，在范晔的《后汉书》里，被附于《吕强传》之后，因此，袁宏的记述想必应该是可信的。

说到底，吕强与其他宦官的对立与冲突，仍然是宦官内部的对立与冲突。

最后说说郑飒的事。

说之前，有个人要被重新捡起来一下。——樊丰。

前面说过，樊丰是安帝末年冲锋在前的三个宦官之一，是东汉宦官发展史上的先驱之一，但这个先驱后来消失了，不见了，樊丰去哪了？

他被他曾经是其中一员的那个政治团伙给干掉了。

安帝在路上驾崩，樊丰还跟着阎后、江京等人一起出谋划策，但回到京城后不久，就被除掉了。

> （延光四年）三月丁卯，幸叶，帝崩于乘舆。夏四月辛卯，大将军耿宝、中常侍樊丰、侍中谢恽、周广、乳母野王君王圣，坐相阿党，丰、恽、广下狱死，宝自杀，圣徙雁门。（《孝安帝纪》）

从上面引文可以看出，樊丰的死，是一场大清洗中的一部分，不是专门的个案。这场大清洗，是早先两个有所区别的政治团体——一个以安帝乳母王圣为首，一个以安帝皇后阎姬为首，都是以女性马首是瞻——在其中一个（阎氏集团）攀上政治绝顶后，对另一个进行的"卧榻"式铲除，樊丰成为其中之一的牺牲品。

两个团体的倾轧，不是本文叙述的内容，这里只想关注一下，为何会是樊丰？樊丰跟其他几位宦官一样，起初也是王圣集团一员，但也同时穿梭于另一个集团之中，跟阎氏集团有过共同一致的行动。安帝"道崩"，樊丰也是核心谋划者之一，但为何后来李闰、江京，还有刘安、陈达等同为宦官者都安然无恙，顺利转型进入阎氏集团，唯独樊丰作为其中宦官，被无情抛弃、铲除了？

这得在樊丰个人身上找原因。

如果说李闰、江京多少还有几分宦官政治人物的本色，樊丰所呈现出的，就基本是一副流氓宦官的形象了。

在当时发生的那几起重大事件中——清除邓氏遗留、逼迫杨震自杀，废除太子刘保，这几件事，也被那个时代的人看作难以忘记的恶行——樊丰一件不落地全都参与了，而且还多是其中最为核心和首屈一指的罪魁祸首，成为一个到处冲锋陷阵的"马前卒"和"急先锋"。说来或许有些偏见，同样参与其中的李闰、江京，给人的感觉多少有些政治选边的味道，唯独樊丰（还有那两个同他一道狼狈为奸的侍中谢恽和周广），散发显现出的，始终是一种格调低下、行为卑劣的流氓无赖气息。此外，樊丰还曾诬陷尚书郎成世翊以"重罪"，险些致其于死命。樊丰积极为王圣修建宅第，有可能造成过大量人员死亡。[15]这真是个恶行累累的人物。

所以，无论是在当时，还是事过多年以后，我们看到，在杨震、虞诩、李固等人的上疏奏对中，说及安帝末年的乱象，他们都不约而同点出了樊丰的名字，却没有提及其他宦官。实际上，被阎氏集团清除掉的那批人——以耿宝和王圣母女为首——基本上都是当时人眼中的"烂人"，而樊丰又是其中极为显眼的一个。

简单说，这是个招人鄙夷、厌恶的人。

尽管樊丰是被阎氏家族清除的，并不是直接死于其他宦官之手，但李闰、江京、刘安、陈达等人（还有小黄门樊登），后来都成了阎氏集团的成员，换言之，阎氏集团是一个有着浓厚宦官色彩的团体，因此，樊丰的死，就必然带有双重的内部清洗的性质，像蔡伦自杀一样，虽然未必是直接死于宦官之手，但在它们的背后，同样站着其他宦官难以祛除的身影。

樊丰的死，像一面镜子，能照出郑飒的影子来。

范晔坚持认为，"刘悝谋反"，是桩冤案。

之前的司马彪也这么认为。[16]

之后的司马光的《资治通鉴》，也沿袭了以往说法。

如果这种说法可信，那么说郑飒参与了"刘悝谋反"，惹上"大逆不道"的罪名，岂不成了皮之不存、毛将焉附？

所以范晔认为，郑飒是被王甫"诬奏"而被"枉杀"的。

若果真如此，那就值得追问一下，王甫为什么要这么做？

王甫密告刘悝"谋反"，陷其于死地，还可以说是出于巨额资金没有到手的怀恨在心和挟私报复，那以"诬奏"的方式"枉杀"郑飒，又是为何？他们可是曾经并肩作战、生死与共的亲密战友。虽说曾经并肩作战、生死与共，后来又相互撕咬、互捅刀子，自古以来也不是什么新鲜事，但王甫跟郑飒的故事里，又到底藏着什么样的原因和理由呢？

这也得先从郑飒的为人说起。

在史书不多的叙述中，郑飒的形象总是伴随着一些特别醒目的词语。

　　而中常侍郑飒、中黄门董腾并任侠通剽轻，数与悝交通。（《章帝八王列传》）

这里值得留意的，是"并任侠通剽轻"几个字。

方诗铭先生在其《论三国英雄》一书中，多处对"任侠""剽轻"等词语，作了专门详尽的剖析。在汉代，有众多杰出或著名人物身上有过这种特色，不过用在宦官身上，郑飒又是独一个！

作为两汉常见词语，"任侠"一词跟今天的意思有所不同，不能说完全是贬义，但通常（尤其是东汉往后）情况下，其贬义色彩越来越明显。"任侠"有逾越本分、不守规矩的意思，"剽轻"则有不管不顾、冲动型的含义，都是一种易于惹是生非的形象。试看《汉书》与《后汉书》里的两个例子：

崇聚僄轻无义小人以为私客（《汉书·谷永传》，又见于《汉书·五行志第七中之上》，文字为：崇聚票轻无谊之人，以为私客）

同县孙礼者，积恶凶暴，好游侠。（《朗顗襄楷列传》）

这样的例子，在两汉史书中可以说俯拾皆是。

出现在郑飒身上的"并任侠通剽轻"，跟同样用于描写郑飒的一句话——"素狡猾尤无状"——在词义上有高度的近邻关系。

使冰奏素狡猾尤无状者长乐尚书郑飒。（《窦武列传》）

对于描写一个人的形象来说，"素狡猾尤无状"六个字，堪称有画龙点睛之效。"素"与"尤"两个副词，赋予了语气以极强的感情色彩。所谓"无状"，就是俗话说的"瞎搞没名堂"，"搞得不像话（样子）"，"胡来""胡作非为"等。这种具有分明情感色彩的措辞，会是来自距郑飒之死已有两百多年的范晔吗？我认为它更可能是源自以往的史料记述，来自距郑飒在时间上更近得多的人的笔迹，因此它也就有了更切实得多的可信性。关于这六字的描述，我们可以通过史书中对郑飒的其他描述，来一判它的实在程度。窦武、陈蕃意图铲除宦官，行动之初的第一件事，就是抓捕郑飒（为什么？），这成为窦、陈向宦官进攻的突破口。陈蕃听到郑飒被抓后，当即说："此曹子便当收杀，何复考为！"另外，在桓帝时北军中候史弼的奏章里，我们看到有这样的话：

是时，桓帝弟渤海王悝素行险辟，僭傲多不法。弼惧其骄悖为乱，乃上封事曰：

……窃闻渤海王悝，……有僭慢之心，外聚剽轻不逞之徒，内荒酒乐，出入无常，所与群居，皆有口无行，或家之弃子，或朝之

斥臣，必有羊胜、伍被之变。（《吴延史卢赵列传》）

王甫说郑飒和刘悝有串通"谋反"的行为，我们或许可以暂且相信司马彪和范晔所说的，属于不实之词，但要说郑飒和刘悝压根没有来往，甚至像羽林左监许永说的，刘悝"处国奉藩，未尝有过"（《皇后纪下》），这就不是什么矫枉过正，而是纯属信口雌黄了。刘悝曾经有过"不轨之举"，并由渤海王降为瘿陶王，这是明见于史的。只不过说刘悝"吃一堑"，不长一智，会在同一个地方连摔两跤（又谋反一次！），这就的确让人生疑，本文无意在此纠缠，只想说明，说刘、郑二人串通谋反，也许是虚妄的，但要说两人完全没来往，那肯定就跑到另一边去了。实际上，如果我们仔细阅读一下《章帝八王列传》里这段话：

初，迎立灵帝，道路流言悝恨不得立，欲抄征书，而中常侍郑飒、中黄门董腾并任侠通剽轻，数与悝交通。王甫司察，以为有奸，密告司隶校尉段颎。

注意"而"字的使用，它极有可能表示，郑、悝之间，是确有"交通"，这一部分并非是"道路流言"，而可能是史书作者的客观陈述，因为只有这样，才有被王甫"司察"的可能，否则"司察"什么呢？由此我们判断，郑飒与刘悝之间，应当是确有往来的。

基于这一点，我们注意到，史弼的密奏里也出现了"剽轻"二字。尽管我们不能断定，它就是指向郑飒的，但它的确很容易让我们联想到郑飒，联想到《后汉书》中有关郑飒的那句"并任侠通剽轻"的描述，它跟我们已知郑飒的其他材料和描述，存在一种能够兼容和互释的关系。

假如以上分析有一定的合理性，那么，能不能得出这么一个结论：

郑飒作为一名在当时社会上极为活跃、具有相当影响的知名宦官（公共化的宦官），他不但让清流型官僚如陈蕃（包括窦武和史弼）产生了强烈的痛恨感，必欲除之而后快！同时，郑飒还让他的同事兼同伙，同样产生了极其相似的排斥感，跟樊丰一样，这也是一个格外招人讨嫌的角色。

换句话说，郑飒有可能成了一个敌我共弃者（两度被敌我双方先后关进北寺狱），并最终被自己人彻底抛弃和清除。

第一次"党锢之祸"时，王甫曾在狱中被"党人"代表范滂打动，"憩然为之改容"（《党锢列传》），然而对于本是自己人（"我曹"）的郑飒，王甫却以"密告""诬奏""枉杀"的方式，将其一脚踹上了死路。

郑飒之死的直接推手是王甫，这二人之间，又有着怎样的个人关系？

"窦武、陈蕃事件"之前，王甫是长乐食监，郑飒是长乐尚书，同属皇太后宦官系统，可谓系出同门，且地位相等。"窦、陈事件"过后，王甫、郑飒同升为中常侍，再次成为关系近密的同僚。这种相互熟近的职务关系，在有些人那里，是关系亲密的理由，在另一些人那里，却可能是互为隐患的源头（两人之间有太多的知根知底）。郑飒的狱中供词，直接暴露了这一点。王甫跟刘悝的政经交易，肯定是一件不适宜见光的私密事，但郑飒就有可能门清此事，这不但符合我们推知的他与刘悝的关系，更符合他那"任侠""剽轻"的为人和性格，而郑飒偏偏还有张极不牢靠的嘴，他在被窦武关进北寺狱的第一时间，就把王甫和曹节给"吐"出来了。

这种行径在任何时代和政治团体中，都属于可耻的变节和出卖，何况是两汉。

两汉时代有一个突出特点，就是自杀的人特别多———特别是官场（广义的官场）自杀，其中很多人——包括宦官，如蔡伦和吕强——都是在被捕前，或坐牢时自杀。即便没有选择自杀，很多人也因至死不屈，在牢里被打死（如王甫父子），但郑飒却是一审就招的货，招的还是曹节和王甫，当时宦官界的核心领袖人物。

这笔账，就算当时不被清算（有可能被延迟知晓），事后曹节和王甫会放过他吗？

曹、王可不是善茬。

郑飒之死发生在"刘悝谋反案"的背景下，所谓"刘悝谋反案"，又是由刘悝与王甫的私人交易引发的，直观地看，这事不仅跟郑飒无关，跟曹节也无关，但我们却在"刘悝案"的背后，看到了曹节的身影。

> 熹平元年夏，霖雨七十余日。是时，中常侍曹节等，共诬白勃海王悝谋反，其十月诛悝。（《续汉志·五行一》）
>
> 节遂与王甫等诬奏桓帝弟勃海王悝谋反，诛之。（《宦者列传》）

这样一来，郑飒之死，也就跟曹节有了间接或直接的关系。

曹节的陡然出现，除了再次显示曹、王二人形影不离的亲密关系外，似乎也在暗示，郑飒的死有可能牵扯到了更大、更深的宦官利益。[17]

结 语

从表面上看，蔡伦的死是由于他以前帮窦皇后迫害宋氏姐妹（安帝祖母姐俩），安帝亲政后旧事重提，蔡伦不愿受辱，选择自杀。其实更有可能是，蔡伦曾经是邓绥太后信任、重用的"红人"，邓绥死后，安帝听信宦官李闰和江京等人的进言，清除邓氏遗留，这才是蔡伦之死的真实背景。在此我们触摸到东汉宦官间分化与冲突的一道重要背景，即宫廷之中两个权力中心的出现与对峙。尽管在邓绥掌权之前，曾经已有过窦太后"临朝称制"的先例，但还是应当看出窦、邓两位皇太后掌权实质的不同。一是窦氏"临朝称制"时间较短（只有四年）；二是窦氏掌权由光武、明、章朝而来，东汉开国以来形成的政治架构和制度基本得到稳定和完整的传承，因此窦氏秉政的性质与后来的邓绥不可同日而语。邓绥当政，明显标志着两个权力中心的渐趋出现，一是以安帝为皇帝的中心；一是以邓绥为太后的中心。其中尤可注意者，是邓绥掌权前后延续达十六年（皇后在位二十年），掌权过程十分完整且牢固，无人可以撼动（安帝业已成年，邓绥依然不予归政，引发群臣异议，杜根、成世谲差点为此丧命）。如此，当邓绥病危渐至驾崩，在两个最高权力中心的交错中，蔡伦遂和邓氏家族及权力成员一道，成为时代转换的牺牲品。同样，孙程暴动的诱因，也是以阎姬为太后的权力中心，在安帝驾崩后立北乡侯刘懿为少帝，北乡侯薨，最高权位出现真空，正当阎氏集团预备新的皇位人选之际，孙程等人看中被废太子刘保的政治价值，以武力清除阎氏人马（李闰、江京为其骨干核心），扶植刘保成为新帝。张逵事件则是以张逵为首的宦官联盟，预感到外戚梁氏作为新兴权力中心的隐隐升起，将有可能重现阎氏家族故事——事实证明，后来梁冀成为东汉宫廷的绝对权力中心——从而发起了一场貌似不可思议的宫廷绑架行动。至于蹇硕之死，更是清楚地出现在两个皇位竞争者的角逐背景中——其背后是皇帝遗留下的两位女性家长及其家族势力的主导，最终导致蹇硕的被出卖和被收杀。

总而言之，东汉宫廷最高权力中心的（暂时）分裂，尽管不是引发东汉宦官产生分化与冲突的唯一原因，却是其中最值得注意和玩味的背景与原因。

注释：

[1] 分别见《何敝传》和《周章传》。

[2] 郑众之外，史籍中有名有姓的宦官，还有小黄门张音（《樊宏阴识列传》），中常侍张慎（《皇后纪上》），中常侍杜岑（《光武十王列传》）和中常侍孙章（《郭陈列传》）。

[3] 蔡伦和郑众的名字同时出现于史籍，只有极少几处，而且两人之间完全不见有任何实质性的个人互动。

[4] 安帝废太子刘保，十分令人费解。刘秀废太子刘疆，改立太子刘庄；章帝废太子刘庆，改立太子刘肇；刘保是安帝的独子，废了刘保，并无其他皇子可以替代。更值得注意的是，刘保被废为济阴王，并没有去封国，而是继续留在京城的皇宫里，成为后来孙程暴动最根本的导火索。

[5] 江京与李闰封侯的先后，《后汉书》和《资治通鉴》的记载略有不同，范书谓李在前，光书谓江在前。

[6] 据《方术列传上》，北乡侯病重时，司徒李郃曾经联络少府陶范和步兵校尉赵直，"谋立顺帝，会孙程等事先成，故郃功不显"。

[7] 从《后汉书》能看出，中黄门是个相当劳碌的职务，很多具体事务或杂役，都是由他们去操办处理，我认为这一点跟孙程等人雷厉风行的行动力有关。同时在史籍中，时常可见到"中黄门持（掌）兵"的字样，如《刘玄刘盆子列传》《窦何列传》《宦者列传》《续汉志·礼仪中》《续汉志·礼仪下》等，胡三省注《资治通鉴》说："中黄门，守禁门黄闼者也。"（《哀帝元寿二年》）一个"守"字，也很容易把中黄门跟持兵和武力联系在一起。

[8] 东汉建立，尚书机构获得特殊而重要的职能地位，章帝时大鸿胪韦彪上疏中说："天下枢要，在于尚书。"安帝时尚书陈忠曾说："尚书出纳帝命，为王喉舌。"此处"喉舌"，意为王命（皇帝旨意）的传达。而几乎从一开始，尚书与宦官之间就有十分紧密的关系，后来成为宦官手中掌控、玩弄的利器。司马彪《续汉志·百官三》："小黄门，六百石。本注曰：宦者，无员。掌侍左右，受尚书事。"桓帝时尚书朱穆面陈说："臣闻汉家旧典，置侍中、中常侍各一人，省尚书事，黄门侍郎一人，传发书奏，皆用姓族。自和熹太后以女主称制，不接公卿，乃以阉人为常侍，小黄门通命两宫。"（《朱乐何列传》）因此，陈忠有一次上疏，因为"宦官不便之"，"竟寝忠奏"。（《郭陈列传》）"窦、陈之难"，曹节、王甫对尚书台的控制，成为当晚事件的关键转捩点。再看孙程暴动，李闰被策反后，当即一起迎立刘保登基为皇帝，随后就"召尚书令、仆射以下，从辇幸南宫云台"。笔者判断，"召尚书令、仆射以下"，与李闰反正两件事，有直接、密切的关系。孙程等人斩杀江京等，唯独对李闰网开一面，"李闰权势积为省内所服，欲引为主"，这话的真正含义何在？实质落脚又在何处？最有可能的，首先就在于李闰对尚书台的影响力，这也正是孙程等中黄门力有不及的地方。

"东汉时……尚书……而且还有收捕和诛罚的权力。属于典章制度中例行的事，亦归尚书掌管，并有权作出改变或修正；国家大事，常由尚书商议决定……"（《中国大百科全书·中国历史·秦汉史》，中国大百科全书出版社1986年版，此段文字作者为吴荣曾）

[9] 余华菁：《中国宦官制度史》之《南汉政权的宦官与宦官制度》，上海人民出版社2006年版，第320页。

[10] 江京、刘安、陈达实质上都是作为阎氏政治集团成员被杀的，樊登虽然并非直接为宦官所杀，但同样是死于孙程暴动的大背景中，因此可以说，也是死于宦官与外戚冲突的背景下。

[11] 顺帝即位之初，现存史籍中可见宦官人名有：孙程、王康、王国、黄龙、彭恺、孟叔、李建、王成、张贤、史泛、马国、王道、李元、杨佗、陈予、赵封、李刚、魏猛、苗光和李闰，另有监太子家小黄门籍建、傅高梵、长秋长赵熹、丞良贺、药长夏珍，还有张防、曹腾、孟贲和曹节。值得指出的是，这些宦官不仅在史籍中有名有姓，而且还多有具体的活动和事迹记载，所以后来襄楷说：（宦臣）"至于顺帝，遂益繁炽"（《郎顗襄楷列传》）。

[12] 除"张逵事件"外，曹腾后来在立帝一事上，向梁冀进言，导致最终确立汉桓帝，相当于坐实了张逵等人的指控。梁冀最终虽被宦官清除，但梁冀同宦官的关系同样十分密切，事发前夕还曾派中黄门张恽"入省宿，以防其变"（《梁冀传》）。梁冀倒台后，司空黄琼在上书中说："又黄门协邪，群辈相党，自冀兴盛，腹背相亲，朝夕图谋，共构奸轨。临冀当诛，无可设巧，复记其恶，以要爵赏。"十分形象地刻画了宦官与梁氏合流、且反复无常的一面。吕思勉《秦汉史》里也说："则当时宦官，本冀党类。"

[13] 赵忠善于敛财，尤其是广置房产（包括墓穴），史书中多有例证，分别见《皇甫嵩朱儁列传》《皇后纪下》《孝献帝纪》和《袁绍刘表列传》等。另外，"黄巾"平定后，赵忠和张让一道，"说帝令敛天下田亩税十钱，以修宫室"。又"凡诏所征求，皆令西园驺密约敕，号曰'中使'，恐动州郡，多受赇赂。刺史、二千石及茂才孝廉迁除，皆责助军修宫钱，大郡至二三千万，余各有差。当之官者，皆先至西园谐价，然后得去。有钱不毕者，或至自杀。其守清者，乞不之官，皆迫遣之"（《宦者列传》）。总之，这是一个十分善于捞钱置业的家伙。

[14] 罗煜：《北宋与西夏关系史中的宦官群体浅析》，《湖南第一师范学报》2007年第3期。

[15] 《张政烺文集·文史丛考》，中华书局2012年版，第64—65页。

[16] 范晔在《章帝八王列传》和《皇后纪下》中，分别用"诬奏"和"枉诛"这样的词语，来叙述所谓刘悝谋反。司马彪的《续汉书》用的是"诬白"一词。

[17] "节遂与王甫等诬奏桓帝弟勃海王悝谋反，诛之。以功封者十二人。甫封冠军侯。节亦增邑四千六百户，并前七千六百户。父兄子弟皆为公卿列校、牧守令长，布满天下。"（《宦者列传》）这一案件使曹节、王甫等人获得巨大利益，权势达到了前所未有的最顶峰。

十一　卷地风来忽吹散
——东汉官场的自杀潮

在一次朝会上，司徒韩歆跟皇帝刘秀当面顶起来了。

起因是韩歆听说刘秀在读隗嚣和公孙述的往来书信（有欣赏二人才学之意），韩歆扔出一句："亡国之君皆有才，桀、纣亦有才。"这下可把刘秀给气着了！用今天的话说，韩歆这是"冷不防"地当众打刘秀的脸！"帝大怒，以为激发。"激发就是讥讽、刺激、故意挑事的意思。这还没完，"歆又证岁将饥凶，指天画地，言甚刚切"，刘秀更是忍无可忍了！他把韩歆的司徒一职给免了，打发他立即回老家去。这还没完，"帝犹不释，复遣使宣诏责之"。按照汉朝惯例，这是明示要求韩歆自杀，"歆及子婴竟自杀"（《伏侯宋蔡冯赵牟韦列传》）。

韩歆成为东汉王朝第一位自杀官员，而且是高官。

他自杀的直接原因，是跟皇帝顶撞。

韩歆自杀，发生在东汉建国初（建武十五年），算是拉开了东汉王朝官员自杀的序幕。但纵观整个东汉王朝，像韩歆这样因为直接跟皇帝顶撞而导致自杀的官员，并不多见。我大致想了一下，好像也就想起个董宣，那个著名的"强项令"，也是跟刘秀当面顶撞，"请得自杀"，然后"以头击楹，流血被面"（《董宣传》），不过没死成。

东汉时期，跟皇帝有过言行顶撞的官员，自然不少，但他们要么没事（死），要么直接被处（弄）死了，因此自杀的并不多见（当然不排除，其中有自杀者，在史籍中并没有以自杀的名义记载下来。相反，韩歆父子与其说是自杀，其实质倒更近于处死；董宣才像是真正的自杀，只是没死成，类似祥林嫂的行为和结果）。

这点在官员与皇太后的关系上，也有些相似。我们知道，东汉有过六位皇太后先后临朝，在长短不一的时间里，掌握了东汉王朝的最高权力，其间也有官员与之相争或顶撞，其激烈程度不亚于韩歆或董宣，但因此而自杀的，似乎也很罕见（当然同样有要么没事或没死，要么直接致死了）。

不过自从有了辅政大将军以后，与之相关的自杀，明显多起来了。

辅政大将军的出现，实际上标志着东汉王朝进入了一个新的阶段。宫廷中相对平静的日子，开始被打破和搅乱了。

众所周知，东汉自章帝以后，皇帝多冲龄践祚，于是先皇皇后便以太后之名临朝。太后临朝，必然格外需要帮手，帮手主要有三，外戚，宦官和朝廷重臣。于是首先，皇后父兄，依照宫廷惯例，固定性地成为辅政大将军，先后有窦宪、邓骘、耿宝、梁商、梁冀、窦武、何进相继任职，成为贯穿东汉王朝中后期一道重要的宫廷政治景观，深刻影响了东汉王朝的命运走向和最终结局。[1]

窦宪成为首位具有辅政性质的外戚大将军，邓骘、梁冀、窦武、何进等人，相继步武其后。而与之相关的自杀现象，从此也频频不断地出现在人们的视线中。

> 尚书仆射郅寿、乐恢并以忤意，相继自杀。（《窦宪传》）
> 明年，中常侍樊丰与大将军耿宝、侍中周广、谢恽等共谮陷太尉杨震，震遂自杀。（《李王邓来列传》）

郝絜和陈龟，先后直接因大将军梁冀而自杀。

至于窦武和何进任大将军期间，更是发生了动摇东汉王朝大厦国本根基的重大事件，造成众多官场人员，如海豚集体踊跃搁浅般自杀。

同时引人注目的，是七位大将军自身，除梁商一人得以善终外，其余五人自杀，一人被杀。而且五位自杀的大将军，除耿宝一人是独自自杀，其余都是两人以上同时自杀。也就是说，自从有了辅政大将军以后，东汉官场的自杀现象，就如潮水一般，连绵不断，并越涌越高，最终以吞噬他人、也吞噬了自己的方式结束。

为什么会这样？

这就需要我们点开东汉官场的政治动态图，来看一看。

我们会发现，官场自杀作为一种特别现象，它跟某一特定时期的政治生态和动态的激烈程度密不可分，是这些政治生态和动态的活跃程度、强度和烈度的指数级反映，它从来不会无缘无故地发生和出现。而促成其发生的原因与根由，往往来自自杀者所处的具体政治环境和对手的逼迫、竞逐与挤压，其背后又总是站立或闪现着官场最高层权力的意志和力量，使其告诉无门，身陷绝境。

东汉官员，尤其是高官，好像特别容易陡然陷入一种心态和精神的绝境。

这里要顺便说一句，本文所说官场，是指广义官场，即涵盖了宫廷、朝廷和各级政府在内的所有政治场域及其所属人员，包括王侯、外戚、宦官和皇后、贵人、官员配偶子女，甚至随从奴仆等在内，当然主要指宫廷和朝廷内的上层人物和官员。

甚至皇帝，曾经位居权力最顶层之尖端的皇帝。

让我们先从最顶层说起。

位居东汉王朝顶层的宫廷政治生活中，有五种角色，以动荡变化和交替兴衰的方式，共同代表和掌握了王朝某一阶段的最高政治实权，我称为"五驾马车"现象，即皇帝，（临朝）皇太后，（辅政）大将军，（顶层核心）宦官集团和（中央高层）官僚集团。他们之间的权力状态和意志表现，极其错综复杂的关联与纠缠，钩心斗角，纵横捭阖，或者相互渗透、互为依靠，或势不两立、你死我活地血腥厮杀，构成了东汉王朝宫廷政治生态的基本版图和面貌。

这五种人物角色中，皇帝和皇太后具有某种绝对或者说是相对个体性，即起码在形式上，皇帝和皇太后只能是独自一人的存在形式，除非是某种极其特殊情况下的新旧交替或正伪并存，否则不可能同时存在两个皇帝或皇太后。这就意味着，通常也不会有两个（或以上的）人同时共享皇帝或皇太后的名义、身份和权力。[2]换言之，皇帝和皇太后总是以独自一人（孤家寡人）的形式高高在上。与此相对照，宦官和官僚总是以集体的面貌和形式存在和活动，这一点构成了他们之所以为宦官和官僚最主要也最重要的政治特征，即群体性（史书中所谓"党"）。而辅政大将军，则处于皇帝、皇太后与宦官、官僚之间，因而具有两者各自的特点，即既是个性体的，同时又有着极强的群体性特征，这种群体性特征，我们通常名之为集团。这是一种高度政治化的超强势力集团，是我们对于东汉辅政大将军，需要首先认识和把握的至关重要的一点。在东汉所有七位辅政大将军身上，我们都能首先最清楚无比地注意到这一点的存在，比如窦宪。

窦宪无疑是个有着极强活动天性和领导组织才能的人，其充沛旺盛的精力和肆意妄为的胆量，用于邪道，则惹是生非，用于征战，则建功立业。和帝继位，其妹窦皇后成为窦太后，窦宪更是从此大张羽翼，网罗人才，诛除异己，甚至是任意杀人，结果惹怒太后。之后窦宪利用将功赎罪、领兵出征匈奴的机会，组建起了一个众星云集、势力空前的窦氏集团。

宪既平匈奴，威名大盛，以耿夔、任尚等为爪牙，邓叠、郭璜为心腹。班固、傅毅之徒，皆置幕府，以典文章。刺史、守令多出其门。（《窦宪传》）

围绕在窦宪身边、帐下的人士，显然不只这几个人。

永元初，大将军窦宪兄弟贵盛，步兵校尉邓叠、河南尹王调、故蜀郡太守廉范等群党，出入宪门，负势放纵。（《第五钟离宋寒列传》）

同样也不只这几个。

窦宪集团，是东汉立国以来，第一个人才济济、势力强劲的外戚集团，也可以说是整个东汉时期最具实力的外戚集团。从窦宪开始，大将军的位置，从此高于"三公"，大有一人之下，万人之上的架势，拉开了外戚强势专权的大幕。

跟窦宪相比，邓骘似乎显示出完全相反的性格特点，即低调型，史书中一再说到邓骘的谦逊和辞让。然而事实上，邓骘兄弟与其皇太后妹妹邓绥之间，形成了相比窦氏来说毫不逊色，甚至还要更为紧密的家族关系，并同样建立了一个庞大深厚、人才济济的政治集团。

骘等崇节俭，罢力役，推进天下贤士何熙、祋讽、羊浸、李合、陶敦等，列于朝廷；辟杨震、朱宠、陈禅，置之幕府，故天下复安。（《邓骘传》）

在《后汉书》中，我们可以看到，邓骘兄弟如何不遗余力地网罗和结交各种人才、知名人士和重要官员，如张霸、陈禅、杨震、张晧、张衡、马融、李充等。"延平元年，拜骘车骑将军、仪同三司。仪同三司始自骘也。"（《邓骘传》）这就更为邓骘广招人才，打开了方便之门。尽管邓骘任职大将军不足两年，是东汉七位辅政大将军中，唯一一位主动请辞成功、且非死于大将军任上的，但以邓绥和邓骘为核心，构建了一个完整而强力有效的邓氏政治集团，这是不争的事实。

耿宝是东汉著名开国大将军耿弇弟弟耿舒的孙子，其妹是清河王刘庆的王姬，也就是安帝的嫡母（安帝生母是左小娥）。建光元年（121年），"帝以宝嫡舅，宠遇甚渥，位至大将军"（《章帝八王列传》）。跟之前的窦宪和邓骘不同，耿宝完全没有领兵征战的经历，在他不长的政治生涯中，耿宝也完全无力构建属于自己的政治集团，只能以跑腿和打杂的形象，混迹于以安帝皇后阎姬为首的外戚集团和以李闰、江京为首的宦官集团及安帝保母之流合成的"特混政治集团"中，惹是生非，为虎作伥，是东汉七位辅政大将军中，最没有形象感和存在感的一位。这种情况的出现，除了耿宝个人品行和能力外，跟两个因素有关，一是耿宝的身份，与窦宪和邓骘有所不同。窦、邓二人，其妹都是当时正儿八经的皇后和皇太后，耿宝的妹妹，只是安帝父亲清河王刘庆的嫡妻，并非皇后和皇太后。不仅如此，邓太后驾崩后，安帝追尊生父清河王为孝德皇，追尊生母左小娥为孝德皇后，却将父亲的正妻（耿宝的妹妹）尊为甘陵大贵人（尚在人世），这样耿宝虽然也称元舅，但跟窦宪和邓骘明显有所不同。另外，延光三年八月，安帝以耿宝为大将军，转年夏四月，安帝驾崩，耿宝随后被迫自杀，其间只有短短的八个月，自然也难以迅速组建属于自己的政治集团。实际上，当时安帝皇后阎姬的兄长，车骑将军阎显，显然已比耿宝更具有辅政大将军的实质，只不过同样出于时间的仓促和时机的混乱不成熟，终究未能更进一步。总之，耿宝从头到尾，像一位纯粹挂名的、有名无实的辅政大将军，但他曾经是那个"特混"政治集团中十分活跃的一分子，这也是显而易见不争的事实。

梁商和梁冀父子相继为大将军，前后长达二十六年，这在东汉是绝无仅有的现象，其中梁冀在位十九年，跟霍光在位时间相等。如果把梁氏父子在位时间相加，则要超过王莽摄政和称帝时间，为两汉之最。职是之故，加上梁商之女、梁冀之妹梁妠先后为皇后和皇太后也有十九年（梁冀另一位妹妹梁莹后来又成为桓帝皇后），这样梁氏就建立起一个庞大无比且稳固非常的外戚集团，史书中说，"时大将军梁冀擅朝，内外莫不阿附"，"宫卫近侍，并所亲树"，"其它所连及公卿、列校、尉刺史、二千石死者数十人，故吏宾客免黜者三百余人，朝廷为空，惟尹勋、袁盱及廷尉邯郸义在焉"。可以想见梁家政治集团的规模，达到何等空前的程度。也正因如此，当梁冀垮台，东汉外戚势力大受重创，可以说是元气殆尽，其核心感召力和凝聚力大为削弱，几乎荡然无存。如果说在此之前，外戚的扩张，显示为一种社会政治的自然属性，就像资本的本性是逐利，权势的本性则是扩张。那么自梁冀以后，到窦武、何进先后任大将军时，外戚的核心资源与力量早已呈坍塌和塌陷的状况，外戚的组团与扩张，从最初的一种生机勃勃的进攻型姿态和行为，蜕变萎缩为明显带有被动防御、从而必须寻求盟友依靠的状态。窦武寻求的是官僚集团中的清流士大夫，以及社会上广大的青年知识分子群体，虽然也曾兴旺一时，然而数月之间，即毁于一旦。[3] 何进就任大将军于"黄巾"爆发之际，可以说从一开始就陷身于最直接而猛烈的军事风暴之中，由于之前梁冀和窦武的彻底溃败，当时的官场状况，用中常侍张让对何进的当面责问语来说就是，"公卿以下忠清者为谁？"（《何进传》）加上何氏本身出身微贱，何进可以借用的人力资源已非常有限，而其所需对付的宦官集团，势力则早已达到登峰造极、舍我其谁的地步，再加上灵帝临终前，以蹇硕为元帅，"督司隶校尉以下，虽大将军亦领属焉"。这就更是将何进与宦官的对立，推向了势不两立的境地。于是在袁绍的谋划、鼓动下，何进开始仓促忙乱地组建自己的政治集团和军事联盟，"因复博征智谋之士逄纪、何颙、荀攸等，与同腹心"，并将目光投向宫墙之外，投向了屯聚在地方上的、正虎视眈眈的那堆特殊人物：野战军人。董卓等人的身影开始云集京城，"遂西召前将军董卓屯关中上林苑，又使府掾太山王匡东发其郡强弩，并召东郡太守桥瑁屯城皋，使武猛都尉丁原烧孟津，火照城中，皆以诛宦官为言"，拉开了东汉王朝走向终结的帷幕，吹响了建安年间军阀混战的号角。这是东汉外戚最后的豪赌和挣扎。

从窦宪为大将军（89 年）到何进被杀（189 年），前后正好百年。这一百年，构成了东汉王朝的主体历史阶段。这百年间的风云变幻和跌宕起伏，谱写了东汉宫廷历史最主要的画面。前面说过，官场自杀，是一定时期政治生态和动态的指数级反映的标志，于是我们看到，从窦宪上场到何进落幕的百年之间，东汉的官场自杀，是怎样以风潮逐浪高的形式，日益密集地出现历史的舞台上的。

1. 与窦宪有关的自杀者：

窦宪、窦笃、窦景、窦瑰，郅寿、乐恢，宋由、马光；

已知和帝一朝的自杀事件，全都与窦宪有关。

2. 与邓骘有关的自杀，光是邓家就有七口：

邓广宗、邓忠、邓骘、邓凤、邓豹、邓遵、邓畅；

此外，蔡伦和周章的自杀，也跟邓家密切相关。

3. 与窦武有关的自杀，除窦武、窦绍叔侄外，还有：

刘淑、魏朗、尹勋、刘儒，这是明见于史册的，事实上的自杀者，远不止这些。[4]

4. 与何进有关的自杀者，比较特殊，不是何家人（何家人都是被杀的，但何进的外甥少帝刘辩，则是被逼自杀的，何太后实际上也极有可能以自杀而终），而是那些与之生死对决、鱼死网破的宦官群体：

> 张让、段珪等困迫，遂将帝与陈留王数十人步出谷门，奔小平津。公卿并出平乐观，无得从者，唯尚书卢植夜驰河上，王允遣河南中部掾闵贡随植后。贡至，手剑斩数人，余皆投河而死。（《窦

何列传》)

数十人中只有数人被斩杀,余皆投河而死。顺便说一句,历史上的宦官,只要有机会,好像都更愿意选择投河自尽。

六位大将军中,只有耿宝是独自一人自杀。这不奇怪,他本来就不是集团里的核心角色和领袖人物,也没有以耿家兄弟子侄为骨干,组建起一个以"耿家班"为核心的政治集团,是七位大将军中唯一的特例。

梁冀也只有其夫妇俩自杀,让人有些疑惑。我怀疑,史书所说,"悉收子河南尹胤、叔父屯骑校尉让,及亲从卫尉淑、越骑校尉忠、长水校尉戟等,诸梁及孙氏中外宗亲送诏狱,无长少皆弃市。不疑、蒙先卒。其它所连及公卿、列校、尉刺史、二千石死者数十人",这"死者数十人",以及"送诏狱""弃市"者中,不能排除有自杀者。

纵观东汉官场的自杀案例,可以看出,相当数量,可以说绝大多数,都跟七位辅政大将军直接或间接有关。如前所说,这是东汉官场政治生态和动态的反映和折射。同时不难看出,与西汉官场自杀案例相比,东汉官场自杀的集体性特点十分突出,而西汉时期则更多呈现出明显的个体性特征,这是两汉社会与政治发展状况存在差异的投影。打个比方说,西汉官场的自杀,像是奥运会中的个人项目,东汉官场的自杀,则更近似团体赛。

除了高度集团化生存方式外,七位辅政大将军在他们的命运被终结之前,或之后,不约而同地被贴上了一个共同的标签:谋反。

窦宪潜图弑逆。(《孝和帝纪》)

安帝乳母王圣与中常侍江京等谮邓骘兄弟及翼,云与中大夫赵王谋图不轨,窥觎神器,怀大逆心。(《章帝八王列传》)

大将军梁冀谋为乱。(《孝桓帝纪》)

因大呼曰："陈蕃、窦武奏白太后废帝，为大逆！"（《窦武传》）

中黄门以进头掷与尚书，曰："何进谋反，已伏诛矣。"（《何进传》）

就连看上去一副纯粹"窝囊废"模样的耿宝，和一副谦虚谨慎、循规蹈矩的好人模样的梁商，也难逃这一致命指控。

显忌大将军耿宝位尊权重，威行前朝，乃风有司奏宝及其党与中常侍樊丰、虎贲中郎将谢恽、恽弟侍中笃、笃弟大将军长史宓、侍中周广、阿母野王君王圣、圣女永、永婿黄门侍郎樊严等，更相阿党，互作威福，探刺禁省，更为唱和，皆大不道。（《皇后纪下》）

永和四年，中常侍张逵、蘧政，内者令石光，尚方令傅福，冗从仆射杜永连谋，共谮商及中常侍曹腾、孟贲，云欲征诸王子，图议废立，请收商等案罪。帝曰："大将军父子我所亲，腾、贲我所爱，必无是，但汝曹共妒之耳。"（《梁商传》）

其实，案诸史实，七位辅政大将军中，并无一人有所谓谋反动向，就是窦宪，其本人也未必有此心，充其量是其身边手下人心怀不轨。然而，以大将军为核心的政治集团和军事联合体的存在本身（至少在那些皇权分享者和代理人如顶层官僚和宦官看来），就已构成对于皇权的严重制约、冲突和威胁。谋反有两大证明构件：动机和实力。动机即所谓"君亲无将，将而诛焉"的"将"；谋反的实力，则是更重要的"铁证"。事实上，只要具有了谋反的实力，有没有谋反的动机，已不再重要。七位辅政大将军苦心经营的超强集团性政治势力，或者是像耿宝那样，置身其中，上蹿下跳，致使得皇权的存在黯然失色，相形见绌，难以安宁，甚至让皇帝感到如芒刺在背，胆战心惊。这种情况下，你说你不是"黑社会"，那谁是"黑社会"?！在这种情况下，免费送你顶谋反的"桂冠"，你还想拒收，或者是鸣冤叫屈？

而一旦被指定为谋反，就注定难逃终极命运的判决。

因为在帝制时代，谋反乃是最高格的罪行指控，相当于革命年代的"反党、反革命"罪行，可谓罪无可逭，罪无可赦（事实上还是可赦的，这要看皇帝的心思和决定）。因此，谋反和自杀之间，也就有了一种天然紧密性（身陷绝境）。两汉时期，只要一看到谋反，你基本就能看到自杀，它俩如影随形，就像一对孪生兄弟。[5]

不过两汉早期的谋反主角，并不是像后来东汉七位辅政大将军那样的外戚，也不是别的其他什么官场人物，而是王侯。

因此，王侯成为汉初官场自杀者中率先登场的第一主角。

随着几位异姓王的快速被翦除，并且从此约定，"非刘氏而王，天下共击之"，此后同姓诸侯王成为汉初政治舞台上最醒目活跃、也最不安分的群体。西汉时期，共有十四位同姓诸侯王参与或涉及了谋反，其中自杀者有十三位（包括"七国之乱"的参与者），而西汉时期自杀的全部诸侯王则有二十四位，由此可见西汉诸侯王谋反与自杀的"盛极一时"。

经过"七国之乱"的平息，尤其是之后武帝"推恩令"的不断施行，汉代诸侯王势力日渐式微。与此相反，外戚则在霍光摄政以后，持续强势占据了宫廷政治的舞台中心，直至王莽取而代之。同时，自武帝尊儒术以来，士族的兴起成为一股崭新的历史潮流，儒生与文吏融合成为新型的士大夫阶级，从而显示为两汉之际新兴的社会与政治力量，成为中央与地方政府中最活跃的身影。对此，余英时的《士与中国文化》和阎步克的《士大夫政治演生史稿》，书中皆有比较详细精辟的叙述。而《汉书》里的一句话，值得我们特别留意：

王嘉上疏曰："今之郡守重于古诸侯。"（《王嘉传》）

这句话，正是对这一历史变迁最简明准确的新鲜概括。

两汉嬗替，诸侯王势力始终乏善可陈，难以重振雄风，尽管借"中兴"之势，稍有昙花一现之感，但很快就迅速边缘。整个东汉时期三位涉及谋反的诸侯王，都是开国皇帝刘秀的儿子，其中的广陵王刘荆和楚王刘英先后因此自杀，阜陵王刘延则因明帝和章帝的特赦宽容而安然无恙，得以寿终正寝。至于桓、灵时期因涉及谋反而自杀的清河王刘蒜和勃海王刘悝，都是纯属被动卷入和遭人诬陷，并非自身有谋反之举。北海王刘威自杀，更与谋反无涉。至于受董卓逼迫而自杀的弘农王刘辩，则是一位纯粹无辜受害者。看来，东汉的诸侯王，一直踉跄在历史的某根延长线上，但其祖上的自杀传统和命运，倒是完整地继承下来了。

与此同时，当两汉外戚沿着另一种风光独好的传统，在汉代宫廷中制度性地占据了最高政治权势时，宫廷中的高层官僚，也日益显示出自己不甘示弱的存在。单从自杀者这一视角来看，如果说司徒韩歆的自杀，反映的是所谓传统的君相矛盾和对立，那前司空袁敞和太尉杨震的自杀，就显示出宫廷中不同政治角色之间权力斗争的日趋激烈，难以妥协，尤其是杨震的自杀，堪称东汉宫廷权力斗争具有里程碑意义的标志性事件。而发生时间还在袁敞和杨震自杀之前的周章事件，则以一种十分突兀的方式，显示了宫廷高层官僚，在所谓"五驾马车"的政治权力角逐中，所展现出的强烈意志和夸张欲望。

永初元年，（周章）代尹勤为司空。……太后……乃立和帝兄清河孝王子祜，是为安帝。章以众心不附，遂密谋闭宫门，诛车骑将军邓骘兄弟及郑众、蔡伦，劫尚书，废太后于南宫，封帝为远国王，而立平原王胜。事觉，策免，章自杀。（《周章传》）

我认为，周章的这次密谋，标志着一个起点。从表面看，周章这一非常举动，至少从出现时间上，有点"前不挨村、后不靠店"的感觉，仿佛"一山飞峙大江边"，呈现出一种孤立奇异的"突出部"状态，然而一旦我们注意到，周章事件的本质及其宗旨，乃在于对最高皇权的直接干预、规范（至少在周章看来是这样）和重置，我们就能轻松将它跟日后发生的众多宫廷现象和事件——特别是以两次"党锢之祸"为轴心的宫廷重大事变联系起来，从而看出它们内在本质的一致性。表明貌似突如其来的周章事件，实际是从东汉宫廷深处以遥遥领先的方式，发出的一声尖锐（就其目标而言）或沉闷（就其结果而言）的嚆矢之音。

周章自杀，自然是由于他密谋的失败，但周章的司空身份，却让人想到东汉官场上其他自杀的高官。高官自杀，是两汉官场最引人注目的现象之一，至今为人所津津乐道。西汉的暂且不表，仅仅东汉，我们就能列出一份长长的名录来。[6]

那么，为何会有如此众多高官，前仆后继地选择自杀？

如果我们暂且把高官自杀的个人具体原因放在一边，我们可以从两个不同视角，来察看这一情景发生的背景和原因，注意到一种共同普遍和一般性的背景和原因。

首先，两汉时期的官员，特别是高官的自杀，其实是一种特权表现，一种特殊身份待遇的表示。这样一种意识的明确化，通常认为始于贾谊的上书。《汉书·贾谊传》中，可以见到以下句子：

> 廉耻节礼以治君子，故有赐死而亡戮辱。
>
> 其有大罪者，闻命则北面再拜，跪而自裁，上不使捽抑而刑之也，曰："子大夫自有过耳！吾遇子有礼矣。"
>
> 是后大臣有罪，皆自杀，不受刑。

于是自杀就成为一种政治身份（大臣）的体现，成为汉代政治生活中某种约定成俗的现象。文帝舅父薄昭的故事[7]，成为后世经常被人援引的故事，也成为某种特殊小传统的源头。

但是，汉代高官自杀前赴后继，如繁花盛开，此起彼伏，更主要、更现实的原因，应该并不这里，特别是东汉以后，一种要残酷得多现实，成为汉代高官自杀的主要驱动力。这里我们就触及另一个跟官场自杀密切相关的词：刑狱。

光是范晔《后汉书》中，"下狱死"三个字的出现频率，就高到足以让人怵目惊心，为之咋舌。我粗略统计了一下，范晔《后汉书》中"下狱死"三个字的出现次数，是71次。此外还有众多的"下狱诛"。

这些"下狱死"和"下狱诛"，其中多有自杀者。[8]

那么，下狱和自杀之间，为何会有如此紧密的关联？

西汉绛侯周勃，曾被人告发想要谋反，"下廷尉，逮捕勃治之。……吏稍侵辱之"。出狱后，周勃发出一声深度慨叹："吾尝将百万军，安知狱吏之贵也！"（《汉书·周勃传》）

但是你只要稍稍翻阅一下《后汉书》，就会知道，东汉官员一旦入狱，可就远不是什么"吏稍侵辱之"这么简单的了。

"诸吏不堪痛楚，死者大半。掠考五毒，肌肉消烂"，"掠考苦毒，至乃体生虫蛆"（《独行列传》），这些可以说都是稀松普通平常事，甚至是"小儿科"，真正厉害的，我们试举一例如下：

戴就是会稽郡官吏，因太守被举报，他也受到审问，"幽囚考掠，五毒参至。……又烧鏓斧，使就挟于肘腋。……每上彭考，因止饭食不肯下，肉焦毁臠地者，掇而食之。主者穷竭酷惨，无复余方，乃卧就覆船下，以马通熏之。一夜二日，皆谓已死，发船视之，就方张眼大骂曰：'何不益火，而使灭绝！'又复烧地，以大针刺指爪中，使以把土，爪悉臠落。"（同上）

这应该是东汉审讯"例牌"式的"上手段"了。当然，这肯定也只是冰山一角而已。

《酷吏列传》还给我们提供了另一幅画面：

> 凡杀人皆磔尸车上，随其罪目。宣示属县。夏月腐烂，则以绳连其骨，周遍一郡乃止，见者骇惧。视事五年，凡杀万余人。其余惨毒刺刻，不可胜数。

什么叫生不如死？什么叫"死而不已"？！

汉人重孝，孝居众德之首，然而一朝入狱，不仅自身肉体遭受百般蹂躏、摧残和毁灭，什么"身体发肤，受之父母，不敢毁伤，孝之始也"云云，也早已荡然无存，飘散于九霄之外！这不仅是肉体生命的肆意糜烂和彻底殒灭，也是精神和心灵的荡然铲除。

别忘了，这些身陷刑狱者，其中不乏是高官，曾经的荣耀和繁华早已如风卷残云。此时特权的铠甲，已从他们身上剥离。他们同样不免上述酷刑的侍候，中常侍王甫父子和太尉段颎就是最典型的例子。求饶是没有用的，施刑者要的就是这个。

这显然是一种从云端直接坠毁的人生。

因此，当他们一旦入狱，就会有好心人前来劝其自杀。

比如虞诩，比如王允。[9]

此时能选择自杀，难道不是再自然不过的事吗？简直像是一种福分。

一人自杀，就有可能免祸亲友，惠及他人。

所以刑狱之中，自杀成风。

无论从任何角度来说，东汉宦官都必须被看作官场中的重要一员。由于宦官自杀，绝大多数涉及宦官之间的内斗，所以关于宦官自杀的叙述，有兴趣者可参看书中《东汉宦官的分化和生死内斗》一文，兹不赘述。

综上所述，可以看出，作为东汉宫廷之中三大政治集团：外戚、官僚和宦官，其成员的自杀，构成了整个东汉官场自杀的主体，并随着斗争与厮杀的日趋激烈，自杀的数量和密度，也呈现出一种风逐浪高的趋势。而自杀现象中所体现出的集体性背景和特点，也再清楚不过的显示出来了。

与此相对比的，东汉官场中其他一些官员的自杀，则表现出单独个体性的特点。

辽西太守赵苞，面对鲜卑人进犯，自己母妻被劫为人质，依然进军，击败鲜卑，结果其母其妻皆遇害。赵苞葬母之后，对乡人说："杀母以全义，非孝也。如是，有何面目立于天下！"遂呕血而死。这是一种基于强烈道德价值理念（内在心理的冲突）而选择的自杀（本不必死）。

巨鹿太守司马直的自杀，给人以同感。当时官场规矩，就任太守之职，需向宫廷交纳"赞助费"两三千万。考虑到司马直一向名声清白，还给他减了三百万。司马直接到任命，怅然曰："为民父母，而反割剥百姓，以称时求，吾不忍也。"称病辞职，不许，只好上路赴任，行至半途，上书极陈当世之失，然后吞药自杀（同样是本不必死）。

尚书杨乔的自杀，看起来比较特别。杨乔容仪伟丽，而且关心政治，桓帝爱其才貌，想把公主嫁给他，杨乔死活不肯，最后闭口不食，七日而死（这就更是本不必死的）。

这种本不必死的自杀，可谓是真正的自杀，是纯度最高的自杀。它们都是基于一种道德价值理念而死，这是一种两汉时期比较流行或盛行的官场自杀。他们体现了一种对于抽象价值的极度坚守，一旦（自认为或有可能）失守，就毫不迟疑自杀赴死。

在东汉，女性自杀，基本都属于个体性自杀现象。

宫廷是汉代女性自杀的温床。章帝时的宋贵人和梁贵人，都是宫廷自杀者。桓帝皇后邓猛女，可能是宫廷女性自杀者中，身份最高的。[10]

另一种与官场有关的自杀女性，是官员或公职人员配偶。越骑营五百的妻子有美色，被越骑校尉曹破石看上，曹破石是大宦官曹节的弟弟，五百不敢违抗，其妻却不肯，毅然自杀。

女性自杀的个体性特点，由她们的社会和政治地位的相对边缘决定的。即使贵为皇后和贵人，从某种政治和权力关系的角度来看，其实往往也是边缘性的。

弘农王刘辩的自杀，重现了司徒韩歆自杀的特色，即纯粹的"被自杀"。韩歆作为大臣，被皇帝逼迫自杀；刘辩作为废帝，被权臣逼迫自杀，他俩都是丝毫没有自杀念头的自杀者。这是距离真正意义的自杀最远的自杀，其实就是处死。

冀州牧韩馥的自杀，发生在初平二年（191 年），距离建安年还有五年，但显然已属于建安时代的自杀了。韩馥之死，标志着以往那种孕育和产生东汉官场自杀现象的基本环境和背景——以宫廷为绝对中心的东汉官场——已经开始全面走向瓦解和消散，现在已是群雄逐鹿、军阀混战的历史新篇章的场景。

韩馥死后二十年，早已名存实亡的东汉官场上最后一名最优秀人才，颍川荀彧，在一种含混不清、扑朔迷离的背景下，自杀了。此时距东汉王朝的彻底消亡，不足十年。

一个（几个）新的历史政权，即将（陆续）出现。

荀彧的死，染上了东汉最后一抹晚霞的霞光。

因此，他的自杀，多少有那么点殉汉的味道。

注释：

[1] 先皇驾崩，新皇即位，皇后为太后，太后临朝，父兄为大将军，这只是个笼统说法。具体说来，实各有不同。耿宝为大将军，其妹（安帝嫡母）时为甘陵大贵人；梁商为大将军，其女为皇后，梁冀则是其妹为皇后（梁皇后日后为梁太后）；何进任大将军，同样也是其妹为

皇后（何皇后后亦为皇太后）。只有窦宪、邓骘和窦武为大将军时，宪、骘其妹、武之女时为皇太后。

[2] 西汉成、哀时期，曾经出现多位（皇）太后一时并存的情景，这只能说是特例。事实上，在这众多所谓皇太后之中，仍以元帝皇后王成君（王莽姑母）为第一（真正的）皇太后，其余多少是带有荣誉性的称呼。东汉灵帝驾崩后，何太后和董太后相争相斗，董太后纯属称呼性质，何太后是唯一真正的皇太后。

[3] 见《窦武传》中"武于是引同志尹勋为尚书令"一段。

[4] 除了《党锢列传》中明言自杀如刘淑、杜密、魏朗、尹勋、刘儒之外，陈蕃、李膺、范滂、巴肃也都相当于自杀，而且也都跟窦武有关，薛莹《后汉书》就直接说李膺是自杀，见《世说新语·德行》注。

[5] 除本文说到的几例外，《三国志·武帝纪》裴注引司马彪《九州春秋》说到冀州刺史王芬谋废灵帝，最后王芬自杀。党锢名士何颙，曾参与刺杀董卓，事垂就而觉，何颙忧惧自杀，也可看作一例。

[6] 除了六位大将军外，还有司徒韩歆，少府阴就，司徒虞延，司徒邢穆，太尉宋由，司徒刘方，许侯（前太仆）马光，司空周章，司空袁敞，左冯翊司马钧，度辽将军邓遵，太尉杨震，度辽将军陈龟，太仆左称，大司农尹勋，太仆杜密、太尉段颎、骠骑将军董重。其余自杀未遂者，尚不在内。

[7] 见《资治通鉴·汉纪六·太宗孝文皇帝中十年》。

[8] 《后汉书》中记为"下狱死"的邢穆、段颎和董重，其实都是自杀。由此可以类推，其中应当还有自杀者。

[9] 分别见《虞诩传》和《王允传》。

[10] 《后汉书》记邓猛女"以忧死"，实际是自杀（见《续汉志·五行一》）。史书中同样记作"以忧死"的，还有和帝的阴皇后、桓帝的梁皇后和灵帝的宋皇后，因此其死亡也都难免蒙上一层自杀的疑云。还有灵帝何皇后（何太后）的死，恐怕也有自杀的形式（鸩弑，通常得自饮毒药），尽管完全是被逼的，跟少帝刘辩的情形相同。

十二 "黄巾"之后的五年

张角领导的"黄巾起义",当年就被东汉政府给镇压了。

这一点跟之前两次农民起义的情况明显不同。

秦末和西汉末年（准确说是新莽末年）的农民大起义,都在起义后不久,就推翻了原来的统治政权,原来的王朝统治者也在起义和骚乱的浪潮中被彻底淹没。可至少从形式上看,张角领导的"黄巾起义"失败后,东汉王朝还继续存在了三十六年,当时的皇帝汉灵帝一直安然无恙地活了五年,直到病死。如果不是病死,我们就不能断定说,汉灵帝和东汉政权的命运,一定会怎样怎样。

五年时间,说长不长,说短也不是一眨眼。五年之内,一定会发生点什么,也一定会让有些东西消失。

从"黄巾起义"到汉灵帝驾崩,正好五年。这五年,以前从未见有人好好说过,总是模模糊糊、语焉不详地一带而过。

其实,它值得一说。

这五年值得一说

好多历史书写东汉,写到"黄巾起义"就结束了。

像郭沫若主编的《中国史稿》,东汉部分最后一章的大标题就是

"黄巾大起义"。翦伯赞的《中国史纲要》，东汉部分最后一节小标题，也是"黄巾大起义"。

《剑桥中国秦汉史·导言》的一开头，也有类似的说法：

> 甚至可以认为，公元184年黄巾叛乱的爆发实际上标志着汉帝权威的结束。

但也有人不这么看，钱穆的《国史大纲》，里面有一节专门讲"东汉兴亡"，从头到尾，压根就没有出现"黄巾"字样，好像"黄巾起义"根本不存在，或者对东汉兴亡丝毫没有影响，完全不值一提。

我搜索统计了一下，《后汉书》（包括司马彪的《续汉志》）里，"黄巾"一词，共出现了108次。另外，张角也出现了41次。要知道，这是范晔没给"黄巾"单独作传下的数字。《三国志》（包括裴注）里，"黄巾"也出现了75次。

无论从哪个角度看，"黄巾起义"肯定都是东汉末年的一件大事，就算现在不讲阶级斗争了，就算钱穆视之如无物，它也是一件大事。这么说，并非一定是出于什么意识形态，相反，如果讲东汉的兴亡，偏偏故意不提"黄巾起义"，才真是一种意识形态的表现。

"黄巾起义"对东汉王朝的最终走向和结局，产生了决定性的影响，东汉的最终覆亡，跟它有最直接的关系。

从表面上看，从"黄巾起义"到东汉王朝的正式结束——公元220年汉献帝禅位给曹丕——这中间还有三十六年，但有句话大家很熟悉，汉献帝在位的三十年，是东汉政权名存实亡的三十年（也有人认为，应该从建安年算起，前面的初平和兴平数年，还算正常，这区别实在不大）。什么叫名存实亡，好比一对夫妻，早已没有共同生活了，只是没办离婚手续而已。

因此，好多历史学家把汉献帝在位的30年，放到了三国魏晋，意思是，这段时间已经进入三国了。[1]

这一点，学界和民间达成了难得的一致。对于深受《三国演义》影响的中国民众来说，对此早已有了根深蒂固的认识观念和习惯，否则真要从公元 220 年汉魏禅代才算三国的开始，那许许多多——应该说绝大多数中国人耳熟能详的三国英雄，都迈不进三国的门槛，曹操、周瑜和关羽，还有吕布、袁绍和荀彧，就都不能算三国人物，只能说是汉末人物，"三顾茅庐""赤壁之战"也不再是三国故事，这对中国人来说，简直是不可想象和难以接受的事。

所以汉献帝在位的三十年，是一段特殊的历史时间，它具有双重属性，就像一位出轨已久的男人，从法律关系上看，尚属原配，但从实际生活来看，却早已是"小三"的人了。这就是为什么说，汉献帝在位的三十年，是东汉政权名存实亡的三十年。

凡事都有因果缘起，这种名存实亡从何而来？什么时候开始的？怎么开始的？怎么就会名存实亡了呢？这就得从汉献帝的父皇、也是他之前的那位皇帝——汉灵帝说起。[2]

从"黄巾起义"到献帝退位，前后三十六年，但汉献帝在位只有三十年，那多出来的几年——除了少帝刘辩在位的四个月外——就是汉灵帝在位的最后时间。

汉灵帝在位的最后几年，就是"黄巾"之后的五年。

"黄巾起义"是东汉王朝走向崩溃的开始，这是一个比较公认的看法。但东汉王朝从何时开始名存实亡的，却是一个有分歧的地方。有人认为"黄巾起义"一爆发，东汉政权就开始名存实亡了；另一种观点认为，东汉政权名存实亡，应当从汉献帝即位后算起。我同意后一种说法。

就是说，汉灵帝在位的最后五年，跟汉献帝在位期间，不能等量齐观。

如果我们把从"黄巾起义"爆发到献帝退位这段时间，作一个

"历史年代学"的划分，它大致可以分为这几个阶段：

1. 汉灵帝在位的最后五年（从"黄巾起义"到灵帝驾崩）；

2. 灵帝驾崩到董卓之死；

3. 灵帝驾崩到董卓进京之前（何进之乱）；

4. 董卓进京到董卓之死（董卓之乱）；

5. 董卓以后到汉魏禅代（后董卓时代到曹、刘、孙政权成型时代）。

这几个阶段，构成了前后递进的关系。

本文要说的，是上面的第一个阶段。

至少有以下几个因素决定了，汉灵帝在位的最后五年，是一个值得单独看待的时间。

首先是灵帝之死。

并不是每个皇帝的死都是件大事，有的皇帝死了就死了，除了排场形式搞得大一点（有的连这点仪式也没有），别的意义其实一点也没有，但汉灵帝的情况不同，可以说，至少在东汉皇帝里——包括开国皇帝汉光武刘秀在内，没有哪个皇帝的死，从历史节点的意义上说，能与汉灵帝之死相提并论，《剑桥中国秦汉史》说：

> 当汉灵帝在公元 189 年 5 月 13 日闭上眼睛的时候，从某种意义上说是整个传统帝国与他一起死了，虽然此事还不能立刻豁然。（中国社会科学出版社 1992 年版，第 364 页）

这里所说的整个传统帝国，不应当仅将其理解为东汉，还应该包括西汉，甚至是整个秦汉在内。这是一个大帝国终结的时间点，下一个大帝国时代的开始，要到隋唐。

从这个意义上说，灵帝的死，是件大事。

前面说过，"黄巾起义"也是件大事。

夹在两件大事之间的过程，必定是一段值得关注的过程。

灵帝在位的最后五年，之所以能构成一个完整、独立的时间段，值得单独关注，也跟汉灵帝当时的年龄和皇权状况有关。

东汉王朝从某种意义上说，是一个妇女儿童型王朝。它所有的皇帝，除了最前面三个（光武明章）是在 18 岁以后登基，其余的登基年龄，都要小于 18 岁，其中又有半数在 10 岁以下，汉灵帝登基时 12 岁，也属于儿童皇帝。"黄巾起义"爆发时，灵帝 28 岁。28 岁的皇帝放在今人眼里，也许还是会觉得年轻了点。想想也是，如今一个 28 岁的副县长，也会引起议论纷纷，何况皇帝。不过，汉朝时候的情况有点不同，28 岁的皇帝，可谓正当年富力强，甚至还有点资深的意思。此时的汉灵帝在位已有十六年，换作当今世界各国的元首或地区领导人，也已是三四个任期的时间了。

也许比在位时间更有实质意义的，是灵帝此时在位的权力状态。东汉宫廷政治的基本特点，上面说了，是妇女儿童型。这种类型的政治特色，紧紧伴随另一个政治权力特色，就是皇太后与大将军结合的顶层权力构造。身处这种权力构造中的皇帝，不单在幼儿期，即便到了成年，那本该属于他的皇权，也往往仍然牢牢握在皇太后和大将军的手上。整个东汉时期，除了光武明章三帝，其余皇帝在位期间，有幸能免除这种权力羁绊和枷锁的，只有顺帝和灵帝二人。他俩在位期间，算是基本完整地掌握了手上的皇权。简单说，权力确实一直在他手上，他没法推卸责任。尽管一直受到外戚和宦官的缠绕和干扰，但皇权相对来说基本是完整和自主的。

汉灵帝在位的最后五年，之所以值得关注的另一个原因，是后来主导形成三国局面的众多历史人物，皆在此时登台亮相，纷纷跃马扬鞭，开始崭露头角，尤其是曹、刘、孙三家，都是在灵帝在位的最后几年，攒下了各自日后事业的初步基础。要看三国开国人物的"第一桶金"，追根溯源，要把目光投向这里。

从骚乱到内战

"黄巾"之后的五年，首先是由骚乱向内战演变的五年。

东汉边境地区和来自少数民族的骚乱——也有人称呼它们为起义或别的什么，这个各自请便——是自东汉立国以来就一直有的。马援的故事，算是有名的了。相对来说，前三朝的情况基本上是安定少事。转折和过渡出现在和帝以后，《中国史稿》上说："和帝以后的七八十年间，爆发了大小百余次的农民起义。"（人民出版社 1979 年版，第 311 页）折算下来，这是无年不有的节奏。

总的来看，骚乱的起点，要从安帝即位以后算起。安帝时的骚乱，主要发生在羌、鲜卑、乌桓、南匈奴，以及越南、广西交界等边疆地带（北、西、南三个方向为主）的少数民族地区，世纪羌战，是其中的重头。永初五年（111 年）的一份诏书里说："寇贼纵横，夷狄猾夏，戎事不息。"（《孝安帝纪》）"夷狄猾夏"是主要的，而"夷狄猾夏"之中，羌乱又是重中之重。

顺帝时期的骚乱，"寇贼纵横"的问题才真正的进一步凸显出来，在东汉内地呈现出大面积失控的态势，其中最引人注目的是江淮（包括鲁南）地区，这是中国历史上一个具有传统性质的骚乱多发生地带。如果说少数民族地区的骚乱，多少会含有一些民族性的动乱因素，以汉人为主的地区骚乱，则显示出更为直接单纯的生存境遇与压力。

骚乱具有某种质变性质，当始于桓帝登基前后。长期的边境鏖战，使东汉帝国陷入了消耗战的泥淖，耗资巨大（灵帝后来的大肆卖官与此有关），疲于应付。疲乏的身体病痛多。桓帝时期的骚乱，已不再只是集中出现于边境或江淮鲁南等传统骚乱多发生地区，而是几乎遍布了整个东汉管辖范围，包括属于中央主控区的河南、河北。之所以说开始具有某种质变性质，是一个值得特别留意的现象开始泛滥性地出现，这就是自立名号，所谓：

> 安顺以后，风威稍薄，寇攘寖横，缘隙而生。剽人盗邑者不阕时月，假署皇王者盖以十数。或托验神道，或矫妄冕服。（《张法滕冯度杨列传》）

这是《后汉书》作者范晔在本篇《列传》最后给予的一段总括性的评语。白寿彝主编的《中国通史》里，几乎尽数罗列了这些自立名号的事例。

这是一个充满预示性的政治信号。

我们看张荫麟的《中国史纲》，在写到王莽末年"四方蜂起的饥民暴动时"，作者特地指出，"暴动的饥民，起初只游掠求食，常盼年岁转好，得归故里，不岂攻占城邑，无文告旗帜，他们的魁帅亦没有尊号"（《新朝的倾覆》），只是因为"剿抚无方，他们渐渐团聚，并和社会中本来不饥的枭悍分子结合，前成为许多大股的叛党"，比如后来的"赤眉"和"绿林"。这是非常敏锐的历史学者的眼光。从东汉中后期起，历史的舞台上又开始重现往日的光景。到"黄巾起义"爆发，就响起了"苍天已死，黄天当立"的震天口号和漫天旗帜。

这种沿袭不断且愈演愈烈的骚乱，像一股洪流顺势而下，水量越来越大，水势越来越猛，已经没有人能阻挡它的肆意奔流。

到灵帝接手帝位时，帝国面临的骚乱似乎已常态化了。不过若从史籍记载的情况来看，跟之前相比，情形反倒有种平缓下来的迹象。持续逾半个世纪的羌战，终于在灵帝即位前后暂时得以平息。鲜卑族最强有力的领袖檀石槐也在光和四年（181 年）死去。这些对当局来说，当然都是能让人松口气的好消息。至于王朝境内的各地骚乱，旋起旋灭，前仆后继，谁也不指望能在一时之间将其斩草除根。当一种习以为常的感觉弥漫时——崔寔有句话叫"习乱安危，逸不自睹"（《政论·阙题一》）。"黄巾起义"爆发了。

"黄巾起义"既是东汉历年骚乱的继续和总爆发，同时又具有某种新的转折和开始的意义。

要说东汉王朝就是亡于"黄巾起义"，这有点失之简单，但要说"黄巾起义"是东汉末年的一道重要分水岭，肯定是没有问题的。这道分水岭的标牌上写着两个字：内战。

"黄巾起义"前的种种骚乱，只是骚乱，从未上升到内战的层级。"黄巾起义"后的骚乱，开始走向内战的深渊，而且是持续不断、遍地开花、万劫不复的内战。

"黄巾起义"本身就是一场内战，无论是它的人数规模，还是对抗激烈程度，都足以说明这一点。

不过，"黄巾起义"对东汉末年内战局面的影响，更多是以间接的方式呈现出来的，也就是说，它拉响了随后一连串骚乱、烽火遍地的导火索。翻开《孝灵帝纪》，从"黄巾起义"到灵帝驾崩这五年，几乎被张角"黄巾"之后的各地骚乱给填满了，多到让人眼花缭乱，仿佛打开了一只"潘朵拉的盒子"。

这些遍布各地的骚乱，点燃了日后内战的最初火苗。

从事件角度说，其中最重要的，是湟中义从和渔阳"二张"的叛乱。湟中义从叛乱直接因"黄巾起义"而起。

> 中平元年，北地降羌先零种因黄巾大乱，乃与湟中羌、义从胡北宫伯玉等反，寇陇右。事已见《董卓传》。（《西羌传》）

骚乱的首事者是北宫伯玉，但权力很快转到边章，以及后来的韩遂、马腾等人手里。这支具有民族混合性的武装势力，它的存在一直持续到了汉献帝末年，曹操与袁绍展开官渡之战，它的存在和立场，对于战局的走向，起到了举足轻重的作用。曹操遭遇赤壁之败后，转身首先面对和加以解决的，就是韩遂和马腾问题。当马超被曹操最终打败，时间已是公元214年，前后长达三十年之久。

渔阳"二张"的叛乱，则受湟中义从的骚乱牵带而起。

> 后车骑将军张温讨贼边章等……（中平）四年，前中山相张纯等遂与乌桓大人共连盟，攻蓟下，燔烧城郭，虏略百姓，杀护乌桓校尉箕稠、右北平太守刘政、辽东太守阳终等，众至十余万，屯肥如。（《刘虞列传》）

这两场叛乱对东汉末年的内战形势，都产生了深远而广泛的影响。

众多汉末群雄，如孙坚、董卓、公孙瓒、刘虞、袁绍、曹操、刘备以及陶谦等，除直接因"黄巾起义"奋身疆场外，他们人生最紧要的步伐，几乎都与这两场骚乱哗变有着不可忽视的关键联系，尤其是董卓和曹操，他们崛起和称雄天下的源头，都需要追溯至此。

从时间上看，湟中义从和渔阳"二张"的叛乱，跟张角领导的"黄巾起义"构成了前后相接的"接力赛"关系。从空间上看，关陇和河北两个地区，正是日后汉末内战的主战场，是遭受战争蹂躏、祸害最为惨烈的两个地区。

除此之外，"黄巾起义"被镇压后的中平五年（188年），一波新的"黄巾运动"，以死灰复燃的方式卷土重来，北有山西郭太，中有河南汝南，西部是四川，东部是青、徐，一时之间，到处"黄巾"蜂拥而起，遥相呼应。这些新起的"黄巾"，跟张氏兄弟领导的"黄巾"，未必全都有真实的紧密关系，但他们使用了一个共同的旗号：黄巾。

所有这些骚乱，共同构建了一幅汉末内战的初始版图。

从此，骚乱的面目开始向内战的节奏转换。

"黄巾起义"的爆发，标志着东汉王朝由相对承平时期，步入了军事战乱期，军事征战开始成为基本面貌。

正是在这种新背景下，一批以军事征战为特长，原本属于边缘和草根性的人物，纷纷脱颖而出、扬名江湖，成为新时代到来的标志。

但是，所有这些依然以朝廷之名进行征讨的战事，相对于日后的内战——军阀之间持续、残酷的相互混战来说，它们还只能算是"过门"和序曲，真正内战的序幕，要等到董卓进京以后——确切说是关东联军高举"义旗"，集体讨伐董卓，才算拉开。现在还只是过渡阶段，这是东汉王朝最后的平静和残存的秩序时期。

张氏"黄巾起义"被镇压的次年，谏议大夫刘陶上书痛斥祸在宦官，宦官以"谗言"还击，其中有一句：

"今者四方安静。"（《刘陶列传》）

虽是谗言，倒也反映了几分实情。

这种安静，是最后的大风暴来临之前的安静。

朝廷空了

"黄巾起义"搅得烽火遍地、天下大乱，并且酝酿着更为猛烈的风暴时，东汉朝廷的状况又是怎样的？

用一个字形容，是"空"；以两个字概括，是"荒凉"。

桓帝延熹六年（163年），陈蕃提出了"三空"的说法：
"田野空，朝廷空，仓库空，是谓三空。"（《陈蕃列传》）

"朝廷空"，说的是国家公务人员的流失和匮乏。

陈番当时说的"朝廷空"，应当跟梁冀有关。延熹二年，梁冀垮台，因牵扯的人太多，一时造成"朝廷为空"。

不过，陈蕃这句话，站在后世的角度看，不像一句概括，倒更像一句预言，所谓一语成谶。——真正"空"的时候，还没到来呢。

陈蕃上奏后没几年，"党锢之祸"发生了。紧接着是桓帝驾崩，灵帝即位。然后是"窦武、陈蕃之难"。接着是第二次"党锢之祸"。宦官全面掌权，官僚士子遭到空前迫害和打压。民国学者王桐龄说：

> 党祸一起，杀人如草，俊顾厨及，一网打尽。其学节冠一世，位望至三公者，亦皆骈首就戮，若屠羊豕。人心彷徨，罔知所适。于是反对之风起，以隐匿韬晦为潜身远害之计。（《中国史·士风之凋弊》，江西人民出版社2008年版，第352页）

从此，隐匿韬晦成为士人的基本选择。

士人是官员的源头，士人们不来，朝廷就更空了。

陈蕃所说"朝廷空"，并非单指位于首都洛阳的中央政府的朝廷，而是应该包括中央与各地方在内的整个国家政府系统。事实上，自汉以后，中央与地方官员之间的双向流动任职，就是一个普遍而基本的情况，东汉尤其明显。这个国家政府系统，无论是中央政府，还是地方政府，在东汉末年，都出现了大面积枯竭空虚的状况。

本来，中国自古就有一种"逃官"现象，起码从传说和记载的角度说是这样的。许由算得最早的楷模。春秋战国，"逃官"已成风气，《荀子·非十二子》里的魏牟和陈仲子，是这一路人的代表。有人说秦朝统一后，也有"逃官"[3]，但证据并不充分和明显。王莽当国，引发了中国历史上一次（第一次？）真正的"逃官潮"，"汉室中微，王莽篡位，士之蕴藉义愤甚矣。是时裂冠毁冕，相携持而去之者，盖不可胜数"（《逸民列传》）。东汉建立后，"逃官"作为一种风气传统被继承并发扬，"辟举不应"或"解印绶去"，前后史不绝书。"党锢"之后，"逃官"更是呈现一时潮涌的现象。

结果是，民间的知名人士不来当官，当官的中下层人士逃离官场，例如徐稺、郭泰、申屠蟠，还有陈寔、范冉和赵壹，都是能躲多远躲多远，说不来就不来。

如果我们留意一下建安到曹魏之际的某些著名人士，我们会发现，他们虽然在灵帝驾崩之前就已经是弱冠或而立之人，然而在此期间，却几乎没有任何事迹可记载和叙述，有的更直接明说是"隐居不仕"。

"黄巾起义"一爆发，"逃官潮"更是达到了无以复加的地步，原先不在官场的不必说了，在官场的更是纷纷弃官而逃。

说起"黄巾风暴"的冲击，人们通常会先想到普通民众，其实，首当其冲的，是官府和官员，这有诸多史料可以为证。

> 所在燔烧官府，劫略聚邑，州郡失据，长吏多逃亡。（《皇甫嵩列传》）
>
> 自黄巾之后，盗贼群起，杀刺史、二千石者，往往而是。（袁宏《后汉纪》中平四年）
>
> 訞贼张角，起兵幽冀，兖豫荆杨，同时并动。而县民郭家等，复造逆乱，燔烧城寺，万民骚扰，人裹不安，三郡告急，羽檄仍至。（《汉邰阳令曹全碑》）

所谓"城寺"的"寺"，也是指官府。

"黄巾起义"前，官场中人如果忽然不想做了，只要把官印一扔，说声"拜拜"就走人。"黄巾起义"后，由于"逃官"失联的人实在太多，朝廷不得不下了一份诏令：

> 是时西羌反叛，黄巾作难，制诸府掾属，不得妄有去就。（《独行列传》）

"西羌反叛"，即指湟中义从事件。就是说，官场中人，以后不能再随随便便就擅自离开不做了。

这道法令究竟有多大的实际效力，很让人怀疑，也许不过就是一纸空文。大动乱年代，一个人逃走了，你上哪找去？

至于那些身为官员而被杀丧命的，更是不胜枚举。

如果说此前的"窦、陈之难"和"党锢之祸"，其祸害范围主要集中于中央政府和京师地区，"黄巾起义"更直接的冲击对象，则是地方政府和官员。换言之，"党锢之祸"和"黄巾起义"以内外结合的方式，以上下重合的方式，以朝野共毁的方式，淘空了东汉政权的人员骨骼。

恰如陈蕃所说的"朝廷空"，早在"黄巾"爆发之前，东汉朝廷就已经是人不敷用了。因此我们看到，在熹平五年（176 年）到光和元年（178 年）的连续三年中，灵帝做了三件内容基本相同的事。

熹平五年（176 年），试太学生年六十以上百余人，除郎中、太子舍人至王家郎、郡国文学吏。

熹平六年（177 年），市贾民为宣陵孝子者数十人，皆除太子舍人。

光和元年（178 年），始置鸿都门学生。

这三件事都与人事安排有关，究其实质，即是不按常规地从底层和边缘提拔人员，充任官职。都知道曹操的"唯才是举"，我觉得曹操做法的源头之一，是从灵帝这来的。

这三件事，无论在当时还是后世，都受到了激烈的反对和抨击，被认为是灵帝诸多荒唐之举中有代表性的几件事，可如果把它们放到"朝廷空"的背景下来察看和分析，一切就都变得顺理成章了，一、朝廷缺人；二、灵帝需要他自己的人。

316

如果说为了应对"黄巾起义",情急之下,灵帝还能找出像皇甫嵩、朱儁这样的军事人才,但当时能维持朝政大局的政治人才,那就真是凤毛麟角,难得一见了。王夫之在《读通鉴论》里直接发问:

> 汉之将亡,有可为社稷臣者乎?

然后他自己作答说:

> 朱儁、卢植、王允未足以当之,唯傅燮乎!(《读通鉴论》卷八《灵帝》)

可是,就连这唯一的傅燮,也在中平四年(187 年)与叛军(这支叛军后归入韩遂阵营)的对阵中"战殁"。

朝廷空了,剩下的只有宦官。

灵帝时的宦官,其规模和势力达到了历史的最高点。"何进之乱",袁绍兄弟在宫内大肆屠杀宦官,"勒兵捕宦者,无少长皆杀之。……死者二千余人"(《何进列传》)。两千多人不免有误杀的,但宦官人数也就可想而知。实际上,灵帝时期,宦官几乎全面取代了传统官僚集团,成为宫廷政治的主导者。

但宦官本质上毕竟只是后勤服务人员,并非治理国家的专才能手,没有管理国家政务的能力,虽然他们掌控了朝权,并且一度"父兄子弟布列州郡"(《宦者列传》),平时没事,还可以"胡作非为"一番,到"黄巾起义"一爆发,就只有束手无策的份了,甚至直接与"黄巾"相勾结。[4] 面对灵帝的质问,宦官们除了叩头谢罪,自己急流勇退,同时把自己之前安插的亲信子弟,也从官场中撤了下来:

> 中平元年,黄巾贼起……于是诸常侍人人求退,又各自征还宗

317

亲子弟在州郡者。(《吕强列传》)

这样，朝廷政府里连"坏人""烂人"也都走了。

如果回顾总结一下汉灵帝时的朝廷政府，大概情形是：宦官当道，传统士人不来了，所谓"当之官者，皆先至西园谐价，然后得去。有钱不毕者，或至自杀。其守清者，乞不之官，皆迫遣之"(《宦者列传》)。小人横行，正直之人不来了；文学之士吃香（鸿都门学），经学之士不来了；卖官盛行，清廉之人不来了——想来也没钱来了。加上"黄巾"暴乱，"苟全性命于乱世"，逃命犹且不及，遑论出仕。

如此一来，朝廷能不空吗？

就在这种情况下，汉灵帝的"廉政风暴"却没有停止。

说起汉灵帝卖官，知道的人很多，说起汉灵帝搞廉政，知道的人就不那么多了。"黄巾"之前，灵帝就搞过廉政行动[5]，"黄巾"之后，汉灵帝继续进行他的廉政清扫风暴。

> 时长安令杨党，父为中常侍，恃势贪放，勋案得其臧千余万。贵戚咸为之请，勋不听，具以事闻，并连党父，有诏穷案，威震京师。(《盖勋列传》)

如此重拳廉政之下的效果是什么呢？

> 时黄巾新破，兵凶之后，郡县重敛，因缘生奸。诏书沙汰刺史、二千石，更选清能吏，乃以琼为冀州刺史。……其诸臧过者，望风解印绶去……(《贾琮列传》)

贪官污吏横行，一碰到贾琮还有曹操这样的官场强硬派，就只有望风而逃的份。如此一来，官场上的人就更少了。

此外，一条被称为"三互法"的官场回避法规，使得"幽、冀二州，久缺不补"。蔡邕曾为此上书指出，"幽、冀旧壤……阙职经时，吏人延属，而三府选举，逾月不定"（《蔡邕列传》），但汉灵帝没当回事。

一切都在雪上加霜。

伴随着朝廷陷入荒凉、空洞的境地，必然是朝廷形象和威望的丧失，《三国志》里有一条记载：

> 汉末王公，多委王服，以幅巾为雅，是以袁绍、（崔豹）〔崔钧〕之徒，虽为将帅，皆著缣巾。（《三国志·魏志武帝纪》裴注引《傅子》）

幅巾是平民的装束，王服是官职的象征，"委王服，以幅巾为雅"，除了貌似一种时尚新潮，实际更是一种政治心态的流露。对于东汉官场来说，这已是一个告别的季节。

此时就是仍在官场的人士，他们的心事，也多已不在朝政事务上了。

> 桓灵之世其甚者也，自公卿大夫、州牧郡守，王事不恤，宾客为务。（徐幹《中论·遣交》）

这是每到王朝末年，由公转私的必然而常见的现象。
所有这些，都反映出东汉政权的日趋失灵与失能。

> 贼帅常山人张燕……众至百万，号曰黑山贼。河北诸郡县并被其害，朝廷不能讨。（《皇甫嵩朱儁列传》）

朝廷日益空虚，骚动人群"众至百万"，"不能讨"是个不言而喻的结局。

这仅仅只是个开头。稍后一些，对于汉中张鲁，史书记载同样是"朝廷不能讨"五个字。

东汉朝廷基本就剩一个空架子了。

需要说明的是，东汉的中央政府（朝廷）日益枯涸，但东汉的地方势力在经过"黄巾起义"的冲击、摧毁后，却开始出现一种新情况，一些地方豪强或名士，开始成为地方上的凝聚中心。与此同时，对于汉末政局有重大影响的刺史改州牧，就发生在灵帝在位的末年。这是汉灵帝与东汉中央政府（朝廷）与地方争夺掌控权的最后一次尝试，然而其结果，却是形势急转直下，掉过头来，更加致命地使东汉王朝的朝廷走向空洞和崩溃。

这就是东汉朝廷在烽火遍地的"黄巾时代"的处境，它就是古人形容的"奔车朽索"。

这时候，那个手握"朽索"的人——汉灵帝同学，他在干嘛呢？

摇摆不定的汉灵帝

汉灵帝在历史上是个昏君形象，连董卓都说过一句："每念灵帝，令人愤毒。"（《袁绍列传》）但我认为对汉灵帝盖棺论定，说得最好的是范晔：

> 然则灵帝之为灵也优哉！（《孝灵帝纪》）

这话是什么意思呢？

我的理解是，汉灵帝是个摇摆不定的人，而且摇摆得相当频繁。灵作为谥号，有一种说法，叫乱而不损。乱者，动也，不按牌理出牌的意思。优，既指表演型人格，也表示犹豫不决，成语有优柔寡断。汉灵帝的最后五年，可以说正是在剧烈摇晃变动中度过的，最终将东汉王朝摇晃成了一堆废墟。

"黄巾起义"爆发之初，灵帝知道"诏减太官珍羞，御食一肉；厩马非郊祭之用，悉出给军"（《孝灵帝纪》），但"黄巾"刚刚平定，硝烟未散，他就开始大修宫殿，为此加税敛财，直到钜鹿太守吞药自尽，灵帝才"暂绝修宫钱"，然而一转眼，他又"造万金堂于西园"（同上），"复修玉堂殿，铸铜人四，黄钟四，及天禄、虾蟆，又铸四出文钱"（《孝灵帝纪》）。

这种看似前后矛盾、左右冲突的行为举止，在汉灵帝的执政生涯里，可谓俯拾皆是，屡见不鲜。

摇摆不定，就是汉灵帝的基本特性。

比如，他与宦官的关系，比刘备和诸葛亮更像鱼水，对此，他有一句名言：

> 张常侍是我公，赵常侍是我母。（《宦者列传》）

张常侍（张让）和赵常侍（赵忠）是当时的宦官头领。

这话一般人说不出来。

但也有翻脸的时候。

"黄巾起义"爆发前夕，朝廷得到密告，"黄巾"跟宫内宦官封谞、徐奉有勾结，灵帝得知后，当即质问宦官最高层。

> 及封谞、徐奉事发，上诘责诸常侍曰："汝曹常言党人欲为不轨，皆令禁锢，或有伏诛者。今党人更为国用，汝曹反与张角通，为可斩未？"皆叩头曰："此王甫、侯览所为也！"（《资治通鉴》卷五十八，中平元年）

这本是一件足以导致对宦官集团进行清算的事，但当郎中张钧提出"黄巾之乱"的根源就在十常侍，"宜斩十常侍"时，汉灵帝先是"以钧章示让等"，吓得张让等人"皆免冠徒跣顿首，乞自致洛阳诏狱，并出家财以助军费"，然后汉灵帝一转眼，"有诏皆冠履视事如故"，并突然对张钧大发雷霆：

> 帝怒钧曰："此真狂子也！十常侍固当有一人善者不！"御史承旨，遂诬奏钧学黄巾道，收掠，死狱中。（《后汉书·宦者列传》）

张钧最终为此白白送命。[6]

也许有人会说，灵帝对宦官，本来就是假打骂真疼爱，这话也不尽然，灵帝对宦官也有无情抛弃的一面，像侯览的自杀，王甫父子的死于狱中（同死的著名边将段颍，是宦官集团的重要成员），以及吕强的自杀，都可以看作灵帝对于宦官某种带有选择性的抛弃。然而当司隶校尉阳球欲乘胜追击，将与王甫几乎形影不离的宦官首领曹节也置之死地时，灵帝却出手制止了，曹节得以寿终正寝。总之，汉灵帝对宦官，并非只有一面。

对宦官如此，对朝中大臣，更是如此。

"黄巾起义"爆发前后，尤其是爆发以后，虽然早已是空空荡荡的朝廷，也仍然还有几个坚持下来的忠谏之士，固执地发出自己的声音，然而他们的命运，却各不相同。

> 司徒陈耽、谏议大夫刘陶坐直言，下狱死。（《孝灵帝纪》）
> 侍中向栩、张钧坐言宦者，下狱死。（同上）

但灵帝也有宽容大度、从善如流的一面，比如他对傅燮和盖勋，傅燮和盖勋要算是灵帝末年硕果仅存的忠谠之人。

傅燮"素疾中官"（中官即宦官），曾经直指"黄巾"之乱的根源，就在于宦官，说只要宦官中的奸人得不到铲除，祸乱就会越来越深，永无休止。当傅燮遭到宦官诬陷时，"灵帝犹识燮言，得不加罪，竟亦不封，以为安定都尉"（《傅燮列传》）。后来北宫伯玉、边章等人叛乱，傅燮在朝廷大会上怒斥意欲主张放弃凉州的崔烈，说"斩司徒，天下乃安"，致使当场有尚书奏傅燮"廷辱大臣"，灵帝只是平静地请傅燮说出自己的理由和见解，最后，"帝从燮议"（同上）。

此时的灵帝，似乎很难把他跟昏君连在一起。

如果说傅燮冲撞的只是宦官和大臣，盖勋冲撞的，则是宦官和灵帝本人。

> 灵帝召见，问："天下何苦而反乱如此？"勋曰："幸臣子弟扰之。"时宦者上军校尉蹇硕在坐，帝顾问硕，硕惧，不知所对，而以此恨勋。帝又谓勋曰："吾已陈师于平乐观，多出中藏财物以饵士，何如？"勋曰："臣闻'先王耀德不观兵'。今寇在远而设近陈，不足昭果毅，秖黩武耳。"帝曰："善。恨见君晚，群臣初无是言也。"（《盖勋列传》）

想想当初张钧只是痛责宦官误国，就被灵帝当场"出卖"致死，现在盖勋连宦官带皇帝本人一起指责、面驳，灵帝却口出赞语，两相对照，让人觉得着实难以把到这位皇帝的脉。

缺乏稳定和明确性，是灵帝为人为政的基本特色。

最能证明这一点的，莫过于灵帝在位期间无年不有的大赦[7]，以及"三公"等顶层高官"走马灯"式的频密更换。

"黄巾"之后，灵帝这种游移不定的性格，表现得更加变本加厉，最终给东汉王朝埋下了一颗足以摧毁一切的"巨爆弹"。

汉灵帝口口声声说"张常侍是我公，赵常侍是我母"，但在生命的最后时刻，他并没有把权力和信任交给张让和赵忠，而是给了小黄门蹇硕。小黄门是比中常侍要低一等的宦官职位。

汉灵帝这么做，跟皇后家族有关。

当年何皇后出于妒忌，毒死灵帝心爱的王美人，引发灵帝大怒，想要废掉何皇后，是张让和赵忠等人给劝阻了。张让跟何皇后家族，还有一层私人姻亲关系，这也许是灵帝没有把权力留给张、赵的原因之一。

灵帝也没有把权力最终交给皇后家族，"黄巾起义"刚一爆发，灵帝即任命皇后之兄何进为大将军。东汉承平时期的大将军由皇后父兄担任，是一种惯例，但多数出于"临朝称制"皇太后的意旨，只有梁商父子和何进是完全由皇帝本人决定的。这种缘于外戚身份而来的大将军，听上去是个军职，实际上更具一种辅政性质，然而从何进后来的表现看，他似乎既缺乏政治素养，也缺乏军事才干，汉灵帝对他的任命，像是完全基于皇后关系，但到最后，灵帝对何进及皇后家族，却采取了一种抛弃姿态。

中平五年（188 年），汉灵帝设立西园八校尉。

> 是时，置西园八校尉，以小黄门蹇硕为上军校尉……帝以蹇硕壮健而有武略，特亲任之，以为元帅，督司隶校尉以下，虽大将军亦领属焉。（《何进列传》）

最后一句的意思有些含混不清，有人说，是说大将军何进也要归蹇硕指挥，至少，这表明蹇硕拥有了能跟何进相抗衡的军事指挥权。

皇后的长子为皇太子，本是天经地义的事，但灵帝认为，嫡长子刘辩"轻佻无威仪，不可为人主"，转而属意于被何皇后毒死的王美人的儿子刘协（后来的汉献帝，董卓帮灵帝实现了遗愿），然而，"皇后有宠，且进又居重权，故久不决"（《何进列传》）。最终，重病弥留之际的灵帝，还是将刘协托孤给了蹇硕。

> 六年，帝疾笃，属协于蹇硕。（同上）

请注意，此处的托孤，并不等于就是确立太子。

用今天的话说，灵帝的拖延症，最终仍然是以不了了之的方式结束的。

于是，灵帝刚一驾崩，何进即与蹇硕展开生死火并，随后引爆了如惊涛骇浪一般的"何进之乱"和"董卓之乱"。

皇帝驾崩，皇子幼小，且未明确太子，两太后内讧相争，外戚与宦官同归于尽，加上之前的官僚集团零落殆尽，随后是董卓进京，皇帝易人，皇太后被毒死。经过如此一番大洗劫，东汉政权除了名存实亡，还有别的可能吗？

他们来了

"黄巾起义"前，自立名号者已层出不穷。

"黄巾"爆发后，劝人称帝者接踵而至。

阎忠劝皇甫嵩，张玄劝张温，王芬联合曹操，谋废灵帝，欲立合肥侯为帝，张纯、张举联合反叛，"举称天子"，还有李休劝张鲁，连宗室刘焉也心怀染指之意，刺史改州牧，就是刘焉率先提出的，然后，他根据术士董扶的一句话，"京师将乱，益州分野有天子气"（《方术列传》），直奔四川而去。

但最后当上皇帝的，是曹丕、刘备和孙权。

曹丕当皇帝，完全是坐享其成。孙权跟曹丕有所相似，又有很大不同。魏、蜀、吴三家，曹操、孙坚和刘备是真正的奠基创业者，他们三人的开基创业，都是从"黄巾起义"时开始的。

"黄巾"爆发之初，曹丕尚未出生，孙权两岁，孙策9岁。

孙坚是汉灵帝的同龄人，生卒年都很接近。"黄巾起义"爆发，孙坚已30岁，这是一个男人生命力最强旺的年龄——尤其是在汉朝。从"黄巾起义"到孙坚被杀，其间只有七年，但这短短七年，对于日后的孙氏江山来说，却具有开创性的、举足轻重的意义。

"黄巾"爆发前，孙坚只是家乡富春的一名县吏，凭着少年勇猛，他先是被提拔为假尉，然后通过对会稽许生的征战，被提升为异地的县丞，所谓异地，即《三国志》所说的"盐渎、盱眙和下邳"。读者对这三个地名不应轻易略过，它们都在今天苏北的淮河流域附近，孙坚在这里待了十年。对于日后孙氏的崛起来说，这段时间和空间，具有不容忽视的意义。孙坚的婚姻，也应该是在这里缔结，它在孙氏的崛起中，同样起了关键作用。

生于汉末，群雄并起，孙坚没有显赫的家世背景，个人也未曾获得诸如举孝廉这样的正途机会，如果不是"黄巾起义"，孙坚的人生，大概很难想象会有一番什么大作为，这一点可以从他在苏北十年，几乎无事可记看出来。"黄巾"的爆发，为这个出身略显偏僻的大龄青年[8]，提供了逐鹿中原的机会，给了他一个绝佳的历史舞台。

"黄巾起义"一爆发，朝廷随即任命皇甫嵩、朱儁等领兵征讨。朱儁立马举荐孙坚为佐军司马，这是孙坚踏上人生征程的关键一步。在与"黄巾军"的战斗中，孙坚立下赫赫战功，套用一句今天的流行语，攻"黄巾"，孙坚也是蛮拼的。[9]"黄巾"平定，孙坚的身份已经是别部司马，这意味着孙坚开始有了自己具有独立性的番号和人马，我相信这支人马，就是日后孙策从袁术手里争取来的那笔遗产主体。

随后的边章、韩遂之乱（湟中义从叛乱），给孙坚提供了向纵深发展的机会，充分显示了孙坚的军事才干和见识。稍后，他被任命为朝廷议郎，这表明孙坚已经跻身中央政府，获得了一个高层政治身份。随后被外派到一直骚动不宁的长沙任太守，并以军功封为乌程侯。

孙坚的人生和身份，一步步变得耀眼和丰满起来。

灵帝死后，群雄讨伐董卓，孙坚再次以一马当先的姿态，焕发出异彩。然而就在一二年间，一支冷箭终结了他一直在进取的人生，37岁的生命戛然而止。

从表面上看，孙坚被黄祖兵卒射杀时，并没有给儿子孙策留下什么实在的遗产，孙策似乎是靠自己的一手一脚，纵横驰骋，创出了一片天地——孙氏江东的雏形。然而事实并非如此，孙策的创业与孙坚的奋斗之间，有着紧密的传承关系，其中关键的关键，就是我们前面说到的江淮。

> 坚为朱儁所表，为佐军，留家著寿春。（《三国志·孙破虏讨逆传第一》裴松之注引《江表传》）

这看似一句无关紧要的话，恰恰是孙氏崛起的要点所在。寿春自古以来就是淮河流域的重镇要地，孙坚把家眷留在寿春，既跟他在苏北淮河流域的生活和婚姻有关，也跟朱儁当时受命征剿的首先是河南"黄巾"有关。正是因为有了这一线头，才有了之后家乡本在浙江吴郡的孙策，在江淮地区的崭露头角。在《三国志》所记叙的孙策发展经历中，我们时时处处可以看到这份江淮背景和孙坚影迹的存在，而不仅仅只是孙坚那千余部曲。

孙坚在"黄巾"之后的奋斗，直接构成了日后孙氏东吴的源头。陈寿在《三国志》，以及裴注引《孙盛》话语，都认为孙策才是江东开基创业之人，实属短视浅见。[10]

相对来说，"黄巾"之后的五年对于曹操的意义，似乎就没有孙坚那样来得关键和重要，这一点跟他俩的家世背景有关。

曹操跟孙坚是同一年出生的人，但曹操的家世背景，却非富春的孙坚所能仰望。曹操的父亲曹嵩曾任太尉，虽然是花大钱买来的，但买官在当时，并非就能直接证明曹嵩是个一无是处的人（自费出书，也有精品杰作）。曹嵩的养父曹腾，自汉安帝起就是宫中颇有地位和名望的宦官首领，甚至得到种暠这种名臣能吏的由衷赞叹。尽管以宦官为家世背景，跟一般士族家庭明显有所区别，但同属高门大族，则是显而易见的。这一点，使得曹操从小就显示出一种与众不同的行事性格。更主要的是，让他从小就能顺利登上仕途。在三国三位开国人物——曹操、刘备和孙坚当中，曹操是唯一由正途，即举孝廉而踏上仕途的。由孝廉而为郎（想想孙坚成为议郎的艰苦经历），在曹操是唾手可得之事，随后就任首都洛阳北部尉，然后是屯丘令，明显属于起点高、升迁快的那类人。"黄巾起义"爆发，曹操任骑都尉，配合皇甫嵩立下战功后，任济南相。

边章、韩遂叛乱，灵帝组建西园八校尉，曹操任其中的典军校尉。

总而言之，曹操与孙坚两位同年出生的人，他们早期人生的差异，几乎一眼可辨，一位是浴血奋战，一位是顺风顺水。可以说，早在灵帝驾崩之前的岁月里，曹操的身影，就始终是在中上层浮动，他可以有弃官和"不就"的潇洒姿态。我们看到，甚至在"黄巾起义"最为扰攘的时候，曹操竟然"告归乡里；筑室城外，春夏习读书传，秋冬弋猎，以自娱乐"（《三国志·魏书·武帝纪》裴松之注引《魏书》），这份潇洒悠闲，岂是孙坚所能想象的。然而也正因如此，相比之下，"黄巾"之后的五年里，曹操没有取得像孙坚这样令人信服的成就，真正属于曹操的时间还没有到来。

这么说，并非意味着曹操与"黄巾起义"的关系，要远远小于孙坚，恰恰相反，"黄巾"对于曹操来说，具有非比寻常的重大意义。只是这种意义，从时间上来说，更多是在灵帝驾崩之后才真正显现，除了收降青州"黄巾"三十万，人众百万以外，曹操与"黄巾"在宗教上的关联性，也许是更为重要的一件事情。[11]

要说家世门望，刘备在三人之中是最高的，他是汉景帝的儿子中山靖王刘胜的后代。只是这层所谓的皇室血脉，在刘备童年所呈现的，已经是破败不堪的景象。如果不是"黄巾起义"，仅凭这份所谓家世背景，刘备的人生前景，大概跟孙坚一样，也是难以寄托多少乐观想象的，更别说以后还有个皇位在等着他。

"黄巾起义"对于刘备的意义，本来应该要更接近孙坚而不是曹操，但就"黄巾"之后五年的实际情况看，刘备的收获远不如孙坚，反而跟曹操比较接近，究其原因，可能是刘备和曹操更近于政治型人物（这不是说他们没有军事才干，曹操可是著名的军事家），孙坚是更纯粹本色的军事干将，一般来说，军事上更容易一战功成，而政治往往需要更多时间和耐心，属于慢跑。

顺便说一句，《三国志》正文里，陈寿说刘备征讨"黄巾"有功，而裴注引《典略》却说刘备是参与讨"张纯"——渔阳"二张"。总之，在"黄巾"之后的五年里，刘备唯一被叙述得比较详备具体的光辉事迹，就是怒打督邮一事，别无其他。

"黄巾起义"给刘备带来的直接收获之所以有限，也许还跟他的年龄有关。刘备比曹操和孙坚小六岁，六岁不是个多大的年龄差，但放回到当时具体的时代环境，它就意味着，"黄巾"爆发，刘备只是一个二十出头的乡下小伙。三人之中，刘备所能凭籍的社会资源及其积累过程，无疑是最贫乏和最艰难的。尽管刘备被曹操以英雄看待，但"巧妇难为无米之炊"，英雄缺乏用武之地，直到赤壁之战，刘备只能是浮萍漂泊，四处投靠。

所以，就五年之中的表现来看，孙坚最扎实，曹操最潇洒，刘备最窘迫。

按某种眼光来看，曹、刘、孙三家算是最后的赢家，而像袁氏兄弟、公孙瓒、陶谦、刘表、刘焉父子、张鲁以及吕布等，只能归于瞬间掠过的流星，未能抵达彼岸的"陪跑"者。在所有这些瞬间耀眼的人物中，有一个人的存在，是无法绕开不说的，是他在趋于崩溃的汉王朝的躯体上，猛踹了一脚，使它像座年久失修的老房子，迅速地垮塌下来，这人就是董卓。

如果说自"黄巾起义"到灵帝驾崩的这五年里，谁是最应该被评说的人物，我认为非董卓莫属。

董卓崛起的人生，与孙坚有高度的相似性，都是来自边缘地区和底层社会，都是凭借武力，一在东南，一在西北，都是在战乱中杀出的"黑马"，两人还都当过破虏将军，但董卓的上升势头明显快过孙坚，这应当与西北关陇的地理位置，尤其是董卓背后的羌胡力量有关。

董卓起初参与镇压河北"黄巾"时，并没有取得胜利，而是"军败抵罪"，但这对董卓没有构成太大影响，否则随后的北宫伯玉、边章叛乱，朝廷就不会立即任命董卓为中郎将，成为皇甫嵩的副手。皇甫嵩被免职后，朝廷改派张温为车骑将军，继续征讨边章等人，同时又任命董卓为破虏将军，辅助张温。正是在与边章、韩遂的交战中，董卓取得了一次关键胜利。之后又在与先零羌的交手中，施计得以全师而退。灵帝驾崩的两个月前，董卓与皇甫嵩联手，大破边章、韩遂、王国的骚乱。正是凭着这几次战功、战事，董卓赶在灵帝驾崩之前，一步步建立起自己的军事实力和声望。灵帝临终前夕，曾经连发两道诏书，要求董卓移交兵权给皇甫嵩，并进京任职，但董卓已经看清形势，两次皆抗命不遵，反而将部队驻扎在可以眺望洛阳的河东，虎视眈眈。他在等待大将军何进从皇宫深处发出的那一道颠覆乾坤的进京令。

注释：

［1］王桐龄：《中国史》，江西人民出版社 2008 年版；范文澜：《中国通史简编》（第二编），人民出版社 1964 年版。

［2］献帝与灵帝之间，还有一位少帝刘辩，做了四个月的正式皇帝，后遭董卓废黜，并被逼自杀。刘辩死后，汉献帝给他的谥号是怀王，多数史书因此未将其列为皇帝。

［3］参见许倬云《秦汉知识分子》，载《求古编》，商务印书馆 2014 年版。

［4］宦官与"黄巾"勾结事例，除封谞、徐奉直接为"黄巾"内应外，还有王允"于贼

中得中常侍张让宾客书疏，与黄巾交通"。

[5]"黄巾起义"爆发前，汉灵帝至少有过两次反腐行动，一次在熹平六年（177年），"令三公条奏长吏苛酷贪污者，罢免之"，另一次在光和五年（182年），"诏公卿以谣言举刺史、二千石为民蠹害者"，见《资治通鉴》卷五十七和卷五十八。

[6]关于封、徐事发和张钧上书两件事，《后汉书》把张钧上书放在前面，把封、徐之事放在后面，司马光的《资治通鉴》则是把封、徐之事写在前，把张钧上书写在后，两相比较，显然《资治通鉴》的做法更可取。

[7]东汉历代皇帝，只有汉灵帝在位期间，几乎年年都有大赦——建元三年（170年）和中平二年（185年）例外。后者应当跟中平元年有过两次大赦有关，而且第二次大赦时间在元年十二月。通过对比可知，越是相对安宁的年代，越少大赦，越是动荡不安的年代，大赦越频繁。

[8]《三国志》裴注引《吴录》载"策上表谢"中有"臣以固陋，孤特边陲"语。

[9]事见《三国志·吴书 孙破虏传》《后汉书·朱儁列传》和《资治通鉴》（中平元年）等。

[10]《三国志吴书·孙破虏讨逆传》陈寿评曰：且割据江东，策之基兆也。裴松之注引孙盛曰："创基立事，策之由也。"又说，"壮哉！策为首事之君，有吴开国之主"。

[11]参见姜生《曹操与原始道教》，《历史研究》2011年第1期。

331

黄宪

黄宪，字叔度，东汉汝南慎阳（今河南正阳）人。侯外庐等著《中国思想通史》，称其为"一个谜一样的人物"[1]。黄宪之所以会被看作"谜一样的人物"，盖因在现今所能见到的史籍史料中，黄宪的生平传记，基本由他人对他的赞美词构成，这在中国以往的正史记载中，可谓极为罕见的特例。作为一个备受当时各路士人精英推崇与盛赞的人物，黄宪本人必然可归于士林，尽管这一点并没有直接证据来加以证明，因为黄宪的一生，没有留下任何片言只语，既没有当时流行的经学著作，也没有任何文学作品，甚至是一封书信之类，完全没有文字呈现。[2]同时在现存史籍史料中，人们也听不到一句来自黄宪说的话，有的只是别人说他的话，没有黄宪说别人或他自己的。在我们现在所能获取的有关他的信息中，这是一个完全沉默的人，一个没有声音的人，无论是书面还是口头上的，恰如晋人葛洪所描述的一种隐遁者形象，"谧清音则莫之或闻，掩辉藻则世不得睹"[3]。所以，范晔在为黄宪写的一段评语中，起首就说："黄宪言论风旨，无所传闻。"[4]正是对这一情形的概述。

不仅如此，在现今所能见到的黄宪生平资料中，我们也同样几乎不知道他做过些什么，寥寥无几的几条零碎资料，给我们提供了一点聊胜于无的生平信息，譬如，他跟当时一些名人有过接触和交往，还曾经跟几个人去了趟京城，但什么也没做又回来了。史料中还透露，他曾被当地太守举孝廉，这在黄宪身上是比较重要的一条信息，可惜现存史料记载语焉不详，一语带过。[5]除此之外，关于黄宪其余的生平所为，我们可说是一无所知，似乎他既没有开门授徒（这在当时非常流行，黄宪也有这个资格和条件），也没有当过牧守令长（黄宪也有这个机会），甚至连最简单的生平事迹，也近乎痕迹全无。因此从现存史料来看，黄宪不仅是个沉默无声的人，还是个一无所为的人。而黄宪的家世状况，除了"世贫贱，父为牛医"[6]七字以外，再没有别的内容了。至于他本人的家庭情况，同样付之阙如。

但就这么个黄宪，却是东汉历史上获得赞美最多、且给人印象最深的人之一。这些赞美并非是在黄宪死后，由他人敬献的颂词，或者说是诔词，像我们所熟知的那些东汉墓碑上的内容。黄宪所获得的赞美，其中最富有感染力的部分，绝大多数来自他的生前。这些赞美者既有他的童年伙伴，也有汝南同乡，既有偶然路遇的外地人，也有专程慕名而来的拜访者；有在朝官员，也有隐逸高人；有同龄人，也有年长者，还有后生晚辈，可以说具有广泛的代表性。他们对黄宪的赞美如此真切而动情，即便时隔两千年，也能让人感受到那份发自内心的热诚，例如：

> 颍川荀淑至慎阳，遇宪于逆旅，时年十四，淑竦然异之，揖与

语，移日不能去。谓宪曰："子，吾之师表也。"既而前至袁闳所，未及劳问，逆曰："子国有颜子，宁识之乎？"闳曰："见吾叔度邪？"

是时，同郡戴良才高倨傲，而见宪未尝不正容，及归，罔然若有失也。其母问曰："汝复从牛医儿来邪？"对曰："良不见叔度，不自以为不及；既睹其人，则瞻之在前，忽焉在后，固难得而测矣。"

同郡陈蕃、周举常相谓曰："时月之间不见黄生，则鄙吝之萌复存乎心。"及蕃为三公，临朝叹曰："叔度若在，吾不敢先佩印绶矣。"

郭林宗少游汝南，先过袁闳，不宿而退，进往从宪，累日方还。或以问林宗。林宗曰："奉高之器，譬诸氿滥，虽清而易挹。叔度汪汪若千顷陂，澄之不清，淆之不浊，不可量也。"（《黄宪传》）

稍微熟悉东汉历史文化的人，对以上出现的几个人名，应当不会太陌生，譬如荀淑，著名的颍川荀氏，有子八人，号称"荀氏八龙"，是建安时期曹操最重要谋士荀彧的祖父，顺帝和桓帝时期重要的官僚代表性人物李固和李膺都曾拜他为师。荀淑去世时，"李膺时为尚书，自表师丧"（《荀淑传》）。可见其人格魅力。在荀淑为人所称道的品行能力中，识人，即品鉴人物，是其突出一项，《世说新语》记载，"李元礼尝叹荀淑、钟皓曰：'荀君清识难尚，钟君至德可师。'"（《德行》）说的就是荀淑品鉴人物的本领。郭泰更是当时品鉴人物的后起之秀、个中翘楚，是东汉最著名、重要的人物品鉴者，范晔在《郭泰传》中直接说他"性明知人"，同时郭泰也是当时兴盛一时的数万太学游生的精神领袖之一。陈蕃是东汉中后期最重要的政治家。同乡周举也是当时政坛的一时之选。[7]戴良则是汝南郡名士，举止狂放不羁，有人问他，你看天底下谁能和你一比？戴良回答说："我若仲尼长东鲁，大禹出西羌，独步天下，谁与为偶！"[8]但他一见到黄宪，就垂头丧气地回家了，自觉没法相比。

总之，这些对黄宪不吝赞美，甚至心悦诚服的人物，都非庸常之辈，而是当时万人景仰、声名非凡的人物，然而他们在面对或说到黄宪时，都不约而同地表现出让人吃惊的谦卑和谦逊，发出由衷的赞美，这些赞美都来自他们本人与黄宪的直接接触与交往，并非是口耳相传的结果。于是，这就在黄宪那极富特色的沉默空白型人生与上述黄金赞美之间，构成了一种巨大的反差与对比。正是这种反差对比，让《中国思想通史》的作者说出了"谜一样的人物"的话。

也因此，尽管黄宪在历史上留下的，基本是一个沉默空白型的人生痕迹，但这些来自与他同时代人的赞美与钦佩，使黄宪不仅在当时，而且直至今日，始终能成为一个吸引人、感染人，甚至引人遐想和沉思的人物。本来，像黄宪这种情况，今天要对他进行严谨的学术研究，应该是件让人感到难以措手的事，因为可资凭借的直接资料太少了，但上述这些赞美词，却使后人在叙述东汉历史，尤其是东汉思想文化方面的精神风貌及其演变时，很难漠视或无视黄宪的存在，而轻易将其越过或遗漏。司马光撰写《资治通鉴》，就完全移植了范晔《黄宪传》的全部内容（包括那段专门的评论文字）。王夫之在《读通鉴论》里，清楚显示了他对于黄宪的特别注目。[9]侯外庐等撰写《中国思想通史》，也给黄宪留了一席之地，并指出："从这数点来推论，黄宪实为一'儒道兼综'的人物。以儒道兼综的人物，而得到当时诸名士的高度倾服，可知'正始之音'，汉末固已发其绪论。"[10]这正是对黄宪在汉魏思想史上某种位置与意义的揭示。事实上，即便在直接资料如此匮缺的情况下，如今依然有人在对黄宪其人及其所处时代背景，作专题性的探索研究。尤其在涉及东汉士人或"党人"，或者有关东汉汝、颍地区的研究中，黄宪的名字更是每每出现。

然而，黄宪在正史记载中的特殊状态，即沉默空白型的生平表现，还是给当今的黄宪研究，带来了明显的不利影响，使得与黄宪相关的研究探索，始终处于某种停滞或浅度反复的状态。此外，除正史记载的特殊外，还有一个具体因素，也影响到今人对于黄宪的研究，这就是黄宪的生卒年。

现存史籍史料中，谢承《后汉书》（辑佚本）和袁宏《后汉纪》里都有黄宪的传记，但都没有提到黄宪的生卒年。范晔《黄宪传》里说到了（黄宪）"年四十八终"，却没有给出明确的生卒年份。于是，在黄宪的生平记载中，又多出了一项时代的模糊感。这一点，同样表现在了现有的黄宪相关研究文字中，笔者在有关涉及黄宪的研究文章中，不时见到一些模棱两可和似是而非的判断与叙述，皆与此有关。因此，在有可能的情况下，尽可能地厘清、寻绎出较为可靠的黄宪生卒年份，就并非一件可有可无的事。

在此，笔者尝试通过一种数学思维，凭借现有的相关资料，来推断一下黄宪的生卒年份。

范晔《黄宪传》里的几个片段、故事，是从荀淑开始的，我们也从荀淑这里入手，来展开我们的推断。

我们先假设荀淑偶遇黄宪于逆旅，是在荀淑 20 岁那年发生的，那么，由于荀淑的生卒年是已确知的，即公元 83—149 年[11]，这样，荀、黄相遇，就可以暂时推定出发生在公元 102 年；又由于已知黄宪的寿命是 48 岁，且荀、黄相遇时，宪年 14，这样一来，就可以推断出黄宪生年应为公元 89 年，即黄宪的生卒年，可以暂且假定为公元 89—136 年。

这个推断生卒年可不可取？需要我们通过其他相关材料，来对它加以验证。

有两条与黄宪有关的史料，对于我们推断黄宪的生卒年，具有极大的帮助和限定意义，这两条材料是：

王龚字伯宗……建光元年（121 年），擢为司隶校尉，明年（122 年）迁汝南太守。……永建元年（126 年），征龚为太仆，转太常。（《张王种陈列传》）

郭林宗（泰）少游汝南，先过袁闳，不宿而退，进往从宪，累日方还。或以问林宗。林宗曰："奉高之器，譬诸氿滥，虽清而易挹。叔度汪汪若千顷陂，澄之不清，淆之不浊，不可量也。"（《周黄徐姜申屠列传》）

第一条材料告诉我们，王龚任汝南太守，是在 122—126 年之间。正是在这段时间，据《黄宪传》记载，"太守王龚在郡，礼进贤达，多所降致，卒不能屈宪"。即王龚引进人才，其中也有黄宪，但黄宪没有答应。这里顺便说一句，这个王龚，正是后来"建安七子"之首王粲的曾祖父，也是在当时政坛具有良好声望的人物。比对《王龚传》的这条材料来看，前面所推断黄宪的生卒年，即公元 89—136 年，似乎是没有问题的，即王龚欲引进黄宪时，黄宪当时的年龄在 34—38 岁之间。但拿它来比对郭泰的那条材料，情况立马就变得扞格不通了，因为郭泰的生卒年也是确知的，即公元 128—169 年[12]，这样一来，即使郭泰在黄宪辞世那一年去拜访他，当时郭泰也只有 9 岁，可能吗？完全不可能。

这样我们就必须将之前假设的时间推翻，并向后延，延多少呢？暂时再延 10 年，即我们假定荀淑偶遇黄宪，是在荀淑 30 岁的时候，则当年就应为公元 112 年，而黄宪的生卒年，也就变成为 99—146 年。这个生卒年份的可靠性又如何呢？我们用上面同样的方法，再来验证一下。

将这个新推断的黄宪生卒年，与王龚那条材料进行比对，结果似乎仍然是可以成立的，即王龚任汝南太守期间，黄宪的年龄在 24—28 岁之间。如果拿它与郭泰那条比对呢？则黄宪去世那年，郭泰 19 岁，这样一种年龄关系又如何呢？可不可取呢？能成立吗？

在此我们暂且宕开一笔，先来看看一篇与此有关的文章。

这篇题为《谈谈姜亮夫先生〈历代人物年里碑传综表〉中的一处失误——兼论黄宪生卒年》的文章，发表于吉林省《才智》杂志2011年第36期，作者署名为（吉林大学文学院）刘森，这是笔者迄今为止见到的唯一一篇以黄宪生卒年为主题的文章（以下简称"刘文"）。该文首先指出，姜亮夫在《历代人物年里碑传综表》中，将黄宪的生年定为汉明帝永平十八年即公元75年，卒年定到了汉安帝延光元年即公元122年，是"大有问题的"，意即不成立。刘文的这一指正，无疑是对的，因为很显然，照姜亮夫所说，则荀淑与黄宪相遇时，黄宪14岁，荀淑只有7岁，可知完全是荒谬可笑的。另外，王龚于122年任汝南太守，若到任稍慢一点，黄宪已是冢中之物，还谈什么"礼进贤达，卒不能屈宪"，或"宪虽不屈，蕃遂就吏"云云。[13]

在指出姜著的"失误"后，刘文开始给出自己对于黄宪生卒年的推断。

文章共罗列了六点理据，其中最核心、关键的是第二条，但正是在这条最关键、最重要的论据上，刘文给出了一个匪夷所思的说法，其引范晔《黄宪传》中"同郡陈蕃、周举常相谓曰：时月之间不见黄生，则鄙吝之萌复存乎心"一句，句中的"时月之间"在刘文中竟作"明月之间"。据笔者所见范晔《后汉书》、司马光《资治通鉴》，以及《世说新语》和《后汉纪》中的两条相关材料，此语皆为"时月之间"[14]，所谓"明月之间"分明是个简单明显的文字校勘错误，"明月之间"的句意也完全不通。紧接这句引文之后，刘文随即说道："可见是二人在黄宪故去后讨论黄宪，不然不会说'明月之间不见黄生'。"这就完全让人"丈二金刚摸不着头脑"了！在做出黄宪已经"故去"的判断后，刘文随后以此为出发点，展开了其后续论证。由于刘文在论证基点上就已经出现错误，其接下来的所谓论证，也就完全失去应有的价值和意义。不过，考虑到刘文其后对郭泰那条材料的解读，与本文有密切关联性，故有继续介绍其说法的必要。

经过一番十分繁复曲折的论证，刘文最后的结论是，黄宪的卒年，"只可能存在于公元142年左右"。从而得出黄宪生卒年是：公元95—142年之间。

得出这个结论后，刘文显然也注意到了郭泰拜访黄宪那条材料，即"郭林宗少游汝南，先过袁阆，不宿而退，进往从宪，累日方还"。按刘文的结论，黄宪去世时，郭泰只有15岁，对比"少游汝南"这条材料，这是个合适的年龄吗？对此，刘文解释说："'郭林宗少游汝南'，这个少时年龄应该定在14—16年之间较为合理。"

刘文这个说法，若不是有意的曲从己意，就是缺乏古汉语基本常识的表现了。将古汉语中的"少"，定在14—16岁之间，完全是以今度古，是当代人对"少"的理解，古人对于"少"字的使用和理解，要比这宽泛得多。史籍中以"少"字表示青年的例子，俯拾皆是，不胜枚举，我们今天仍然习用的"少帅"一词，就保留了几分古义在其中。"刘文"为了勉强支撑照顾自己的推论结果，将"郭林宗少游汝南"的时间，定在14—16岁之间，从哪个角度来看，都是不可取的。

对此，我们先来看看范晔《郭泰传》是怎么说的：

> 郭太字林宗，太原界休人也。家世贫贱。早孤，母欲使给事县廷。林宗曰："大丈夫焉能处斗筲之役乎？"遂辞。就成皋屈伯彦学，三年业毕，博通坟籍。

从这段文字看，郭泰离开家乡时，年龄应该不小了（笔者在此暂且伏下一笔），要不然，让一个十四五岁的半大孩子，说出"大丈夫焉能处斗筲之役乎"，合适吗？而且郭泰也不可能前脚刚一离开家，后脚就先去拜访黄宪。再者，按刘文所推断，黄宪死时，郭泰年仅十四五岁，我们看郭泰在见过黄宪后的反应，像是黄宪临终之年的情景么？郭泰见黄宪后说的那一番话，又像不像是一个十四五的孩子的见识和口吻？答案显然都是否定的。

回到前面笔者所作推测，即使将黄宪的生卒年，定在 99—146 年，也同样嫌略靠前了，因为这样一来，郭泰即使在黄宪临终之年去拜访他，也只有 19 岁，还是嫌略小，在时间上完全没有回旋余地。

因此，需要在公元 99—146 年这个生卒年的基础上，再向后顺延几年，顺延多少为好呢？假如我们再将其顺延 10 年，看看会出现什么情况。即将黄宪的生卒年暂定在公元 109—156 年。

这样一来，郭泰若在黄宪辞世之年去拜访他，就有 29 岁，从与相关记载情景与口吻的相合来看，可以说是绰绰有余了；但是别忘了王龚那条材料，如此一来，即使王龚是在汝南太守任上的最后一年，即公元 126 年，准备"引进"黄宪，当时的黄宪也只有 18 岁；如果是在太守任上的头年或次年，即公元 122 年或 123 年，那时的黄宪则只有十四五岁。虽说黄宪天资聪颖、早熟早慧，14 岁就让荀淑说愿以为师，但上述这种时间与年龄关系，仍不免让人觉得有违常情。于是，我们就需要在将其生年设定为公元 99—109 年之间，寻找到一个新的平衡点，使它能同时兼顾王龚和郭泰两条材料。考虑到 99 年和 109 年这两个数字所显示出的相关情况，都带有某种临界边缘的性质，我们可以采取最常见的一种方法，取平均数，这个数字就是公元 104 年。

这样，我们就又得到了一个新的黄宪生卒年：公元 104—151 年。

我们先来看看，这个最新结果跟王龚和郭泰两条材料的比对关系情况。

王龚在 122—126 年任汝南太守，也取一个中间数，即 124 年时，则当时黄宪 21 岁，这应该是一个可以接受的年龄，何况以此年龄为基准，摆幅误差在两岁之间的，都可以视为"合理误差"，可视为相等结果。

按照这个新的生卒年份，黄宪去世时，郭泰 24 岁，郭泰在此前一两年，或两三年去拜访黄宪，也都在 20 岁左右，其时应当正是郭泰在成皋求学期间，成皋去汝南不算太远，无论从时间还是空间上看，都是可取的。

现在我们可以来揭开前面说的那个伏笔答案了，请看：

> 郭泰字林宗，太原介休人。泰少孤，年二十，行学至成皋屈伯彦精庐，乏食，衣不盖形，而处约味道，不改其乐。（司马彪《续汉书》卷五）[15]

> 泰字林宗，太原介休人。少孤养母，年二十，为县小吏，喟然叹曰："大丈夫焉能处斗筲之役！"乃言于母，欲就师问，母对之曰："无资奈何？"林宗曰："无用资为！"遂辞母而行。至成皋屈伯彦精庐，并日而食，衣不盖形，人不堪其忧，林宗不改其乐。三年之后，艺兼游、夏。（袁宏《后汉纪》建宁二年）[16]

两个"年二十"跃然而出！与本文所设想和推断的，若合符契。

推论至此，关于黄宪的生卒年份，笔者所得出的结论，即公元 104—151 年，相信现在可以援用《礼记·大学》里的一句话来作结了：虽不中，亦不远矣。[17]

如果笔者所推断出的黄宪的这个生卒年份是确凿可取的，那么，凭借它，首先就可以帮助我们廓清或纠偏某些在以往有关黄宪的研究文字中所出现的那些模棱两可或似是而非的说法。笔者在此以马良怀先生的《黄宪魅力发微》（《中南民族大学学报》（人文社会科学版）2003 年第 6 期）一文，来略加说明。

见唯一一篇以黄宪为专门题旨的学术文章，文中几处涉及黄宪生卒年的地方，笔者觉得有可商榷之处，例如：

文章开始处说，黄宪"主要生活于东汉顺帝至桓帝年间"。依据笔者所推断的黄宪生卒年，黄宪出生于汉和帝末年，完整度过了汉安帝时

341

期（将近 20 年）。荀淑和黄宪相遇在安帝时期；王龚准备引进黄宪，时或者在安帝末年，或在顺帝初年。黄宪在汉桓帝即位后的第四年左右去世（桓帝在位共 20 年）。

《发微》一文接着说到，（黄宪）"成了我们今天深入、准确地了解、探究东汉后期社会的一个重要视点"。这里就牵涉到了有关东汉历史分期的问题[18]，但若以笔者的推断结果来看，将黄宪所处时间，定为东汉中后期，似乎更为合宜。

"发微"一文中，又有"黄宪生活于东汉末年"一语，"东汉末年"相对于东汉后期，显然是个更加偏后的时间概念。顺便说一句，《中国思想通史》在写到黄宪一段时的最后一句，"可知'正始之音'，汉末固已发其绪论"。细究起来，此处的"汉末"一词，同样不无可议。

"发微"文中，还有诸如"而到黄宪生活的桓、灵之时，政治的腐朽黑暗已走向极点，特别是其间发生的两次'党锢之祸'"的说法。很显然，若据笔者推断的结论，黄宪在桓帝即位的头几年，就已去世，他没有生活到灵帝即位，他的死距离第一次"党锢之祸"，也有 15 年左右。"发微"一文多处列举"（第二次）党锢之祸"时期的事例，如李膺和范滂之死，其时距黄宪之死，已近 20 年。已故著名古典文学研究专家曹道衡先生，在其生平最后一篇学术文章中，也曾这样提到黄宪：

> 汝南名士中还有像周燮、黄宪等人，虽未因党事而遭受迫害，但亦为天下士人所崇仰。[19]

很显然，这种表述尽管采用了较为模糊的语气方式，但仍然反映出与"发微"一文同样的问题。事实上，周燮有可能见到了"党锢之祸"的发生，而第一次"党锢"发生时，黄宪已去世十多年了。

"发微"还用较多字数写到孔融。孔融（153—208 年）出生时，黄宪已经辞世。与孔融情况相同的是曹操（155—220 年），也是黄宪辞世后出生的人物，"发微"一文同样有篇幅不小的引文段落。尽管论述黄宪，大可不必死死拘泥、局限于黄宪的生卒年时段，但在对黄宪生卒年缺乏较明确断定的情形下，所作分析和阐述上的"旁逸斜出"，大概也就成为难免的事了。

假如笔者所推断出的黄宪生卒年份是可取的，那么，上述列举中的文字段落，就有调整和修改的必要。

黄宪生卒年份相对确凿的厘清与推断，不仅有助于我们对以往有关黄宪研究中的错失与偏差进行纠正，而且对今后有关黄宪及其相关时代与环境的研究分析，想必也能带来某些新的启示意义。

注释：

［1］《中国思想通史》（第二卷），人民出版社 1957 年版，第 407 页。

［2］《天禄阁外史》，旧本题汉黄宪撰，经多人考辨，已基本定为明人伪撰，详见《四库总目提要》卷一二四子部杂家类，中华书局 1965 年版，上册，1065 页；另，王永宽《黄宪和〈天禄阁外史〉问题》一文，对此有所梳理，文载《天中学刊》1993 年第 3 期，第 99—100 页。

［3］葛洪：《抱朴子外篇·嘉遁》。

［4］《周黄徐姜申屠列传》。

［5］应劭：《风俗通义 豫章太守汝南封祈》，贵州人民出版社 1998 年版，第 193 页。

［6］《周黄徐姜申屠列传》。

［7］范晔《后汉书》作周举，袁宏《后汉纪》作"汝南周子居"，即周乘，综合来看，作周乘比周举似更为可取。周天游校注《后汉纪》引惠栋说法，认为"则范书'周举'恐系'周乘'之误"。另，余嘉锡也有过引证和案语，认为"范书盖误也"，见《世说新语笺疏》，余嘉锡撰，中华书局 1983 年版。

［8］《逸民列传》。

［9］王夫之：《读通鉴论》（上册），中华书局 1975 年版，231—232 页。王夫之两次提及黄宪，对其"傲岸物表，清孤自奖"一面，深有感慨。

［10］《中国思想通史》（第二卷），第 407 页。

［11］《荀韩钟陈列传》：（淑）"年六十七，建和三年卒"。

［12］《郭符许列传》。

［13］笔者在网上看到，包括正阳县档案信息网在内的诸多网页，介绍黄宪生卒年时，采用的基本都是公元 75—122 年这种说法，想必正是依据"姜说"。"刘文"说，"无法知晓姜先生的结论是如何考证的"，据笔者猜想，"姜说"当本自《资治通鉴》，《通鉴》中，黄宪生平事迹（包括年四十八终一句）都被放在了延光元年（122 年）这一年。司马光这么做，原因未必是他认为黄宪卒于是年（或可直接排除这一点），只不过是写到了王龚任汝南太守，从而顺笔所为。王龚任汝南太守第一年，正是 122 年，然后再由此倒推 48 年，就出来了所谓黄宪的生卒年。

［14］《资治通鉴》胡三省于此注曰："自朔至晦为一月，三月为一时。"余嘉锡撰《世说新语笺疏》，中有："汝南周子居常曰：'吾旬月之间，不见黄叔度，则鄙吝之心生矣。'"《后汉纪》中也有与此完全相同的语句。

［15］《八家后汉书辑注》，周天游校注，上海古籍出版社 1986 年版。

［16］《袁宏〈后汉纪〉集校》，李兴和点校，云南大学出版社 2008 年版。

［17］据此推断，则荀淑与黄宪相遇时，荀淑 35 岁左右。

［18］关于东汉历史分期，范文澜著《中国通史简编》（修订本）第二编中，将"汉光武帝至汉章帝共六十四年"定为东汉前期，第 137 页；将"汉和帝至汉灵帝共 101 年"定为东汉后期，第 142 页，人民出版社 1964 年版。章培恒、骆玉明主编的《中国文学史》则明确说，"我们这里说的东汉中期，指汉和帝永元元年（89 年）至汉质帝本初元年（146 年）；东汉后期，指汉桓帝建和元年（147 年）至汉献帝兴平二年（195 年）"。相较而言，章、骆的分期法，似乎更接近一般人的感受和习惯。

［19］曹道衡：《东汉文化中心的东移及东晋南北朝南北学术文艺的差别》，《文学遗产》2006 年第 5 期。

附二 他们说的"国家"是什么意思?
——《后汉书》中"国家"一词的词义分析

"国家"这个词现在说的很多,古代也说的很多。古代的说法会影响到现在的说法,现在的说法会内含着古代的说法。那么,古代说的国家是什么意思呢? 我们透过《后汉书》来一窥究竟。

《后汉书》里的"国家"一共有五个意思。

皇帝

来歙是汉光武帝刘秀的姑表兄弟,他曾以特使的身份,帮刘秀去做隗嚣的统战工作,并取得一定成效。后来隗嚣变卦,来歙怒气冲冲前去质问,其中有段话:

> 国家以君知臧否,晓废兴,故以手书畅意。足下推忠诚,遣伯春委质,是臣主之交信也。(《来歙列传》)

这里的"国家"是什么意思?

"手书"的意思是亲自、亲笔写信,国家怎么能写信? 还亲自、亲笔的? 显然,这里的"国家",指的是一个人,谁呢? 刘秀。《隗嚣列传》里，有刘秀与隗嚣通信的具体叙述。例句中后一句也表明，刘秀与隗嚣的关系，就是国家与足下的关系，就是"臣主"关系，对应得十分清楚。

以国家代指刘秀，《后汉书》里不止这一例，著名的"大树将军"冯异，对刘秀说过这么一番话：

> 臣本诸生，遭遇受命之会，充备行伍，过蒙恩私，位大将，爵通侯，受任方面，以立微功，皆自国家谋虑，愚臣无所能及。臣伏自思惟：以诏敕战攻，每辄如意；时以私心断决，未尝不有悔。国家独见之明，久而益远，乃知"性与天道，不可得而闻也"。（《冯异传》）

话中的两个"国家"，说的都是刘秀。

冯异的另一句话，显示得更加清楚：

> 臣闻管仲谓桓公曰："愿君无忘射钩，臣无忘槛车。"齐国赖之。臣今亦愿国家无忘河北之难，小臣不敢忘巾车之恩。（同上）

所谓"河北之难"，指刘秀在河北时，遭遇王郎追逼，几度陷入危险的窘境，是冯异等一干亲信，始终在左右不离不弃（冯异两次给刘秀找来充饥之物）。句中臣与国家的对应，同样清楚表明，此处的"国家"，说的就是刘秀。

这种以国家代指刘秀的例子，频频出现于《后汉书》中记述东汉建国初期人物的传记里，除《来歙传》和《冯异传》外，还有《岑彭传》《祭遵传》《窦融传》《马援传》《宋弘传》《赵憙传》以及《文苑列传》等。

以国家指称刘秀，实际是以国家代指皇帝。（凡以国家代称刘秀，都出现在刘秀称帝以后）这一点我们可以通过《后汉书》中其他纪传得到证实，如：

> 敞奏记由曰："今国家秉聪明之弘道，明公履晏晏之纯德，君臣相合，天下翕然，治平之化，有望于今。"（《何敞列传》）

这里的"国家"，指的是汉和帝。很显然，如果说的不是一个人，是没法"秉聪明之弘道"的，而且"国家"与"明公"前后对照，并合成为"君臣"，也是明证。

《黄琼传》里的例子是：

> 七年，疾笃，上疏谏曰："弘农杜众，知云所言宜行，惧云以忠获罪，故上书陈理之，乞同日而死，所以感悟国家，庶云获免。"

这里的"国家"，说的是汉桓帝。汉桓帝在一帮宦官的帮助下铲除了梁冀集团，随后宦官势力趁机大肆扩张，白马令李云上书慷慨陈言，引发汉桓帝勃然大怒。弘农郡掾杜众见义勇为、仗义执言，结果两人都死在了牢里，成为东汉著名的三"李杜"之一。汉桓帝显然没有被感悟。

《后汉书》中"感悟国家"和"以诚国家"的"国家"，说的都是皇帝，这可以从书中众多"皇帝感悟"的例子得到证明。《刘陶传》里的"故天降众异，以戒陛下。陛下不悟"，是兼及两义的最好例证。

这种以国家表示皇帝的用法，直到东汉末年的记述中，也仍然如此。最明显的例子，见于《董卓传》和《杨彪传》。

> 武威人贾诩时在催军，说之曰："闻长安中议欲尽诛凉州人，

347

诸君若弃军单行，则一亭长能束君矣。不如相率而西，以攻长安，为董公报仇。事济，奉国家以正天下；若其不合，走未后也。"

彪曰："卿尚不奉国家，吾岂求生邪！"

上面两个"国家"，说的都是汉献帝。后来有"挟天子以令诸侯"的说法，"奉国家"与"挟天子"，其实是同义语。《荀彧传》里的"奉主上"，也是同一个意思。

《杨彪传》里写道，曹操想假借罪名除掉杨彪，遭到孔融质问，曹操回应孔融说：

此国家之意。

这里的"国家"，同样是指汉献帝，我们可以从孔融的回话中看出来：

融曰："假使成王杀邵公，周公可得言不知邪？"（同上）

很显然，孔融以周成王比汉献帝，以曹操比周公，意为当今朝廷的生杀予夺之权，尽在你曹操手里，岂能以国家（汉献帝）的名义来作托词？

《辞源》对国家一词的解释有三种，第三种就是帝王，并举了两个例子，一是《后汉书·祭祀志上》中"二月，上至奉高"注引应劭《汉官·马第伯〈封禅仪记〉》里的一句："国家居太守府舍，诸王居府中"，并注明，（此国家）指光武帝。另一个例子来自《晋书·陶侃传》，"侃厉色曰：'国家年小，不出胸怀'"，注明（此国家）指晋成帝。这两个例子的词义都更为显豁，不过后一例已不在《后汉书》范围。

348

国家一词，不仅频频见于作为说话的对方或第三方对皇帝的代称，它还经常见于皇帝本人的自称。

> 诏曰："三老，尊年也。孝悌，淑行也。力田，勤劳也。国家甚休之。其赐帛人一匹，勉率农功。"（《肃宗孝章帝纪》）

这里的"国家"，实际是汉章帝自称。

《冯异传》里，刘秀以诏书的形式回应冯异的疑惧，是这样说的：

> 诏报曰："将军之于国家，义为君臣，恩犹父子。何嫌何疑，而有惧意？"（《冯异列传》）

此中的"国家"，要按我们今天的理解，"义为君臣""恩犹父子"云云，就完全不知所云了。显然，这里的"国家"，是刘秀本人自称。

正如在作为对方或第三方的叙述中，代指皇帝的国家一词，多出现于书信，尤其是上书、奏章、对策等（书面）形式中，上面两个例句中作为皇帝自称的"国家"，也都出现在诏书里。这就反过来提醒我们，诏书的形式，有助于我们判断在其中出现的国家一词，它的词义是什么：

> 诏报曰："东州新平，大将军之功也。负海猾夏，盗贼之处，国家以为重忧，且勉镇抚之。"（《陈俊传》）

稍稍浏览一下《陈俊传》就能明白，这里的"国家"，也是刘秀自称。当时陈俊把东部的事情处理好以后，又想领兵去参加对隗嚣和公孙述的战争，但刘秀认为东部盗贼易生，心里始终放心不下，就劝勉陈俊还是暂且留在东部镇守。对此我们可以援引《汉书·循吏列传》中汉宣帝对龚遂的一番话，来对比理解：

> 宣帝……谓遂曰：渤海废乱，朕甚忧之。君欲何以息其盗贼，以称朕意？

表述内容和形式都高度近似。由此可以判断，刘秀诏书中的"国家"，也就是宣帝嘴里的"朕"。

《窦融传》的例子就更加清晰：

> 诏报曰："……又京师百僚，不晓国家及将军本意，多能采取虚伪，夸诞妄谈，令忠孝失望，传言乖实。"

所谓"国家及将军本意"，说白了，就是"我（刘秀）和你（窦融）的本意"。

这种出现于诏书中的国家，《后汉书》里还有多例，如：

> 三日，诏敕出之。曰："国家乐闻驳议，黄发无愆，诏书过耳，何故自系？"（《朱晖传》）
>
> 元和中，天子思革至行，制诏齐相曰："国家每惟志士，未尝不及革。"（《江革传》）
>
> 制诏许太后曰："国家始闻楚事，幸其不然。"（《光武十王列传》）
>
> 乃下诏曰："今国家无德，恩不及远，赢弱何辜，而当并命！"（《西羌传》）

前后两个例句中的"国家"，分别是章帝和明帝的自称。

不过，以诏书的形式，来判断其中国家一词的词义，也会遇到例外的情况，如：

> 永初二年，邓太后诏曰："夫忠良之吏，国家所以为理也。"（《循吏列传》）

虽然同样是出于一份诏书，但此处的"国家"，显然不能理解为邓太后本人的自称，也不是代指汉安帝。不过这种情况，在《后汉书》中，似乎并不多见。

以国家为皇帝本人的自称，当然并不只出现在诏书里，它也出现在皇帝的口语中，如：

> 帝大怒，召宪切责曰："国家弃宪如孤雏腐鼠耳。"（《窦宪传》）

窦宪倚仗妹妹是章帝的皇后，并深受章帝的宠爱，就任意胡作非为，侵占了沁水公主的田园，沁水公主也只能默默忍受。沁水公主是明帝的女儿，也就是章帝的姐妹。章帝得知后，勃然大怒，对窦宪严加痛斥，说：皇家公主你都敢欺凌，何况那些没权没势的！你信不信老子（皇帝，国家）弄死你，就跟弄死只雀崽子和臭老鼠一样。

可见，秦始皇之后，皇帝自称时，并不只是称朕，有时直接称国家。——无论是在诏书这种最为庄重的形式里，还是在愤激的口头上。

综上所述，我们看到，国家一词在《后汉书》里，其词义经常性地表示为皇帝，既可以作为跟皇帝对话时，另一方的直接用语（这就有点相当于陛下的意思），也可以是以第三称呼的方式来使用，还可以是皇帝本人的自称。法国路易十四有句名言：朕即国家，以前经常用作为反面经典语来加以引用和批判，现在我们通过《后汉书》看到，朕即国家这种表述，在中国的正史记载中，是一种很常见的常态表述。

需要补充说明一点的是，通常情况下，以国家代称皇帝，都是明确指向某一位具体的皇帝，而非泛泛的抽象的皇帝概念，无论是汉光武帝刘秀，还是汉明帝、汉章帝或汉献帝，都是具体的某一个人，不过，《后汉书》里也有一个例子，稍稍突破了这个规律：

> 因议立嗣，固引司徒胡广、司空赵戒，先与冀书曰：……远寻先世废立旧仪，近见国家践祚前事，未尝不询访公卿，广求群议，令上应天心，下合众望。（《李固传》）

这里的"国家"，词义指皇帝无疑，否则"践祚"二字就无法安放，但很难明确说，它指的是哪一位皇帝。但即便如此，这里的"国家"，其所代指皇帝，也仍有一定的具体限定性，即"近见"，也就是说，所指虽然有些模糊，听者却是心知肚明的，知道说的大致是谁（其实李固所说，应当就是刚被梁冀毒死的汉质帝，当然也可能包含了之前被选立的幼年皇帝）。

国家一词在《后汉书》中共出现 99 次，以国家一词指称皇帝，占到其中三分之一以上（约 40%），这是一个相当可观的比例。因此，以国家表示皇帝，是我们首先应当知道的一种含义和用法。

皇家（皇族）

先来看两个例子：

> 臣案国旧典，宦竖之官，本在给使省闼，司昏守夜，而今猥受过宠，执政操权。其阿谀取容者，则因公褒举，以报私惠；有忤逆于心者，必求事中伤，肆其凶恣。居法王公，富拟国家，饮食极肴膳，仆妾盈纨素，虽季氏专鲁，穰侯擅秦，何以尚兹！（《杨秉传》）

这是汉桓帝时太尉杨秉劾奏宦官侯览和具瑗的一番话，句中的"富拟国家"是什么意思？如果按现在对国家的理解，实在有点难以讲通，至少句意晦涩、含混不清。如果我们把这里的"国家"理解为皇家（皇族、皇室），整个句意顿时就贯穿一致、豁然开朗了。宦官本是皇室奴仆，地位低下，但在权力急剧扩张的过程中，他们的生活也随之发生了巨大的变化，在经济和消费上达到了让人难以想象的地步，到了可以跟皇室并驾齐驱、甚至有过之而无不及的程度（见《宦者列传》中描写），这就是"富拟国家"所表达的意思（前面的"居法王公"四字，也是一种提示性的对照）。

北宋苏辙对汉哀帝有过几句评语，其中一句，能给我们提供一种佐证：

> 帝复宠任幸臣董贤，位至三公，富拟帝室。（《栾城后集·历代论二》）

"富拟国家"跟"富拟帝室"完全是同义语。
《宦者列传》里也有一句：

> 不惟禄重位尊之责，而苟营私门，多蓄财货，缮修第舍，连里竟巷，盗取御水，以作渔钓，车马服玩，拟于天家。

所谓"多蓄财货，缮修第舍，连里竟巷，车马服玩，拟于天家"，其中的"拟于天家"，跟"富拟国家""富拟帝室"，说的都是一个意思。

另一个例子也跟宦官有关。

在东汉势力大盛的宦官群中，吕强是极少数具有正面形象的史载人物之一。他多次向汉灵帝进谏，提出许多忠直的建议，但灵帝"知其

353

忠而不能用"，后来吕强遭到其他宦官的诬陷，汉灵帝"使中黄门持兵召强"，吕强悲愤之余说了一句：

> 强闻帝召，怒曰："吾死，乱起矣。丈夫欲尽忠国家，岂能对狱吏乎！"遂自杀。(《宦者列传》)

如果以现在对国家的理解，"丈夫欲尽忠国家，岂能对狱吏乎！"同样稍稍有点难解，其间的逻辑关系同样是含糊而让人迷惑的，怎么"欲尽忠国家"，就会"岂能对狱中吏乎"？要真正理解吕强这句话的含义，关键仍在吕强的宦官身份上。

众所周知，宦官是宫中的特殊群体，他们的本职，是为皇帝和皇后、太后服务，具有极强的私人（皇室）特殊性，是皇室的专门家奴，尽管"中官"和"内官"这样的称呼，最初并不单指宦官，但后来却越来越专指宦官，以显示他们和外朝政府官员的区别。因此，一名宦官如果受到朝廷（官僚系统）的追究，会被看作给皇家丢脸，也就成为宦官本人的极大耻辱，这就是吕强说"丈夫欲尽忠国家，岂能对狱吏乎！"的本意所在，所以吕强选择了自杀。

后世人说到宦官，多有鄙薄之意，但宦官之中，也有洁身自好，甚至刚烈不屈之人。清流官员耻与宦官交往，人多知之；忠直宦官耻于落入官吏之手，吕强给我们提供了一个范例。

某些语境下，国家一词所表述的，是皇权的意思。

> 自汉兴以来，诚未有也。国家微弱，奸谋不禁，六极之效，危于累卵。(《申屠刚传》)

这是申屠刚在王莽专政期间，举贤良方正对策中的话。

给《后汉书》作注的李贤引《尚书大传》对"国家微弱"的解释

是："皇极不建厥极弱。"此处所谓"皇极不建"，是指皇权（王权）不能正常建立和运行。换言之，"国家微弱"即皇权微弱，乃是相对于王莽的威权强势而言。这也就是范晔在《申屠刚传》开头所说："平帝时，王莽专政，朝多猜忌，遂隔绝帝外家冯、卫二族，不得交宦，刚常疾之。"（同上）

因此，这里的"国家"，是特指皇家（皇族、皇室）的权力状况而言的。

中央政府（中央政权，朝廷）

以国家一词代指皇帝和皇家（皇族、皇室），是今天的人们相对陌生的词义和用法。以国家一词表示最高权力，则是现在的人们比较熟知的词义和用法。

这也是国家在《后汉书》中的第三种词义。

以国家一词表示最高权力，借用政治学的术语来说，其实质是指一种最高政治实体，最高权力机构，即所谓上层建筑，而且通常是指最上层、最顶层的那层建筑，说得简单通俗点，即指中央政府（也即中央政权，往往跟朝廷同义）。

这种词义和用法，在《后汉书》中比比皆是。

仍以例说明：

> （桓梁）温故知新，论议通明，廉清修洁，行能纯备，虽前世名儒，国家所器，韦、平、孔、翟，无以加焉。（《班固传》）

所谓"国家所器"，也就是被中央政府（朝廷）器重。《陈宠传》里有一句："自在枢机，谢遣门人，拒绝知友，惟在公家而已。朝廷器之。"

"朝廷器之"与"国家所器",表达的意思是相同的。

又,《吴祐传》中"长以械自系,曰:'国家制法,囚身犯之。明府虽加哀矜,恩无所施'"。

这里的"国家",仍以理解为中央政府最为简当。

类似的例子还有:

> 而超妹同郡曹寿妻昭亦上书请超曰:如有卒暴,超之气力不能从心,便为上损国家累世之功,下弃忠臣竭力之用,诚可痛也。(《班超传》)

> 会张角作乱,栩上便宜,颇讥刺左右,不欲国家兴兵,但遣将于河上北向读《孝经》,贼自当消灭。……中常侍张让谗栩不欲令国家命将出师,疑与角同心,欲为内应。(《独行列传》)

以上句中的"国家",简单说,都可以置换为朝廷,亦即中央政府,也就是最高权力。

帝制时代的最高权力者不是皇帝吗?是的,于是我们在《后汉书》里,还可以看到这样的句子表述:

> 朝廷在西钟下时,非孙程等岂立?(《周举传》,李贤注:朝廷谓顺帝也。)

国家=皇帝=朝廷。

但要特别注明:这种情况并不是普遍而经常的,它只是某种情形下的表述(围棋有术语:场合下法)。事实上,朝廷在很多时候都不表示皇帝,国家跟朝廷也并不就是一个意思,试看下例:

> 先是安平王续为张角贼所略,国家赎王得还,朝廷议复其国。

（《李固列传》）

这里的"国家"，还等于"朝廷"吗？

从句子结构来看，句中的"国家"和"朝廷"是作为两个不同的行为主体，分别完成和进行了两个不同的谓语动作（且时间上有先后次序），在这种情况下，还能不能说，"国家"与"朝廷"是两个可以同义互换的词语？即可不可以说成："朝廷赎王得还，国家议其复国?"如果不可以，原因是什么？

我认为，这里的"国家"与"朝廷"，是两个在词义上有区别的词语，它们在这个句子里不属于互文关系，此处"国家"所表示的，无疑是比"朝廷"更高一级的概念，具有更高的权力性质和地位。而此处的"朝廷"，更像是在"国家"之下的一个具体的权力运行机构，它要次于"国家"，从属于"国家"，听命于"国家"。这里的"国家"，也并非一个完全抽象宽泛的政治概念（否则它后面直接跟"赎王得还"，就有些不好理解），我觉得，这里的"国家"，基本是皇家的意思。

皇帝自然是皇家一员，而且是位居"金字塔"尖的那一员。

在此我们可以展开一点理解。同样以国家和朝廷表示最高权力，但两者之间其实存有差异，即如果说以国家代指朝廷，多少有点降尊纡贵的性质，存在着概念使用的窄化和具体化，以朝廷一词代表国家，则可以认为存在一种概念的放大（能不能说是一种"偷梁换柱"?），这之间存在着某种程度的"大词小用"与"小词大用"的分别。

国家和朝廷，在概念使用上都有广义与狭义之分。

皇家（皇帝坐镇其中）高于朝廷，是这个政权的政治性质的必然结果和自然反映。

首都

国字在古籍中表示国都和京城，这是众所周知的常识，但以国家表

357

示首都，知道的人就没那么多了。

《后汉书》里有几个例子。

> 后冯巡迁甘陵相，黄巾初起，为所残杀，而国家亦四面受敌。
> （《续汉志·五行五》）

如何准确理解"而国家亦四面受敌"？对此，我们需要知道"黄巾"初起时的大体形势。

据《孝灵帝纪》的有关记述，我们能够认识和判断出，此处的"国家"，指的东汉首都洛阳，而非其他，试看：

> 中平元年春二月，巨鹿人张角自称"黄天"，其部帅有三十六方，皆著黄巾，同日反叛。安平、甘陵人各执其王以应之。
>
> 三月戊申，以河南尹何进为大将军，将兵屯都亭。置八关都尉官。……遣北中郎将卢植讨张角，左中郎将皇甫嵩、右中郎将硃俊讨颍川黄巾。庚子，南阳黄巾张曼成攻杀郡守褚贡。
>
> 汝南黄巾败太守赵谦于邵陵。广阳黄巾杀幽州刺史郭勋及太守刘卫。
>
> 五月，皇甫嵩、硃俊复与波才等战于长社，大破之。
>
> 六月，南阳太守秦颉击张曼成，斩之。

根据以上记载中出现的地名，可以清晰看出，当时的首都洛阳，确确实实从东南西北四个大方向，陷入了被"黄巾军"和战场环绕包围的境地，"而国家亦四面受敌"，正是这一状况的真实反映，并不是说整个东汉王朝都处在四面受敌、四面楚歌的境地和境况。

另一个例子见于《傅燮传》：

　　燮对曰：……今凉州天下要冲，国家藩卫。

　　这里的"国家"，词义似乎要稍复杂些。但实际上，"国家藩卫"所表示的，仍然主要是"京师屏障"和"拱卫京畿"的意思。可作有力佐证的是，前面"天下要冲"的"天下"，才更接近如今所说的国家之义。

　　此外，《朱儁传》和《孔融传》里的"国家西迁"与"国家东迁"，简单说，都是指汉献帝的被迫迁都长安和还都（重回洛阳，后"迁都许"）。

　　以国家一词表示首都，反过来，也存在以首都代表国家的用法，我们今天经常在电视新闻里听到诸如以华盛顿、莫斯科和北京等地名，表示各个国家（政府）的用法。宋代徐天麟的《东汉会要》卷二十六，有这样一句话：

　　西都止从郡国奏举，未有试文之事；至东都则诸生试家法，文吏课笺奏，无异于后世科举之法矣。（上海古籍出版社 2006 年版，第 390 页）

　　这里的东西都，表示的无疑都是朝廷和朝代（分别代指西汉和东汉），也就是国家的意思。

　　就是说，国家和首都在修辞语法上，有时可以存在双向对等互指的情况。

共同体

　　什么是国家？近世有个说法：国家是一个以土地、人民和主权（有人说，还得加上文化）为要素的共同体。（陈安仁《中国文化演进

359

史观自序》，上海书店出版社 1992 年版）

这也就是荀子所说的：

> 国家者，士民之居也。……故土之与人也，道之与法也者，国
> 家之本作也。（《荀子·致士篇》）

荀子的说法，跟今天的理解和说法非常接近。

《后汉书》里有没有表示这个共同体概念的国家？

一问到这个问题，就好像平时在街上闲逛，觉得什么东西都有得卖，但真等到需要一样东西，却满世界找不着一样，当我想在《后汉书》里找出一个明确以国家表示共同体的例子时，我犯踌躇了，有些想拿来举例的，一瞬间又都忽然变得模糊起来，不像上面列举的表示"皇帝""皇家"和"首都"的例子，那么明确无误，容易理解。

找来找去，最后还是找到了之前引用过的那句话：

> 永初二年，邓太后诏曰："夫忠良之吏，国家所以为理也。"
> （《循吏列传》）

前面说过，这是一个特例。此处的"国家"，既不表示邓太后，也不指称汉安帝，那它是什么意思呢？

我认为它所表示的，近于今天所说的共同体。

一方面，这可以从《循吏列传》对王涣的叙述看出端倪，邓太后这份诏书，就是专为王涣颁发的。另一方面，我们可以从"理国家"与"理天下"两个短语的对比获得启示。《崔寔传》中有"凡天下所以不理者"，毋庸赘言，"理国家"和"理天下"具有高度的相通性，而"天下"一词，正是一个囊括了土地与人民（还隐含了一种至高权力背景）的概念。因此，有理由认为，邓太后诏书里的"国家"所指，是一个范

围更大、更为整体和全体的意思，而非单指皇帝、皇家或中央政府（朝廷）等概念。另外，《李固传》里的这句话，也是一个很好的例证：

> 今与陛下共理天下者，外则公卿尚书，内则常侍黄门，譬犹一门之内，一家之事，安则共其福庆，危则通其祸败。

"理天下"，正是"理国家"的意思，它和"一门之内，一家之事"构成了一种对比和对照。

我发现，用来表示共同体意义的国家，在先秦典籍中，似乎要比在两汉典籍中更为常见，这是个值得留意的现象。

另一个值得注意的现象，是国家一词与国字的比较。

《后汉书》里，国家一词与国字都能表示共同体的意思，但在具体表述上，有一点明显不同。以国家表示共同体时，它一般指整个汉王朝，而以国表示共同体，则既可以指汉王朝这个大共同体，也可以指王国、侯国、藩属国以及诸如此类地方性的、次一级的政治实体，也就是小共同体。唯一的特例出现在《独行列传》中的《谯玄传》中：

> 玄子瑛泣血叩头于太守曰："方今国家，东有严敌，兵师四出。国用军资，或不常充足。愿奉家钱千万，以赎父死。"

这里的"国家"，不是指两汉过渡时期的整个政治区域，而是单指公孙述在四川建立的蜀国，当时公孙述已在成都称帝。

地方政权称"国家"，《后汉书》中仅此一例。

这也许是谯瑛救父心切的权宜之语？

结语：当他们说国家时，他们在说什么？

现在我们知道，《后汉书》里的国家一词，有五个意思：皇帝，皇家（皇族、皇室），中央政府（朝廷），首都和共同体。语境不同，句子里的国家意思也不尽相同。很多时候，它表示的是皇帝和中央政府（朝廷），有时候表示皇家（皇族、皇室）和首都，也会表示共同体的意思。

但国家一词，并非每次都只表示一个意思，相反，绝大多数时候，它都会表示出一种复合混杂的兼义，一种词义边界模糊的意思。就像一个人有多种身份一样，国家一词在句中的词义，也往往是多重的。具体来说，除了少数表示皇帝的国家外，其余国家一词，词义多是复合多重的，像出现在"手书""河北之难"和"义为君臣，恩犹父子"词语短句前后的"国家"，无疑只能表示刘秀，不可能有别的意思，但其他同为代指刘秀的国家，情况就有所不同，比如《来歙传》里的另一句话：

> 歙因上书曰："臣知国家所给非一，用度不足，然有不得已也。"

这里的"国家"，除指称刘秀外，实际还包含了建立未久的新政权（中央政府）的意思在内，可以说是刘秀与新政权的复合体。这种情况，普遍存在于其他类似的例句中。

再比如，前面说过的"国家东迁"和"国家西迁"，这里的"国家"，基本意思当然是指首都，所谓"东迁""西迁"，都是指迁都和还都。但迁都（还都）就意味着皇帝、皇室和中央政府（朝廷）跟着一起迁移，因此，这里的"国家"，实际上又包含了皇帝、皇室、朝廷和首都在一起的的意思。

古汉语词义的含糊游移性，在国家一词上表现得相当充分。

但任你怎么含糊、游移，国家一词的词义，总不出五个基本词义之外，即皇帝、皇家、朝廷、首都和共同体。

其中最常见的，是皇帝和朝廷两个词义。

362

国家的基本词义，集中于皇帝与朝廷，这说明了什么？

说明了国家与权力的特殊关系。

权力是国家的精髓和灵魂。

权力是国家的实质所在，是国家一词的核心与轴心。

这不是一般普通的权力，是至高无上、君临天下的权力。

具体来看：

当这种权力在某个人身上时，他就是皇帝（君权神授，天命攸归）。

拥有这份权力的家族，就是皇家（皇帝的血缘外扩）。

实践行使这份权力的，是中央政府（中央政权），也就是朝廷（皇帝的人缘外扩和信托代理）。

这份权力集中落脚的地方，就是首都（皇权的聚集空间）。《资治通鉴》中有官员这样说："天子无外，乘舆所幸，即为京师"（延熹七年）。"乘舆"即指皇帝，这话相当点题。

这份权力实际统辖的地区，构成了它的政治共同体（皇帝意志的最大外化）。

所以说，国家就是权力的化身。所谓共同体，就是这份权力所能框住的地方大小和范围。

政治共同体，有"主动共同"与"被动共同"之分。皇帝时代的共同体，无疑或基本都是被动共同（概而言之），因此是一种自上而下的共同体。于是，我们就经常会看到，当说到国家一词时，会出现一个最熟悉的方位词：上，例如：

上损国家累世之功，下弃忠臣竭力之用。（《班超传》）

宝乃自往候震曰："李常侍国家所重，欲令公辟其兄，宝唯传上意耳。"（《杨震传》）

上为国家所疑，下为权戚所望。（《吴祐传》）

上安国家。(《王允传》)

"国家"总是高高在上的。(上层建筑)

事实上，《后汉书》里的国家一词，出现最多的场合，是臣子给皇帝的上书、上疏和其他直接对话交流的语境，国家一词的这种"生存"语境，真的很能说明国家的性质和本质。不是说上面的事，怎么会说到国家？说国家，就是说上面的事。皇帝、皇家、朝廷、首都，哪一样不是"浮"在上面的？——浮在最上面的？这些东西都是权力中的权力，上层建筑中的屋顶和塔尖。

在古籍中，国家与民的关系，就是治与被治的关系。

除了治与被治，国家与民还有什么关系？

当国家需要屈尊俯就，向下亲和（需要税收和赞美），这时候就会出现一个词：天下。

一上一下，正好合在一起。

在《后汉书》里，天下经常作为国家的对应词被提到，它是国家的对照和对比。

国家的主体是君，天下的主体是民。

国家与天下的关系，就是君与民的关系。

古籍中的天下，更接近于我们今天所说的国家。

有了这些理解，我们回头再来看《后汉书》里频频出现的下列说法，也许就会有不一样的理解了：

1. 忠于国家和报效国家是什么意思？

《后汉书》里有"尽忠国家""以报国家""志报国家""为国家立功边境"等。

2. 国家大事是什么事？

《后汉书》中，有诸如"国家事""国家之大事""国家之事"；

"是时，列侯惟高密、固始、胶东三侯与公卿参议国家大事，恩遇甚厚"（《冯岑贾列传》）。

3. 国家危难是什么意思？

《后汉书》里有"国家之难""国家之祸""为国家除患"等。

4. 国家栋梁是指什么？

《后汉书》里有"国之柱臣""国家之人"。

5. 什么是国家利益？

《后汉书》里有"国家之弘利""国家之利"等。

这些"国家"，说的是什么意思呢？

也许你以为你懂的，但其实有可能，你没懂。

参考文献

《八家后汉书辑注》，周天游辑注，上海古籍出版社 2020 年版。

《春秋战国秦汉朔闰表》，饶尚宽编著，商务印书馆 2006 年版。

《东观汉记》，刘珍等撰，吴树平校注，中华书局 2008 年版。

《东汉会要》，徐天麟撰，上海古籍出版社 2006 年版。

《读通鉴论》，王夫之撰，中华书局 2004 年版。

《方诗铭论三国人物》，方诗铭著，上海古籍出版社 2006 年版。

《风俗通义全译》，应劭著，赵泓译注，贵州人民出版社 1998 年版。

《汉代婚姻形态》，彭卫著，中国人民大学出版社 2010 年版。

《汉代学术史略》，顾颉刚著，东方出版社 2005 年版。

《汉官六种》，孙星衍等辑，周天游点校，中华书局 1990 年版。

《汉书》，班固撰，颜师古注，中华书局 1962 年版。

《赫逊河畔谈中国历史》，黄仁宇著，生活·读书·新知三联书店 1997
　年版。

《后汉纪集校》，袁宏撰，李兴和点校，云南大学出版社 2008 年版。

《后汉书》，范晔撰，李贤等注，中华书局 1965 年版。

《后汉演义》，蔡东藩著，上海文化出版社 1979 年版。

《华阳国志》，常璩撰，齐鲁书社 2010 年版。

《剑桥中国秦汉史》，崔瑞德、鲁惟一编，杨吕泉等译，中国社会科学出

　　版社 1992 年版。

《经学历史》，皮锡瑞著，中华书局 2011 年版。

《两汉太守刺史表》，严耕望著，北京联合出版公司 2020 年版。

《两汉文学》，卜孝萱、王琳著，安徽教育出版社 2001 年版。

《刘秀传》，黄留珠著，人民出版社 2014 年版。

《论衡》，王充著，上海人民出版社 1974 年版。

《廿二史札记校正》，赵翼著，王树民校正，中华书局 1984 年版。

《潜夫论笺校正》，王符著，汪继培笺，彭铎校正，中华书局 1985 年版。

《秦汉史》，吕思勉著，江苏人民出版社 2014 年版。

《日知录》，顾炎武撰，严文儒、戴扬本校点，上海古籍出版社 2012
　　年版。

《三辅决录·三辅故事·三辅旧事》，赵岐等著，三秦出版社 2006 年版。

《三国志》，陈寿撰，陈乃乾校点，中华书局 1982 年版。

《三国志的世界，后汉 三国时代》，金文京著，何晓毅、梁蕾译，广西师
　　范大学出版社 2014 年版。

《史记》，司马迁撰，中华书局 1982 年版。

《始皇帝的遗产，秦汉帝国》，鹤间河幸著，马彪译，广西师范大学出版
　　社 2014 年版。

《士与中国文化》，余英时著，上海人民出版社 1987 年版。

《世说新语笺疏》，刘义庆著，刘孝标注，余嘉锡笺疏，周祖谟等整理，
　　中华书局 2015 年版。

《文选》，萧统编，李善注，上海古籍出版社 1986 年版。

《新辑本桓谭新论》，桓谭撰，朱谦之校辑，中华书局 2009 年版。

《匈奴史稿》，陈序经著，中国人民大学出版社 2007 年版。

《义门读书记》，何焯著，崔高维点校，中华书局 1987 年版。

《殷芸小说》，周楞伽辑注，上海古籍出版社 1984 年版。

《余嘉锡论学杂著》（上册），中华书局 2007 年版。

《政论校注·昌言校注》，崔寔、仲长统撰，孙启治校注，中华书局2012年版。

《中国宦官制度史》，余华青著，上海人民出版社2006年版。

《中国历史上的基本经济区与水利事业的发展》，冀朝鼎著，朱诗鳌译，中国社会科学出版社1981年版。

《中国史纲要》，张荫麟著，江苏文艺出版社2008年版。

《中国史稿》（第二册），郭沫若主编，人民出版社1979年版。

《中国史》，宫崎市定著，焦堃、瞿柘如译，浙江人民出版社2015年版。

《中国史通论》，内藤湖南著，夏应元等译，社会科学文献出版社2004年版。

《中国史》，王桐龄著，江西人民出版社2008年版。

《中国思想通史》（第二卷），侯外庐等著，人民出版社1957年版。

《中国通史简编》第二编，范文澜著，人民出版社1964年版。

《中国文化和中国的兵》，雷海宗著，中华书局2012年版。

《中华通史》（秦汉三国史），陈致平著，贵州教育出版社2013年版。

《资治通鉴》，司马光编著，胡三省音注，中华书局1956年版。